Velen kennen Bart Chabot. Als schrijver, als biograaf van Herman Brood of van tv. Maar wie kent Bart Chabot echt? Wie gaat er in hem schuil? Pas wanneer hij in het ziekenhuis belandt en de dood in de ogen kijkt, stelt hij zichzelf, na lang uitstel, deze vraag. Hij graaft naar zijn Haagse wortels en doorwroet zijn jeugd. Op niets-ontziende en aangrijpende wijze verhaalt hij over een rijk doch getroebleerd leven.

MIJN VADERS HAND is een indringende en zeer persoonlijke roman. En dat alles in een meedogenloze, nuchtere stijl die niet gespeend is van enige humor.

Bart Chabot (1954) is dichter, schrijver en de biograaf van Herman Brood. In 2011 verscheen *Diepere lagen*, een persoonlijk relaas over de brughoektumor die bij hem werd geconstateerd. In 2013 verscheen zijn opmerkelijke debuutroman *Triggerhappy*. Drie jaar later publiceerde hij zijn tweede roman *Easy Street*, een duistere pageturner. In 2021 verscheen het vervolg op *Mijn vaders hand*: *Hartritme*.

PROZA

Broodje gezond (1996)

Broodje halfom (2001)

Brood en spelen (2002)

Broodje springlevend (2003)

Elvistranen (2004)

FC Dood (2006)

Schiphol Blues (2009)

Scheveningse wolken (2009)

De Patatbalie (2010)

Diepere lagen (2011)

Zestig (2014)

Triggerhappy (2015)

Broodje totaal (2016)

Easy Street (2016)

Brood (2021)

Hartritme (2021)

TONEEL

Chez Brood (2016)

POËZIE

Genadebrood (1993)

Judaskus (1997)

De kootjesblues (2000)

Zand erover (2003)

Knekeltaal (2004)

Greatest Hits – Volume 1 (2004)

Fort Knox (2005)

McPain: Cadillac Boogie, Anna's Hoeve, Dracula's ontbijt (2007)

Signore Coconut (2007)

De Bril van Chabot (bloemlezing door Martin Bril, 2008)

Orkaan Betty (2008)

Club Fandango (2008)

Satans Kreek (2009)

Captain Zeep (2009)

Space Cowboy (2009)

Barricade Area (2009)

Greatest Hits 1 (tweede, vermeerderde druk 2009)

Greatest Hits 2 (2009)

Bananenrepubliek (2016)

Hosanna dagen (2018)

Bart Chabot

MIJN
VADERS HAND

ROMAN

2022
DE BEZIGE BIJ
AMSTERDAM

Copyright © 2020 Bart Chabot
Eerste druk januari 2020
Tweede druk februari 2020
Derde druk februari 2020
Vierde druk februari 2020
Vijfde druk februari 2020
Zesde druk maart 2020
Zevende druk maart 2020
Achtste druk september 2020
Negende druk februari 2022
Omslagontwerp Anton Corbijn
Typografie DPS
Foto auteur Anton Corbijn
Vormgeving binnenwerk Aard Bakker
Druk- en bindwerk Wilco, Amersfoort
ISBN 978 94 031 7031 2
NUR 301

debezigebij.nl

Bart Chabot kan als spreker worden geboekt via Beespeakers.com,
het sprekersbureau van De Bezige Bij

MIX
Papier van
verantwoorde herkomst
FSC® C004472

Bij de productie van dit boek is gebruikgemaakt van papier dat het keurmerk van de Forest Stewardship Council (FSC®) mag dragen.
Bij dit papier is het zeker dat de productie niet tot bosvernietiging heeft geleid.

'Jeugdvoorvallen komen als lijken bovendrijven'

(GERRIT ACHTERBERG)

I

DE LENTE KWAM vroeg dat jaar; zo vroeg dat ook de lente zelf het nauwelijks kon bijbenen. Ik kwam van een afspraak met een oude vriend vandaan en liep naar mijn auto, die ik in de namiddag voor het Vredespaleis had geparkeerd. De straten zaten me als gegoten.

Ter hoogte van de Franse ambassade kwam een brommer aanrijden. Een type dat ik kende uit mijn jeugd: geen Puch met een hoog stuur, zoals ik zelf ooit een blauwe maandag had, maar een buikschuiver: een Kreidler, Zündapp of Berini.

De bromfietser keek naar me: dat wil zeggen, de helm draaide mijn kant op. Daarop nam de bestuurder gas terug, remde en kwam naast de stoeprand tot stilstand. Een Kreidler.

De helm ging af en ik zag dat de bestuurder een vrouw was.

'Bart?' zei ze. 'Ben jij Bart Chabot?'

Ze had witte gymschoenen aan. Onder haar leren jack droeg ze een witte broek. Was ze verpleegkundige, Pleegzuster Bloedwijn?

Ze zette de brommer op de standaard. Dit kon even gaan duren.

'Sorry dat ik je aanspreek,' zei ze.

Ik zei dat het geen probleem was, dat ik het gewend was dat wildvreemden me aanspraken. Wat kon ik voor haar betekenen?

'Weet je,' zei ze, 'het zijn mijn zaken niet, en ik heb me er niet mee te bemoeien, het gaat me niet aan...'

'Maar?' zei ik.

'Ik kom van je vader vandaan.'

Het liep tegen negen uur; er was nauwelijks verkeer, op een stadsbus na die vrijwel leeg voorbijreed.

'Ik heb hem net gewassen, je vader, en in bed gestopt.'

'Dat is mooi,' zei ik. 'Dat waardeer ik bijzonder, dat u...'

'Ik ben Nicolette.' Ze stak haar hand uit.

'... dat je mijn vader verzorgt,' zei ik terwijl ik haar hand schudde.

Hoe lang, vroeg ik me af, had ik mijn vader niet gezien of gesproken? Twintig, tweeëntwintig jaar?

En hetzelfde gold voor mijn moeder. Ik had met mijn ouders al zeker twintig jaar geen contact meer. Je zou zomaar de indruk kunnen krijgen dat er iets was misgelopen tussen ons.

'Ik heb begrepen,' zei Nicolette, 'dat je hen niet meer wenst te spreken, je beide ouders. Je zult daar goede redenen voor hebben, daar twijfel ik niet aan, maar...'

Boven de daken klonk een vertrouwd gekrijs dat ik tijdens de wintermaanden niet had gehoord: de meeuwen waren terug.

'Hoe is het met hem?' vroeg ik.

'Slecht,' zei Nicolette. 'Ik kan er niet meer van maken. Ronduit slecht. Je vader is dement, zo dement dat hij in de gesloten afdeling van het verzorgingshuis is opgenomen. Dat wist je niet? O, ik heb zo met je vader te doen. Hij is er nog niet zo erg aan toe als de anderen. Je vader wil per se netjes aangekleed in zijn stoel... terwijl om hem heen... Hij wordt omringd door bejaarden die alles laten lopen, terwijl je vader... Als hij 's ochtends wordt aangekleed wil hij een jasje aan, en een shawl om. Een stropdas hoeft niet meer, maar... Decorum. Zit-ie daar, de hele dag op z'n paasbest, terwijl naast en om hem heen...'

Het kostte weinig voorstellingsvermogen mijn vader te zien zitten in zijn rolstoel, scheefgezakt, terwijl om hem heen het verval woedde en de aftakeling.

'Hij heeft het vaak over je, heel vaak. Je hebt ook een zus, toch? Elke keer begint-ie over jou. "Ik heb een zoon, Bart..."

"Ja, dat weten we, meneer Chabot, dat heeft u ons verteld."

"Ja, maar..."

"We weten er alles van, meneer Chabot, van uw zoon. We zijn op de hoogte. Maar we komen nu even bij u langs om u te wassen."'

De lucht boven de daken oogde blauwer dan blauw; die kon zo de verkoop in.

'Dan pakt hij zijn portemonnee, die arme man. Daarin bewaart hij twee krantenknipsels, beide over jou. Die vouwt-ie open en leest ze aan ons voor, al jaren. Dat is niet erg, hoor; terwijl hij voorleest gaan wij gewoon door met ons werk. Wij horen het niet meer.

Die knipsels heeft hij zo vaak tevoorschijn gehaald en uitgevouwen, en weer opgevouwen en teruggestopt in zijn portemonnee, dat ze haast uit elkaar vallen van ellende.'

Nicolette keek naar de helm in haar hand, en naar de brommer.

'Ik begreep van je moeder dat jullie geen contact meer hebben. Kijk, ik weet niet wat er tussen jullie is voorgevallen; nogmaals, je zult er ongetwijfeld je redenen voor hebben, maar... Het is ronduit zielig zoals-ie erbij zit. Naar mijn inschatting heeft hij niet meer zo heel lang te gaan. Denk er nog eens over na. Je zult hem er zo'n plezier mee doen, door langs te komen. Het zou hem zo goed doen als hij je weer zou zien, daar heb je geen idee van. Dat wilde ik toch even aan je kwijt.'

Ik bedankte haar voor haar goede zorgen en zei nogmaals dat ik het zeer waardeerde wat ze voor mijn vader deed.

Nicolette deed haar leren jas dicht en hief haar helm.

'Nou, het beste dan maar. We merken het wel. Leuk je te hebben gesproken.'

Ze startte en reed weg, de Laan van Meerdervoort in.

Misschien, overwoog ik terwijl ik doorliep, moest ik over wat er in het verleden was gebeurd heen stappen en hem opzoeken. Een vete kon tot aan het graf duren, maar hoefde niet tot in of voorbij het graf te worden uitgevochten. Bovendien bevond het verzorgingshuis zich bij mij om de hoek, op loopafstand. Die afstand kon het probleem niet zijn.

Goed, nam ik me voor, ik zou hem een dezer dagen opzoeken, daar kon Nicolette van op aan, dan zagen we vanzelf wat ervan kwam.

Maar voordat ik die gang maakte, moest eerst mijn nieuwe boek af. De deadline naderde. Wat-er-ook-gebeurde, dat boek moest en zou af. Daarna had ik meer tijd tot mijn beschikking.

Eerst het boek. Dan mijn vader. Dat was de aan te houden volgorde; niet andersom.

Toen ik instapte was het alsof de auto voelde dat er iets aan de hand was. Ik hoefde het portier niet dicht te trekken; dat sloot zich bijna uit eigener beweging.

Ik dacht aan mijn vader, die het van niets tot consul had geschopt, in Vancouver en Chicago, iets waar hij erg trots op was; en dacht aan hoe hij momenteel zijn dagen sleet. Ik dacht langer aan hem dan ik in jaren had gedaan; zo lang dat het ongemerkt donker was geworden. Ik moest maar eens op huis aan voordat een van de gezinsleden zou bellen om te vragen waar ik bleef of uithing.

Ik startte en wilde wegrijden.

Er brandde geen licht achter de ramen van het Vredespaleis.

2

'HET IS GOED, Bril,' zei ik tegen onze hond, die – oud geworden – alleen nog de bench uit kwam om te eten of om te worden
uitgelaten, maar die me nu aanstaarde. Was er iets met het baasje?

Ik was alleen thuis en keek opnieuw op van de krant, die
opengeslagen voor me op de keukentafel lag. Wat wilde de hond
van me? Ik was toch duidelijk genoeg geweest?

'Het is goed, Bril,' herhaalde ik. Met een zucht legde Bril zijn
kop op zijn voorpoten, maar bleef me aanstaren, die liet zich niets
wijsmaken. We begrepen elkaar uitstekend, de hond en ik.

Dat ik de familieberichten las, was een toevalligheid: het
kwam zelden voor dat ik de overlijdensadvertenties in de krant las.
Begon je die te lezen, dan bevond je je aan de verkeerde kant van
de grens.

Of toeval... Waarom las ik deze advertenties nu wel?

Een van onze zoons, Maurits, had in de klas gezeten met Philip, een jongen uit de wijk. Vaak liepen Philips moeder en ik 's middags na school met onze kinderen samen naar huis; tot Odile rechtsaf moest en ik naar links. Ook na de middelbare school hielden onze kinderen contact met elkaar en zo wisten we dat Philip in Groningen studeerde.

Groot was de schok toen Maurits op zondagmiddag van het sportveld thuiskwam. 'Weten jullie het al?'

Nee, zeiden Yolanda en ik, wat zouden we moeten weten?

'Philip is dood.'

'Dat meen je niet,' zeiden Yolanda en ik vrijwel tegelijkertijd.

'Philip kwam gisteren met een stel clubgenoten terug van vakantie. Toen ze in Den Haag aankwamen wilden zijn vrienden door naar Groningen. Philip was moe van de lange autorit en ging naar bed. Hij zou hen vandaag met de trein achternareizen.'

'Maar daar is wat tussen gekomen,' zei ik.

'Zwak uitgedrukt, pap,' zei Maurits. 'Tegen vijven gistermiddag roept Odile hem onder aan de trap voor de borrel. Geen antwoord. Ze loopt naar boven, klopt op zijn deur, geen reactie, en loopt zijn kamer in. Hij lag te slapen, leek het. Deed-ie dat maar. Odille liep naar hem toe... Ze raakte niet in paniek, als oud-verpleegkundige, maar belde ogenblikkelijk de ambulance, die er binnen de kortste keren was, evenals de politie. Vergeefs. Philip is in zijn slaap overleden. De doodsoorzaak wordt nog onderzocht.'

Het werd stil in de keuken. Niet alleen waren hij en Philip klasgenoten, ze hadden ook jaren samen in een voetbalelftal gezeten.

'Ik ga naar boven,' zei Maurits, 'naar mijn kamer. O, voor ik het vergeet... zaterdag is de begrafenis.'

We luisterden naar Maurits' trage voetstappen op de trap naar boven.

'Het is halfzes,' zei ik. 'Wat wil je drinken?'

Vanochtend was Philips overlijdensbericht in de bus gevallen: de kaart stond op de keukentafel tegen de pepermolen geleund, en ik las wat ik al wist en zette de kaart voorzichtig terug zodat hij niet kon wegglijden.

Zouden Odille en Ruud een overlijdensadvertentie plaatsen voor hun zoon? Niet onwaarschijnlijk. In de NRC, leek me: Ruud was succesvol werkzaam in het bedrijfsleven. En wanneer zou die advertentie gepubliceerd worden: gisteren, vandaag, morgen?

Ik legde *de Volkskrant* opzij, pakte de NRC, sloeg de krant open en bladerde deze door tot ik bij de doodsberichten kwam.

De eerste drie annonces betroffen het onverwachte overlijden van Philip. Ik las de teksten, ook van zijn huisgenoten en de studentenvereniging waar Philip lid van was geweest, en las ze nogmaals. Mijn hand wilde naar de rechterpagina om de bladzijde om te slaan, toen mijn blik de bovenkant van die pagina schampte. 'Chabot' las ik, en 'Gé', met de dienstdoende jaartallen onder zijn naam. Ik hoefde niet lang na te denken om te weten over wie het ging.

Mijn vader was overleden.

Dankzij Philips dood was ik erachter gekomen. Dat was aardig van Philip, maar die moeite had hij zich mogen besparen.

Mijn vader was bij leven en welzijn 'Officier in de Orde van Verdienste van Italië' geweest, las ik. En: 'Officier in de Orde van de Eikenkroon van Luxemburg'. Daar keek ik van op. Nooit geweten dat mijn vader iets met Italië en Luxemburg had, of die landen met hem. En wat behelsde de Luxemburgse Eikenkroon? Daar kon je zomaar benieuwd naar worden.

Bril snurkte: tot Yolanda en de kinderen thuiskwamen was ik op mezelf aangewezen.

Ik had veel vrienden verloren, dierbaren die me oneindig dierbaarder waren dan mijn vader; maar het bleef mijn vader. Ik wilde opstaan om koffie te zetten of, beter nog, een glas wijn in te schenken, maar ik kwam niet goed los van mijn stoel, die aan me kleefde en me niet wilde laten gaan.

Ik staarde naar de krant zonder de advertentie te lezen, en naar de tuin en de huizen aan de overkant. Op een balkon hing wasgoed te drogen, wapperend in de wind. Dat zou voor het donker worden binnengehaald.

De *National Geographic*, waarop hij me had geabonneerd toen hij nog in Chicago woonde, viel na twee decennia nog altijd op de mat: het laatste draadje dat ons met elkaar verbond. Ik waardeerde zijn gebaar: het blad sluisde ik ongelezen door naar onze vier zoons, die er dankbaar foto's uit knipten voor hun schoolwerkstukken. Mijn vader en ik mochten dan onoverbrugbare geschillen hebben, hij knipte de navelstreng niet een tweede keer door.

Het was er dus niet meer van gekomen, hem opzoeken, en het zou er niet meer van komen. Die kans was verkeken.

Ik voelde geen woede over wat me ooit door hem was aangedaan; daarvoor was het verleden te lang geleden. Wat gebeurd was, was gebeurd; er kon niets teruggedraaid of uitgewist.

Verder kwamen er geen bijzondere gevoelens bij me op.

Toen mijn vader stierf had ik mijn boek niet af. Die roman verscheen pas maanden later.

Een half jaar na zijn dood viel de *National Geographic* niet meer in de bus, zonder toelichting; alsof het tijdschrift van de ene op de andere dag was opgeheven. Tot mijn verbazing vroegen mijn kinderen niet waar het blad bleef.

Ik miste het tijdschrift niet, zoals ik ook mijn vader nooit een seconde had gemist.

Op een avond zette ik de verzamelde jaargangen van het blad in dozen aan de stoeprand, waar ze de volgende morgen door een wagen van de gemeentereiniging werden opgehaald.

3

'MENEER CHABOT? U bent ernstig ziek.'

Ik lig in bed op een kamer van een ziekenhuis in Den Haag-Zuidwest, op de afdeling Acute Opname. Ik hoor de stem van de uroloog, die haar betoog vervolgt, maar wat ze zegt dringt niet echt tot me door. Behalve dat 'ernstig ziek' zijn dan. Dat kan kloppen: zo voel ik me ook, ernstig ziek. Altijd had ik de zonzijde van het leven in het vizier gehouden; maar als de zon niet opkomt houd je weinig zonzijde over.

Hoe ben ik deze woensdagavond hier beland? Yolanda heeft me na het eten, waarvan ik geen hap door mijn keel kreeg, met zoon Splinter naar het ziekenhuis gereden omdat ik tegen de negenendertig graden koorts had. Ik heb mijn tas zelf ingepakt en daarna Bril gedag gezegd, die me aankeek alsof ik hem voorgoed ging verlaten. Zo ligt het niet, maar zo voelt het wel. Haal ik op eigen kracht de auto, die een eind verderop in de straat staat? Verkeer ik in de gevarenzone? Bril voelt naderend onheil doorgaans beter aan dan ik.

Twee dagen eerder zijn bij een inwendig onderzoek monsters genomen om uit te vogelen of ik al dan niet prostaatkanker heb.

'U mag naar huis,' hoorde ik de uroloog zeggen toen ik bijkwam uit de narcose. 'Het is goed gegaan. Maar het kan weleens voorkomen dat... Als u hoger dan 38,5 graden koorts krijgt, is dat reden tot zorg en komt u naar het ziekenhuis. Heeft u die koorts 's avonds, dan komt u naar de Spoedeisende Hulp. Is dat helder?'

Ik knikte ten teken dat het me duidelijk was: glashelder.

Yolanda en Splinter zijn naar huis. Om de zoveel tijd krijg ik bezoek van een verpleegkundige; maar het ontgaat me waarom.

Ik ben zo uitgeput dat ik voel dat ik nooit meer een jongen zal worden die de wereld aankan, en zichzelf. Die kans is voorgoed verkeken.

De afgelopen drie dagen ben ik in een oude man veranderd, eentje die op instorten staat. Na vierenzestig jaar is aan mijn jeugd een eind gekomen. Het werd tijd ook.

Maar welke jeugd is voorbij? Ben ik eigenlijk ooit jong geweest?

Mijn kinderen vroegen er weleens naar: 'Pap, hoe was jouw jeugd?'

'O,' antwoordde ik dan, 'niks bijzonders. Gewoon. Daar valt weinig over te vertellen.'

'Dat,' had Yolanda opgemerkt, 'is de makke met jou. Je vertelt honderduit, over van alles en nog wat, op tv nog wel, maar over

jouzelf hoor ik je nooit. Over jezelf? Een stilzwijgen. Je jeugd?
Een zwart gat. Wie ben je eigenlijk?'

Als Yolanda de volgende ochtend vroeg langskomt voordat
ze naar haar werk rijdt, vraag ik haar om papier en een ballpoint,
eentje van Bic, voor me mee te nemen. Ik moet toch wat. Ik kan
moeilijk het plafond naar beneden liggen te staren.

'Schat, wat is dat toch met jou? Je bent doodziek. Ik heb de
uroloog gesproken. Je hebt een sepsis, een bloedvergiftiging. Als
dat niet tijdig een halt wordt toegeroepen, is de kans dat je over-
lijdt groter dan dat je dit overleeft. En dan vraag je mij om papier
en een ballpoint? Je wilt me toch niet wijsmaken dat je aan het
werk gaat, hè?'

4

HET BEGON ONSCHULDIG. Het begint bijna altijd onschuldig. Vaak zelfs zo onschuldig dat het aan je aandacht ontsnapt.

We konden aan tafel.

Wat we kregen voorgeschoteld kon me niet erg bekoren.

'Denk erom,' zei mijn vader. 'In de oorlog deden we er een moord voor. Je moeder en ik hebben nog bloembollen gegeten, tijdens de Hongerwinter, zo hoog was de nood. En dan zou jij, omdat "meneer" het "niet lekker" vindt... Dacht het niet, hè.'

Ik nam een hap en moest bijna overgeven. De muren stonden strak. Ik keek mijn moeder aan in de hoop op enige steun.

'Eet je bord leeg,' zei ze. 'Anders kun je rechtstreeks naar bed.'

Tot kokhalzen aan toe at ik mijn prak op.

'Zie je wel,' zei mijn moeder, 'dat je het kan? Voortaan bespaar je ons die flauwekul van je, goed begrepen?'

Enkele dagen later aten we zelfgemaakte vanillevla – met een vel erop en 'bonkjes' erin: kleine, harde stukjes – en spuugde ik de tafel onder.

Ik was een gewaarschuwd kind en telde voor twee, maar ik sloeg de waarschuwing in de wind en telde zo maar voor één.

—

We woonden in de Wilhelminastraat: mijn vader, moeder, mijn twee jaar jongere zus, en ik. De Wilhelminastraat was een zijstraat van een lange, levendige winkelstraat: de Theresiastraat. Kleinbehuisd als we waren, sliepen mijn zus en ik noodgedwongen in één kamer.

Bijna mijn hele jeugd speelde zich af op door de Engelsen per abuis gebombardeerd terrein, het Bezuidenhoutkwartier. Een groot deel van de wijk werd in de as gelegd, met meer dan vijfhonderd doden tot gevolg.

'Mia!' bracht een buurtgenoot mijn oma, die met mijn moeder een dagje op familiebezoek was, telefonisch op de hoogte. 'Je kunt in Rotterdam blijven, hoor. Je hoeft niet terug te komen. Van je huis is niks meer over. Je overgordijnen hangen over de bovenleiding van de trambaan.'

'Een voltreffer,' vertelde mijn moeder later. 'Geen muur stond nog overeind. Mijn hele jeugd was in één klap weg. Geen pop, boekje of foto heb ik teruggevonden, nog geen plaatje uit mijn poesiealbums, niets. Geen snipper. Maar goed, daarover geen klachten. Wíj leefden nog.'

De Wilhelminastraat was maar aan één kant bebouwd, met

flats van na de oorlog. In een van die flats woonden wij. Wat restte van de platgebombardeerde huizenrij – puin, gruis en gruzelementen – was naar elders afgevoerd. Het terrein lag braak en werd door ons, de kinderen uit de straat, het 'puintje' genoemd. De brandnetels en bramenstruiken schoten er hoog op; van de takken en achtergelaten stenen kon je hutten bouwen.

Wij speelden vol overgave in het puintje. Dat er honderden inwoners van de wijk waren omgekomen, hield ons niet erg bezig, daarvoor waren we te jong.

Dankzij de Engelsen, en dankzij de Duitsers in zekere zin, woonden we in een voor die tijd modern huis.

We hadden geen centrale verwarming. In de zitkamer stond een kolenkachel; de overige vertrekken bleven onverwarmd. Ieder jaar, aan het begin van de herfst, kwam de kolenboer langs om een voorraad antracietkolen voor de winter te brengen. Die kolen werden in de balkonkast buiten gestort. Voor we naar school konden moesten mijn zus en ik eerst het halletje, de gang en de keuken met kranten bedekken. Anders, zei mijn moeder, kon ze de vloerbedekking net zo goed meteen weggooien.

Soms zag ik de paard-en-wagen van de firma Eigen Hulp de straat inrijden. De mannen die de kolenzakken naar boven sjouwden waren zwart van het kolengruis, liepen zwaar en hadden barse stemmen, áls ze al iets zeiden; alsof ze op het kerkhof werkten en dit, kolen sjouwen, er tijdelijk bij deden: seizoensarbeid.

'Zo schoffie,' zei een van hen, 'moe-jij nie naar school, joh?'

Dan vluchtte je zonder een woord uit te brengen je kamer in, in de hoop dat ze spoedig waren verdwenen.

Als ze weg waren lag overal kolengruis, ook in de vertrekken waar ze niet waren geweest: het dodenstof dat aan hen kleefde en dat ze van hun werk op de begraafplaats hadden meegenomen naar ons huis, waar het stof neerdwarrelde en zich nestelde tot in de verste uithoeken. Het duurde dagen voor de laatste kolen-sjouwer uit het huis was geweken: zonder over een sleutel van de voordeur te beschikken, konden de schimmen van de kolensjouwers naar believen bij ons in- en uittreden.

In onze flat hadden we een douche, een bijzonderheid. We mochten in onze handen knijpen dat we zoiets hadden: een dergelijke luxe was lang niet voor al onze klasgenoten weggelegd. Mijn zus en ik douchten op zaterdag. De overige dagen wasten we ons onder de koude kraan, ook 's winters. Warm water was een kostbaar goedje. Daarvoor, toen mijn zus en ik nog heel klein waren, wasten mijn ouders ons zaterdags in een zinken teil die daartoe op de eetkamertafel werd gezet. We mochten niet spetteren; dan zwaaide er wat.

Televisie kregen we jaren later pas, een Telefunken. Als na afloop van *De Verrekijker*, het kinderprogramma op de woensdag- en zaterdagmiddag, presentatrice tante Hannie op de buis ten afscheid zwaaide, 'Tot de volgende keer, jongens en meisjes!', zwaaide ik enthousiast terug.

Als het even kon speelde je, weer of geen weer, buiten.

Op straat viel genoeg te beleven. Zo stierf het van de bunkers in mijn jeugd. In het Haagse Bos, en verder weg, in park Clingendael.

Van veel van die bunkers, die deel uitmaakten van de Atlantikwall, was de toegang geforceerd. De oorlog was achter de rug, de Koude Oorlog moest nog op temperatuur komen, en die op last van de Duitse bezetter aangelegde verdedigingswerken boeiden niemand.

Zonder veel poespas kon je je onder de grond begeven, ontdekte ik, en daar bij het licht van een van huis meegenomen zaklantaarn of kaars verder leven.

5

OP HET ACHTERBALKON – de zon scheen, de keukendeur stond op een kier – had ik een fles terpentine voor limonade aangezien en leeggedronken.

Mijn moeder belde ogenblikkelijk de huisarts en sommeerde mijn vader naar huis te komen. Niet met lege handen: hij diende bij zuivelhandel Van Ruiten flessen melk mee te nemen, volle melk, zoveel hij kon dragen. Ik moest de ene na de andere beker melk opdrinken, zonder één adempauze, net zo lang tot ik moest overgeven. Daarna diende de methode herhaald. Had ik drie, vier keer mijn maaginhoud opgespuugd, dan mochten we er veilig van uitgaan dat alle terpentine mijn lichaam had verlaten.

Toen ik vijf keer had overgegeven waren mijn ouders heel blij met me.

Voor het eerst hoorde ik mijn vader zeggen: 'Niets dan ellende met dat rotjoch.'

Mijn moeder sprak hem niet tegen.

'Wat een rotkind,' zei mijn vader. 'Wat een rotkind is het toch.'

'Je had wel dood kunnen zijn!' zei mijn moeder. Een uitspraak die ze na nieuwe wandaden van mijn kant vaak zou herhalen. Jaren na het gedwongen melkdrinken leek me dat een benijdenswaardig stadium, al moest je de boel niet overdrijven en er niet te vroeg mee beginnen, met dood liggen.

Mijn zus en ik zaten op de katholieke Sint Nicolaasschool, waar we les kregen in godsdienst en de catechismus. Die laatste diende je uit je hoofd te kennen.

'Waartoe zijn wij op aard?'

'Om God te dienen.'

Voor mijn eerste Heilige Communie, op m'n zesde, kreeg ik van tante Joke uit Haarlem een rozenkrans cadeau waarvan de houten kralen, beloofde de bijsluiter, niet zouden slijten door het vele bidden. Mijn opa uit Maarn, een praktisch ingestelde man, schonk me een driedelig eetbestek: mes, lepel en vork. Lepel en vork raakten zoek, het mes bewaar ik nog steeds in de bestekbak onder het aanrecht.

We baden voor en na het avondeten. We vouwden onze handen en mijn vader ging ons voor in het Onzevader, gevolgd door een Weesgegroet. Halverwege het gebed werden wij, mijn moeder, zus en ik, geacht in te vallen. Een enkele keer, als een macaronischotel dreigde af te koelen, volstond het Onzevader. Deze bondiger versie van het gebed wekte niet Gods toorn: het begon buiten tenminste nooit plotseling te onweren.

Na het toetje gingen we van tafel en knielden voor het kruis boven de eetkamerdeur. Aan tafel hadden we onze vaste plaats en dat gold ook voor dit gebed. Mijn zus knielde vooraan rechts van me; mijn moeder achter me en naast haar knielde mijn vader. Zaten we allen geknield, dan begon hij aan een lang gebed, dat meerdere teksten omvatte. Daartoe behoorde ook de 'Oefening van Berouw', dat hardop diende te worden voorgebeden, een taak die om onbekende reden aan mij was toebedeeld. Soms ging het goed, het uitspreken van de 'Oefening', vaker niet.

'Barmhartige God...' begon ik, 'ik heb spijt van mijn zonden, omdat ik Uw straffen heb verdiend...'

Ik had de regel nog niet uitgesproken of ik kreeg een dreun op de rechterkant van mijn hoofd, vanaf de plek waar mijn vader geknield zat.

'Opnieuw,' zei hij terwijl mijn oor nasuisde van de klap. 'En dan langzaam en duidelijk, zodat wij het allemaal kunnen verstaan.'

Soms lukte het me in mijn zenuwen ook een tweede keer niet, of zelfs een derde keer niet, en sprak ik de Oefening weer te gehaast uit. Daarop volgde onverbiddelijk een nieuwe dreun, of dreunen. Soms ook slikte ik de woorden in of sprak ze binnensmonds uit.

Na het mislukte avondgebed kwam de straf. Mijn zus mocht opblijven om televisie te kijken; ik moest naar bed, zodat ik volgens mijn vader een en ander nog eens goed kon overdenken. 'Misschien dat je het dán een keer zal leren, wie weet.'

De slaap vatten lukte niet, daarvoor gloeide mijn oor te veel na. Pas diep in de nacht dreef ik weg, lang nadat de laatste stadsbus, bus 4, in de Theresiastraat was voorbijgekomen. Om luttele uren later te worden gewekt om naar school te gaan.

De straf leidde er niet toe dat ik de Oefening van Berouw de volgende dag alsnog in het juiste tempo en verstaanbaar uitsprak.

Dat kwam pas nadat mijn vader voldoende in me had geïnvesteerd.

Mijn vader huilde nooit en ook andere vaders huilden nooit; dus vocht ik soms tegen de tranen maar huilde nooit. Traanwater liep hooguit langs de binnenkant van je gezicht, zonder dat een mens er weet van had.

Een kleine zestig jaar later kan ik de Oefening van Berouw foutloos en zonder aarzeling opdreunen, en zonder dat er een onverhoedse oorvijg aan te pas hoeft te komen of zelfs maar de dreiging ervan.

Bij een uithaal tijdens de dagelijkse Oefening van Berouw bleef het niet.

Ook gedurende de avondmaaltijd kon je van alles overkomen. Mocht je iets zeggen, doen of nalaten wat mijn vader niet beviel, dan hanteerde hij een tweede methode om je tot de orde te roepen; mijn zusje ontsprong doorgaans de dans.

Als het ogenblik om in te grijpen was aangebroken, vanwege een brutaliteit of een andere uiting waar mijn ouders niet van waren gediend, volstond mijn moeder met: 'En nú is het afgelopen!'

Dan begon het pas voor mijn vader.

Hij legde zijn bestek neer, schoof zijn stoel naar achter en rees langzaam op. Alsof er nog twijfel was over de te volgen weg: zijn volle aandacht wijden aan het hier en nu en mij bestraffen, of te verstenen tot een standbeeld zodat hij het gedoe van alledag voorgoed achter zich kon laten om voortaan vanaf een sokkel de wereld in ogenschouw te nemen.

Hij koos nooit voor standbeeld worden.

In plaats daarvan ontwaakte hij uit zijn overpeinzing, liep om de eetkamertafel heen, achter mijn zus langs, die zich met stoel en al veiligheidshalve zo ver mogelijk onder het tafelblad wurmde, en kwam schuin achter me staan.

In de huiskamer was het doodstil geworden.

Alsof het haar niet aanging, at mijn moeder door: zij had hetzelfde ogenblik iets beters te doen, wat haar volledige aandacht opeiste. Mijn zus roerde door haar eten, ze had iets in haar prak stamppot aangetroffen wat haar niet erg bekend voorkwam: geen plotseling ontdekt extra stukje rookworst.

Ik hoorde alleen het tikken van de antieke Friese staartklok aan de muur, die mijn ouders op een zomerse zaterdagmiddag bij een antiquair in Haarzuilens ontdekten en weken later, na ampel beraad, hadden aangeschaft.

'Toegegeven, hij was niet goedkoop,' zei mijn moeder, 'maar volgens jullie vader stijgen ze de komende jaren met sprongen in waarde, Friese staartklokken.'

Tot op heden was die waardestijging uitgebleven, zoals mijn moeder verbitterd opmerkte als ze woorden met mijn vader had.

Ik kon mijn vader ruiken. Hij kwam nog iets dichterbij, tot hij tegen de rugleuning van mijn stoel aan stond. Ik hoorde hem ademen.

Hij nam mijn linkeroorlel tussen duim en wijsvinger, pakte hem zo beet dat hij houvast had en het stukje vlees hem niet kon ontglippen, kneep er hard in en trok het omhoog. Fors hoger, zodat je de neiging moest onderdrukken om met je hoofd mee de lucht in te willen, richting het plafond, en je te ontdoen van je stoel en plaats aan tafel: het achter je oorlel aan gaan liet je wijselijk uit je hoofd: dan had je het gedonder pas echt in de glazen. In dat geval kwam je er niet van af met alleen een nasmeulende oorlel.

Dan, als je oorlel onvrijwillig positie had gekozen en stabiel in de ruimte boven de eetkamertafel hing, draaide mijn vader het stukje vlees een kwartslag om, of, indien het vergrijp daartoe aanleiding gaf, een halve slag, zonder van zins te zijn je oorlel spoedig te laten gaan. Meestal greep mijn moeder dan in en zei: 'Gé, zo is het genoeg. Laat dat joch. Zo is het genoeg geweest.'

Met tegenzin liet hij los. Liever was hij langer doorgegaan om me mijn wandaden voor eens en voor altijd in te peperen en af te leren. Soms kon je dagen van een oververhit oor nagenieten.

Ja, je kon lachen met mijn vader.

Nu en dan werd het ook mijn moeder te veel. 'Wil je nu verdomme ophouden?!' riep ze dan met een van woede vertrokken gezicht tegen me. Of: 'Wil je daar verdomme nú mee ophouden?!'

Dan kreeg je met zwaarder geschut te maken. Mijn jeugd werd een slagveld. Aan loopgraven en mijnenvelden geen gebrek. Daar had ik geen oorlog voor nodig.

Als ik me bij mijn zus beklaagde gaf ze me gelijk, maar voegde eraan toe dat ik 'het er af en toe ook wel naar maakte'.

Ik dwarrelde in stukjes en stukken uit elkaar en liet me langzaam opheffen.

Zo verwerd het leven thuis tot een doodlopende steeg waaruit niet viel te ontsnappen. Althans niet door mij. Achter mijn rug werd de toegang steen voor steen dichtgemetseld. Licht en lucht konden me alleen van bovenaf nog bereiken.

Toch raakte ik niet in paniek.

Ik was er wel, een jongetje in Den Haag, maar in werkelijkheid was ik er niet. Ik moest omhoog blijven kijken en op de lucht vertrouwen, en op de nachthemel: op die laatste rekende ik nog het meest. Ging de keus tussen de sterren en het zwart, dan koos ik zonder aarzelen voor het zwart. Wat glansde, fonkelde en glinsterde had me vaak genoeg teleurgesteld; maar het zwart had me nooit in de steek gelaten en was altijd bereid me op te nemen en terug te voeren naar waar ik vandaan kwam. Van het zwart kon je op aan.

Bovendien, je kon altijd nog van jezelf af.

Een bezoekje aan een kerkhof of begraafplaats werd een uitje. Daar fietste ik na school graag een eind voor om. Met de doden, merkte ik, kon ik beter uit de voeten dan met de levenden. De doden waren aardig voor me en gaven, net als de sterren, altijd thuis. Zelfs een zware steen, dacht ik als ik naar de graven keek, was maar een steen, was maar steen, was-maar-een-steen. Bij de doden voelde ik me op mijn gemak: we waren onder elkaar. Zij maakten me nooit een verwijt, de doden niet en de sterren niet; en het zwart omarmde me. Al was ik pas elf, toch dreef ik langzaam af naar de uitgang.

Ja, ook met mij kon je lachen.

Jaren later, op de middelbare school, overleed een klasgenoot. Hij was geliefd en een menigte leerlingen en ouders deed hem uitgeleide. Een week later fietste ik terug om het afscheid dunnetjes over te doen.

Toen ik begraafplaats Sint Barbara wilde verlaten en nog één keer omkeek om te zien of het meegenomen bosje bloemen nog lag waar ik het had neergelegd – er waaide een stevige wind van zee – schrok ik van wat bij een graf niet ver van Stef vandaan gebeurde.

Een steen verschoof.

Ik betwijfelde of wat ik waarnam voor mijn ogen was bestemd. Evengoed, wat ik gezien had kon ik niet onopgemerkt laten. Een steen die verschoof was een steen die bewoog, ongeacht wie er de hand in had.

6

'GA JE MEE?' zei mijn moeder. 'Ik loop even naar Van Ruiten, de zuivelhandel.'

Het was geen vraag, maar een aankondiging dat ik mijn jas moest aantrekken. Anders zou ik een poosje alleen thuis zijn en God-mocht-weten wat ik dan kon uithalen en wat voor ellende dat tot gevolg kon hebben: ze zag de bui al hangen.

De winkelbel rinkelde vrolijk. Dat beloofde wat. Ik volgde mijn moeder niet naar binnen, en ze stond me dat buiten blijven oogluikend toe: ik was vlak bij haar in de buurt en kon zodoende geen kattenkwaad uitrichten. Links van de winkeldeur, in een nis, torende een stapel eierdozen, zo hoog dat de stapel ver boven mijn hoofd uit reikte.

Ik twijfelde tussen de eierdozen en de toverballenautomaat die iets verderop aan de gevel hing: gooide je er een stuiver in, dan rolden er een stuk of wat ballen uit die als je erop zoog van kleur veranderden. Later zouden de toverballen worden vervangen door rolletjes snoep en kon je Italiano's en Autodrop trekken; tot het apparaat op zijn beurt werd vervangen door een condoomautomaat.

Ik koos voor de eieren, ook omdat ik geen stuiver had en het me niet raadzaam leek mijn moeder tijdens het boodschappen doen te storen voor zoiets onnozels als een grijpstuiver. Uit voorzorg hield ik mijn handen diep weggestoken in mijn broekzakken, om zelfs niet in de verleiding te komen iets te doen wat de woede van mijn moeder kon wekken terwijl zij doende was melk en kaas voor het gezin te kopen.

Na verloop van tijd won mijn nieuwsgierigheid het van mijn voorzichtigheid en ik tilde een van de deksels van de hoog opgetaste kartonnen dozen halverwege de stapel met moeite op om me ervan te vergewissen hoe de eieren erbij lagen.

Wonderlijk om mee te maken hoe de bovenste helft van de stapel in beweging kwam, langzaam helde, kantelde, kapseisde, en de eieren eerst over de stoep en vervolgens de straat op rolden, daarbij gelige, slijmerige riviertjes veroorzakend, alsof het om de Nijldelta ging, die we kortgeleden op school hadden behandeld. Ook was ik verrast te merken hoeveel meters een ei kon doorrollen en toch heel blijven. Een ei kon meer hebben dan je vermoedde.

Gelukkig dekte de verzekering de schade. Daarmee waren we er niet; zo gemakkelijk kwam ik er niet van af. Ik diende mijn verdiende loon te krijgen, liet mijn moeder me in het bijzijn van de heer Van Ruiten bij de winkeldeur weten; iets wat mijn vader zelf ter hand zou nemen.

Aan de toverballenautomaat mocht ik die middag dan niet

zijn toegekomen, wel zou ik tegen zessen alle kleuren van de regenboog zien. Met zijn regenjas nog aan hoorde mijn vader wat zich had voorgedaan.

'Pap,' zei ik ter begroeting en om het ijs te breken, 'je hebt je jas nog aan.'

'Jij bent voorlopig nog niet jarig, mannetje,' zei hij, 'als je dat maar donders goed beseft.'

'Klopt, pap,' zei ik. 'Het duurt nog zeker zeven maanden voordat het zover is.'

Daarna was het woord aan mijn vader.

Op een winterse namiddag, het vroor buiten, spreidde mijn zusje, vier jaar, haar armen, om de kachel in de zitkamer te omhelzen. Ze vond de kachel vast erg lief. De kolen achter het micaruitje brandden vurig: de liefde kwam van twee kanten.

Ik zag het gevaar aankomen en wilde haar waarschuwen, maar van schrik kon ik geen geluid uitbrengen, geen kik.

Ze vouwde haar handen open en omvatte de zijkanten van de kachel. De kolenkachel, dankbaar voor de onverwacht betoonde genegenheid, beantwoordde haar omhelzing en liet haar niet los.

Ik hoorde gesis. Uit de opengesperde mond van mijn zusje steeg een gil op die de zit- en eetkamer vulde. Ik rook de geur van geschroeid vlees.

Ik wist niet wat te doen; ik kon moeilijk aan haar sjorren om haar los te rukken, en rende in paniek de gang op om mijn vader en moeder te hulp te roepen. Mijn moeder was in de keuken bezig met het avondeten, erwtensoep. Het was weekend: mijn vader kluste in de badkamer. Het duurde even voordat mijn ouders de zitkamer binnenkwamen.

De kachel hield mijn zusje nog altijd met beide handen dankbaar vast.

Na een poos, lang nadat mijn vader en moeder met haar naar het ziekenhuis waren vertrokken, waagde ik me de zitkamer in.

De kachel stond rustig op me te wachten, alle tijd, en leek blij me te zien. Wat hem betreft had het weerzien eerder mogen plaatsvinden.

De schilderijen hingen onaangedaan aan de muur.

De kolenkachel keek me uitnodigend aan en voorzichtig kwam ik een paar stappen zijn kant op. Zou je sporen kunnen vinden op de plekken waar de kachel mijn zus had omarmd? De hitte schroeide mijn gezicht. Hij was een van mijn beste vrienden, wilde de kachel me duidelijk maken, en zou me ter begroeting graag omhelzen. Hij zou ervoor zorgen dat ik het nooit van mijn leven meer koud zou krijgen, ook al stonden de ijsbloemen op de ruiten.

De vogeltjes in het antiekhouten vogelhuis aan de muur vielen stil en floten niet.

Muisstil werd het in huis; ik hoorde alleen het geluid van de brandende kachel, en van de kolen, als er veraste kleine brokjes door het rooster in de asla vielen. Nu spande het erom. Het ging tussen de kachel en mij. Mijn zus had hij weten te verleiden; zou het hem lukken ook mij over te halen hem te omarmen?

Het rode schijnsel achter het micaruitje gloeide en lonkte me om dichterbij te komen: er kon me niks gebeuren. Ja, mijn zusje wel, toegegeven; maar dat was mijn zus, dat was een ander verhaal. Wat zij had gedaan moest je ook niet doen, dat was erom vragen, maar jij... jij... Nee, er zou me niets overkomen. Kom maar, lispelde de kachel, kom maar bij me, bij mij ben je in goede handen, veilig, op mij kun je rekenen, van alles en iedereen hier in huis kun je mij nog het meest vertrouwen... Kom maar, dan hou ik je voortaan warm.

Maar ik bleef waar ik was en zette geen stap dichterbij. Ik vertrouwde de grijns op het gezicht van de kachel niet.

7

'DAG SCHAT.'

Yolanda stapt de kamer in, kust me en pakt mijn hand vast.

'Hoe is het met je?'

'Ik dacht,' zeg ik, 'dat ik me niets meer van mijn jeugd kon herinneren, maar het tegendeel is waar. Zo zie je, waar een ziekenhuisopname al niet goed voor is.'

'Lieverd, ik vroeg hoe het met je gaat, daar ben ik benieuwd naar.'

'Kun jij noteren wat ik vertel? Ik heb geprobeerd te schrijven, maar dat lukt me niet. Te moe.'

'Soms vraag ik me af,' zegt Yolanda terwijl ze me indringend aankijkt, 'wat het belangrijkste in jouw leven is.'

Op een oudejaarsavond, ik was zes, nam mijn vader als verrassing een hondje voor ons mee, een pup. Ik was meteen verkocht en droeg het dier op handen. De pup was iets te groot voor de handen van mijn zus, wat me niet speet. Voor het eerst kon ik iets warms en liefs en teders in mijn armen houden.

Mijn moeder was minder enthousiast over de aanwinst. De krentenhond was niet zindelijk en leek niet van zins dat te willen worden. Na drie weken ging het beestje zienderogen achteruit, vermagerde, spuugde bijna al zijn eten op, veranderde in een scharminkel, bleek wormen te hebben en overleed – een spookhondje – twee weken later.

Ik was vrij ontroostbaar.

Mijn vader zegde toe dat er spoedig een ander hondje zou komen, maar mijn moeder hield dat net zo lang tegen totdat ik de hoop opgaf dat het er ooit nog van zou komen.

Pas een paar jaar later zou een nieuw huisdier zijn intrede in ons gezin doen.

Een vogeltje.

Onze benedenbuurman in de portiekflat, oom Bill, reed in een Ford Granada, een auto die volgens mijn vader vooral populair was bij glazenwassers en pooiers, net als een Chevrolet.

Oom Bill had vogels als hobby. Hij hield ze in een schuur achter in zijn tuin: een bergingshok dat bij ons gezin dienstdeed als bewaarplaats voor stapels met touw bijeengehouden oude kranten en tijdschriften, schilderijlijsten zonder schilderij, twee koffers met afgedankte kleren, een opgerold Perzisch tapijt met sigaretten- en mottengaten en de houten geraamtes van drie uitklapbare ligstoelen. Een overtollig geworden en zolang in de schuur gestalde keukenkast was aan het grofvuil meegegeven. In de ruimte die overschoot, zetten mijn zus en ik na school onze fietsen.

Oom Bills berging had het meeste weg van een volière.

Op een dag kocht mijn vader bij oom Bill een kanarie, 'Donna', door mijn moeder 'Droefie' gedoopt. Het vogeltje maakte zijn opwachting bij ons in een kooi, fluitend, op een lenteachtige zaterdagmiddag. In oom Bills bergingshok vlogen de vogeltjes vrij rond, maar mijn moeder maakte mijn vader onomwonden duidelijk dat dát, vrij vliegen, er bij ons thuis niet in zat. Voorts verklaarde mijn moeder dat ze niet van zins was Droefie te verzorgen, noch diens kooi schoon te houden. Dat mocht mijn vader doen, die de vogel per slot van rekening had binnengehaald zonder daarover vooraf met haar te overleggen.

Droefie viel niet na een dag of twee, drie – verteerd door heimwee naar oom Bill en diens volière – van zijn stokje, maar floot de dagen aaneen.

Drie zaterdagmiddagen later was het raak. Ik had weer eens iets geflikt, geen idee wat, maar mijn vader raakte in alle staten. Hij spatte haast uit zijn stoel en zette de achtervolging in. Ik wachtte niet af wat hij voor me in petto had, maar trok sprintjes om de ronde zitkamertafel, de tafel waarop de kooi van Droefie stond.

Mijn vlucht verliep voorspoedig. Hoe hij ook holde of deed, mijn vader zag geen kans me in te halen, ook niet als hij onverwachts van richting veranderde en tegen de klok in om de tafel rende: ik was vlugger dan hij en raakte niet buiten adem.

Nog verbetener zette mijn vader de achtervolging in, alsof het de slotfase betrof van de massasprint na een vlakke Tour de France-etappe.

Tijdens een van zijn rondjes stootte mijn vader zo hard tegen de rand van de zitkamertafel dat Droefies kooi omviel, het toegangsdeurtje opensprong en Droefie, ook niet op zijn achterhoofd gevallen, de benen nam.

De rest van de middag bracht mijn vader 'in de achtervolging' door, maar nu op Droefie, die van de weeromstuit overal

waar-ie landde en een korte tussenstop maakte – op de rugleuning van fauteuils, op de bovenkant van kasten – souvenirs losliet.

Mijn moeder zag het tafereel vanuit de deuropening handen-
wringend aan, roepend dat mijn vader Bill erbij moest halen want
'jij krijgt dat rotbeest toch niet te pakken', en: 'Ik had het je nog
zó gezegd van tevoren!' Ze voegde er luidkeels aan toe dat zíj –
er kon gebeuren wat er gebeuren kon – de hele smeerboel straks
niet ging schoonmaken. Wie dachten wij wel niet dat ze was?

In arren moede haalde mijn vader de stofzuiger tevoorschijn,
om Droefie met behulp van de stofzuigerslang op te zuigen en
weg te werken, een manier van doen waartegen mijn moeder protest aantekende.

Voordeel van dit alles was dat het mij toegedachte pak slaag
in rap tempo achter de horizon verdween.

De zon begon al onder te gaan toen oom Bill eindelijk door
mijn vader naar boven werd genood. Die kreeg Droefie zonder
noemenswaardige inspanning in de kooi, deurtje dicht, en nam
hem mee naar beneden. Ik vroeg mijn moeder of ik bij oom Bill
mocht aanbellen om te zien hoe het met Droefie was gesteld.

'Maak dat je wegkomt,' zei ze. 'Je mag in je handjes knijpen
dat je er zo genadig vanaf komt.'

Mijn vader was niet oud, maar na de jacht op de kanariepiet
ontbrak hem de puf om alsnog met me af te rekenen. Hij had
wat beters te doen. Na oom Bills vertrek toog hij met een emmer zeepsop en een spons aan de slag om Droefies sporen uit te
wissen. De volgende ochtend zouden er donkere plekken op de
bekleding van de fauteuils prijken; alsof de meubels 's nachts hadden gezweet. Na de vogel zou geen nieuw huisdier bij ons thuis
verschijnen, nog geen cavia of goudvis.

Ik was ontsnapt, maar lang duurde de ontsnapping niet.

Spoedig gingen we aan tafel, daarna volgde het avondgebed,

en al had ik die zaterdagavond de Oefening van Berouw zonder onvolkomenheid uitgesproken, dan nog had mijn vaders hand me weten te vinden.

Die avond lag ik lang wakker en dacht aan Droefie. Het ging vast goed met de vogel die zich, teruggezet in de volière van oom Bill, dankzij de grotere ruimte en de toegenomen bewegingsvrijheid zonder kooi mocht wanen.

8

OOK AL HEB ik hoge koorts, toch houd ik last van koude voeten; alsof die twee zich willen losmaken en van me ontdoen om zich over te geven aan een andere, bitterder kou. Ik beweeg ze lichtjes heen en weer en probeer met een hand bij ze in de buurt te komen, maar ze ontwijken me en blijven buiten mijn bereik.

Een verpleegkundige komt de kamer binnen, Esther, die me vraagt hoe het gaat. Ze legt een moederlijke hand op mijn voorhoofd.

Mijn moeder raakte me liever niet aan. Dat weet ik zo zeker omdat ze me nooit aanraakte. Ze wilde niet dat ik haar aanraakte, en ze wilde mij niet aanraken. Als we elkaar al zoenden, ter begroeting, zoenden we in de lucht; dat kon het minste kwaad.

Een knuffel was uit den boze.

Mijn vader raakte me evenmin ooit aan – behalve om me te bestraffen – maar die lichamelijke afstand wilde ik juist graag zo houden. Hij raakte me vaak genoeg. Hij hoefde zijn hand maar naar me uit te steken of ik kromp ineen en trok mijn hoofd ter bescherming tussen mijn schouders.

Zelfs als we naast elkaar zaten, mijn vader en ik, aan een overvolle feesttafel, stijf tegen elkaar aan gedrukt tussen de verjaardagsgasten, gaapte er een onoverbrugbare kloof tussen ons, een wijdte die we beiden aangenaam vonden en eerder wilden vergroten dan verkleinen. Het was zo al erg genoeg.

Soms, als ik onverwacht vroeg van school thuiskwam of van mijn kamer de keuken in liep, trof ik mijn moeder in tranen aan.

Als ik haar vroeg wat eraan scheelde en of ik iets voor haar kon doen, wimpelde ze me af en zei dat ik 'te jong voor zulke dingen' was en dat het mijn schuld niet was; dat ik het niet kon helpen. Op de keukentafel stond een doos Kleenex, en iets verder van haar vandaan op tafel lagen haar sigaretten, een pakje Caballero: haar houvast.

Ze was dikker geworden, haar heupen forser. Bij haar slapen verscheen een eerste grijze haar, al had ze daar de leeftijd nog niet voor.

'Ga maar, jongen. Ga nu maar.'

Ik wilde haar zachtjes aanraken om haar te troosten; maar ik wist dat ze ervan zou schrikken, dat ze er niet van gediend was om te worden aangeraakt, meestal ook niet door mijn vader. 'Blijf van me af,' had ik haar 's avonds laat horen zeggen. 'Als je het maar laat, blijf daar. Als je het maar uit je hoofd laat.'

Nee, met een hand op haar schouder of een begrijpend kneepje in haar arm deed je haar geen plezier. De doodenkele keer dat ze me een kusje gaf, kuste ze me zo dat het er alles van weg had dat ze me niet had gekust.

Hoe was het mogelijk dat mijn zus en ik ter wereld waren gekomen? Het moest haast om een ongelukje gaan, of ongelukjes. Mijn ouders hadden nooit ouders moeten worden en kinderen krijgen. Nu zaten ze met twee gebakken peren.

Nadat ze haar ogen had gedroogd, zei mijn moeder: 'Moet je geen huiswerk maken? Doe dat dan. Waar wacht je nog op', en wendde zich van me af.

Dan liep ik terug naar mijn kamer en sloot de deur zo stil mogelijk achter me, ervan uitgaand dat zelfs het minste door mij veroorzaakte gerucht haar verdriet kon berokkenen. Mijn moeder kon zozeer zeggen dat het mijn schuld niet was en dat ik er niets aan kon doen, dat het glashelder was dat ik er juist wel wat aan kon doen en dat het grotendeels mijn schuld was. Was ik er maar niet, dat zou voor iedereen beter zijn.

Buiten begon het te donkeren. Ik knipte de lamp boven mijn bureau aan en legde het huiswerk voor morgen klaar, aardrijkskunde. Maar in plaats van de hoofdsteden van Europa vanbuiten te leren, liep ik naar de kast en pakte mijn kleding en schoenen voor de gymnastiekles, morgenochtend.

Ik had nooit geboren moeten worden.

9

ALS KIND WAS ik vaak ziek. Ik lag meer in bed dan dat ik in de schoolbanken zat. Ik wilde van alles, maar mijn lichaam hield me tegen. Mijn lijf weigerde simpelweg dienst. Toen al.

Ik had last van bronchitis, een kwaal die in de familie van mijn moeder opgeld deed. Zo was er tante Miets in Dordrecht, bij wie ik ooit een weekje in de zomervakantie logeerde, en die van 's ochtends vroeg tot 's avonds laat zwaar hoestend en naar adem snakkend door het huis ging. Ik sliep in de kamer van neef Karel, die het ouderlijk huis had verlaten. Karel had alle pockets van Knock Out Nick, een cowboy die in het Wilde Westen cowboyavonturen beleefde. Boven het hoofdkussen hing een dik koord waarmee je de plafondlamp kon aan- en uitdoen. Ik zag er het touw van een galg in, om een paardendief aan op te hangen, en het bed was een schavot. Meestal liet ik 's nachts het licht branden.

Het huis van tante Miets lag aan de Merwede, koud kolkend water; een rivier waar ik volgens haar niet in moest vallen, dat zou ik niet overleven. Ook in Dordt luidde het devies: je gedragen, keurig netjes meedoen, bidden voor en na het eten, en hopen dat tante het niet op haar heupen kreeg en me terugstuurde naar Den Haag. Niet lang na de logeerpartij zou tante Miets tijdens een wurgende hoestaanval stikken.

In de tweede klas kreeg ik een dubbele longontsteking, waardoor ik zes weken thuisbleef en Sinterklaas bij me op bezoek kwam. Bij mijn klasgenoten was de Sint nog nooit aan huis geweest, behalve bij Jos; maar die Sinterklaas was dronken geweest, zei Jos, dus dat telde niet echt. Het kostte Sint de nodige moeite om mijn kamer in te komen: het lage plafond liet mijter en staf niet toe.

Ik sliep in het bovenste bed van het stapelbed. Toen Sint eenmaal binnen was, zonder mijter, die bewaarde Piet zolang op de gang, evenals de staf, kwam hij opeens erg dichtbij, alsof ik iets had uitgehaald, een of ander vergrijp dat in het Grote Boek was genoteerd en waarover hij me ernstig wilde onderhouden. Maar ik kreeg allerlei lekkers: chocoladesigaretten en zuurtjes in de vorm van een brandende sigaar.

Toen Sinterklaas afscheid had genomen richtte ik me op in bed, hoestend als tante Miets, en zag de schimmel midden op straat zonder hoefgetrappel geduldig op de Sint wachten. Ik zwaaide naar het paard, tot mijn moeder terugkwam en het snoepgoed zolang innam 'tot je weer beter bent'.

Na zijn bezoek wist ik dat de Goedheiligman bestond, wat anderen ook mochten beweren. Sinterklaas sprak zachtere woorden tegen me dan mijn ouders en Piet lachte me liever toe dan zij ooit hadden gedaan. Ja, de Sint bestond, dat nam niemand me meer af. Of hetzelfde voor God of Allah gold, viel nog te bezien: die luitjes zag je nooit.

Dat de Sint zich op een schimmel over de daken spoedde en zelfs kon vliegen met zijn paard, verbaasde me niet: daar ging ik van harte in mee. En waarom zou iemand niet door een schoorsteen kunnen? In mijn hoofd maakte ik gekkere dingen mee.

Met een vaste klasgenoot ging ik na school, als ik niet ziek was, naar de twee bakkerijen bij ons in de buurt, drukten onze neus tegen de ruit en – terwijl om ons heen de avond viel – vergaapten ons aan het lekkers dat in de etalages lag uitgestald: chocoladeraceauto's, een netje met gouden munten en chocoladekikkers met wit spul vanbinnen. Lekkernijen waarvoor ons zakgeld ontoereikend was. Mijn klasgenoot geloofde niet in Sinterklaas, wel in snoepgoed en cadeautjes.

's Avonds zette ik mijn schoen, met een wortel voor het paard; wat ik tegenwoordig nog weleens doe, zonder wortel. Vaak zit er de volgende ochtend dan wat in.

Het geloof in God verdampte vlot, maar in de Goedheiligman geloof ik tot op de dag van vandaag. Dat vertelde ik mijn kinderen ook als ze van school thuiskwamen en vroegen: 'Pap, bestaat Sinterklaas?'

'Ja,' antwoordde ik dan. 'Nou en of.'

'Maar in de klas zeggen ze dat-ie niet bestaat, en dat het de meester is uit groep acht, die zich verkleedt.'

Ik dacht aan hoe ik als kind de slaapkamer van mijn ouders insloop, als zij de stad in waren, en onder in de donkerte van de linnenkast tastte. Ja hoor, daar lagen ze, de cadeautjes. Zie je wel, de Sint was bij ons langs geweest. Met een beetje geluk kon je zelfs voelen wat er in sommige pakjes zat.

'Jongens,' zei ik dan, 'ooit God of Allah met de stoomboot in de Scheveningse haven aan land zien komen? Nee, dat dacht ik ook. Maar Sinterklaas komt elk jaar, eind november, zeker en gewis, met zijn schimmel, juichende kinderen langs de kade, burgemeester erbij met ambtsketting, om de Sint welkom te heten. En dan kun je zeggen: ja, maar dat is een afspraak. Zal best, jongens, maar bijna alles in het leven berust op afspraken. Dat het nu tien voor halfvijf is, is een afspraak. Dat we een stoel een stoel noemen, en geen tafel, is ook een afspraak, enzovoorts.'

Mijn kinderen keken me aan alsof ze zich ouder vonden dan mij en vervolgden hun Mario Kart-game of schonken zichzelf limonade in.

'En God dan?' vroeg de jongste op een middag.

'Weet je,' zei ik, 'tussen jou en mij, hè... Ik ben 'm een paar keer tegengekomen, God, in het echt.'

'En wat vond je van 'm, pap?'

'Oud,' zei ik. 'Kwetsbaar. Broos. Met zijn ziel onder zijn arm liep-ie door de stad.'

'Dus een beetje zoals jij, pap?'

Omstreeks dezelfde tijd deed Ivanhoe zijn intrede op de televisie, met zijn schildknaap die ook Bart heette, wat een band schiep. Op pakjesavond kreeg ik Ivanhoe als stripboek, uit de serie *Illustrated Classics*, 'Lees feestelijk, groei geestelijk!', en een complete Ivanhoe-uitrusting: een plastic zwaard, een schild en helm, en een harnas dat buik en borst beschermde en dat je met riempjes op je rug vastgespte, alles bruinkleurig.

Ik was in de wolken. Vanaf deze sinterklaasavond was ik een ridder. Alleen Ivanhoe's paard ontbrak, ook een schimmel. En 'Bart', maar dat gaf niet, want 'Bart' was ikzelf. Het paard fantaseerde ik er moeiteloos bij. Ik was niet voor één gat te vangen: de schimmel stond doodgemoedereerd te grazen op het balkon van de smalle kamer die mijn zus en ik deelden.

Op een doordeweekse avond – we waren wat eerder dan gewoonlijk naar bed gegaan, maar ik kon de slaap niet vatten – klauterde ik bijgelicht door het schijnsel van de straatlantaarn voor ons portiek via de ladder het stapelbed uit.

'Wat ga je doen?' verzuchtte mijn zus in het onderste bed, bezorgd over een mogelijk ongunstige afloop.

Met een vinger op mijn lippen beduidde ik haar stil te zijn en te blijven.

Ik trok het borststuk van het ridderharnas aan, omgordde het zwaard, pakte het schild en aaide mijn paard geruststellend over de neus. Ik was geen kind meer dat Ivanhoe speelde, nee, ik wás Ivanhoe. Er kon me weinig gebeuren. Vriendjes in de straat droomden dat ze Joop Zoetemelk waren, die tijdens een zware bergetappe betrokken was bij een beslissende ontsnapping uit het peloton en de Tour de France ging winnen, of dat ze een van de piloten uit *The Thunderbirds* waren, of speelden dat ze bij *Bonanza* of *Rawhide* zaten, allemaal leuk en aardig, maar ik wás Ivanhoe, ridder zonder vrees, met een wuivende pluim op zijn helm, en in die hoedanigheid sprong ik tegen de deur van onze kamer op, zo hoog als ik kon, om door het melkglazen raampje een glimp op te vangen van de verlichte gang en de keuken erachter, en van mijn vader of moeder, en van de gevaren die hun nabijheid met zich meebracht.

Het ging lang goed. Ik sprong hoog op, in volle wapenuitrusting, koekeloerde een fractie van een seconde de gang in en landde stilletjes op twee voeten. Het ging zelfs zo lang goed dat mijn zus ondanks haar twijfels begon te geloven in een goede afloop en zich afwendde om te slapen. De vijand was onkundig van wat ik uitvoerde, wat kon er misgaan?

Tot het harnas vol tegen het hout botste en de helm hard

tegen de glazen ruit. Het zwaard kletterde op het zeil. Geschrokken van de klap veerde mijn zus overeind. Opeens voelde ik me stukken minder Ivanhoe dan zo-even. Mijn paard roepen en maken dat ik wegkwam had geen zin. Het paard was ervandoor; ik hoorde hem in de verte galopperen.

Daar bleef het niet bij. De afgemeten passen van mijn vader kwamen op de deur toe. Ik probeerde me voor te stellen wat er zou gebeuren als hij het licht aanknipte en me in mijn ridderuitmonstering aantrof. Daar ging hij niet blij van worden. Had ik het lampenkoord uit Dordrecht maar meegenomen; daar had ik nu raad mee geweten.

Ik rukte de helm af, maakte het borststuk van het harnas los en gooide beide op het bed van mijn zus, vloog de ladder op naar mijn bed, wierp van daaruit zwaard, schild en riem bij mijn zus op het onderste bed en dook onder de dekens. Erg ridderlijk kon je mijn handelen niet noemen, maar in alle paniek dacht ik niet aan zoiets als 'edelmoedigheid'.

De deur vloog open. 'Wat is dat hier?!' beet mijn vader ons toe. 'Wat gebeurt hier?!'

Mijn zus verraadde me niet, zoals ze me ook later niet zou verraden. (Op een middag vroeg mijn moeder me: 'Wát heb jij gedaan? Wat heb jij nú weer uitgevreten?!' Toen ik niks zei, wendde ze zich tot mijn zus; maar die hulde zich in stilzwijgen, ook nadat mijn moeder alle door mij met indianengeduld in elkaar gelijmde modelvliegtuigen van Airfix en Revell – een North American Mustang, de onvermijdelijke Spitfire en Messerschmitt, een Junkers Ju 88, en, moderner, een Gloster Meteor en een Catalina-watervliegtuig – met een machtige zwaai van haar arm van mijn bureaublad veegde en, toen ik nog altijd niks opbiechtte, in één moeite door de Sopwith Camel die aan de lamp in het midden van de kamer hing uit de lucht plukte en aan stukken smeet;

48

mijn Tiger-tank en het slagschip Bismarck waar ik maanden aan had gewerkt moesten het eveneens ontgelden: zelfs toen verraadde mijn zus me niet.)

In een oogopslag zag mijn vader wat er aan de hand was; hij had mijn zus nog nooit op de geringste belangstelling voor het ridderwezen mogen betrappen.

'Kom eruit jij,' zei hij tegen me, terwijl zijn hoofd boven mijn bed verscheen en ik me tot Madurodamproporties voelde teruggebracht. 'Kom eruit. Nu. Of moet ik je soms een handje helpen?'

Het leek me wijs om zelf uit bed te komen en de ladder af te dalen voordat hij me eruit haalde, dat kwam zijn humeur allicht iets ten goede. Erg lang stond ik niet met mijn blote voeten op het koude zeil. Mijn vader ging op de rand van het bed van mijn zus zitten, stootte zijn hoofd tegen de onderkant van mijn bed, wat aan hem een vloek ontlokte, trok mijn pyjamabroek omlaag, legde me over zijn bovenbenen en spaarde zichzelf niet, dat moet gezegd. Zo op dreef had ik hem zelden meegemaakt. Je kon hem om een boodschap sturen, eerlijk is eerlijk.

Ik was best iets gewend, maar dit keer werd de bestraffing zo voortvarend ter hand genomen dat ik mijn plas liet lopen.

Mijn vader had zich na thuiskomst van het ministerie niet omgekleed in vrijetijdstenue: hij had zijn goeie goed nog aan.

Het duurde enkele ogenblikken voordat hij in de gaten had wat er gebeurde, maar toen kreeg hij het in de gaten, en goed ook. Nu zwaaide er pas echt iets.

Het was de eerste keer in mijn leven dat er tussen mijn oren iets overleed. Bij deze ene keer zou het niet blijven.

Wel nam na een paar maanden het over de knie gelegd worden iets in frequentie af.

'Gé, het geld groeit ons niet op de rug,' zei mijn moeder.

'Ik kan niet voor elk wissewasje met je pantalons naar de stomerij hollen, hoor.'

Niet alleen thuis, ook op school was het opletten geblazen om niet de toorn van een leraar over je af te roepen.

Zo kreeg ik in de vierde klas te maken met meneer Boekweit. Vrij vlot na aanvang van het schooljaar mocht ik op de achterste schoolbank in de klas plaatsnemen, en niet omdat ik zo goed oplette en navenant presteerde. Gelukkig zat ik bij het raam en kon ik naar buiten staren. Buiten, daar gebeurde het. Niet binnen. In de buitenwereld lagen de kansen.

Op een middag had ik iets gedaan, of juist iets nagelaten: geen idee wat mijn overtreding behelsde. Ik staarde neutraal voor me uit, merkte dat meneer Boekweit opvallend veel belangstelling voor me aan de dag legde en zag dat hij een borstel pakte: de houten borstel waarmee je krijt op het bord uitwiste.

Meneer Boekweit pakte de borstel stevig vast, taxeerde de naar mijn plek te overbruggen afstand en gooide de borstel. Ik zag hem aankomen en trok net op tijd mijn hoofd in. Secondewerk.

Vlak achter me knalde de borstel tegen de houten deur van de schuifkast waarin de Bosatlassen werden bewaard.

Toen ik tijdens het avondeten van het voorval gewag deed – 'En, vertel, is er nog iets gebeurd vandaag op school?' informeerde mijn vader. 'Of is er van alles gebeurd, maar is het jou ontgaan?' – kreeg ik alsnog een hengst voor mijn kop.

'Zo,' zei mijn vader, 'deze is raak. En weet je waarom je die krijgt? Omdat je het er in de klas ongetwijfeld naar gemaakt zult hebben. Meneer Boekweit gooide die borstel niet voor niets.'

'Hier Chabot,' zei de meester van de vijfde klas. 'Je kerstrapport. Succes ermee.'

Het was geen rapport om mee thuis te komen en dat deed ik dan ook niet. Onderweg naar huis kwam ik langs een bushalte, vouwde het rapport dubbel en duwde het zo diep mogelijk in de prullenbak die aan de haltepaal hing.

'Waar is je rapport?' vroeg mijn moeder bij thuiskomst.

'Welk rapport?' zei ik.

Jaren later, toen ik diep in de vijftig was, passeerde een man me op het Lange Voorhout die zijn fiets aan de hand meevoerde. Hij kwam me vaag bekend voor. Kende ik hem ergens van?

'Jij bent een zieke geest,' siste hij me in het voorbijgaan toe. 'Een zieke geest, jij.'

De Lange Voorhoutse bomen verblikten of verbloosden niet: die hadden de oorlog meegemaakt.

Terwijl de man doorliep, wist ik met wie ik te maken had: een klasgenoot van de Sint Nicolaasschool; ik kon alleen niet op zijn naam komen.

De Sint Nicolaasschool bestaat niet meer. Dat wil zeggen, het bouwwerk staat nog overeind, maar de lagere school week uit het gebouw. Bij hoge uitzondering kom ik er weleens in de buurt, als ik een boodschap doe in de Theresiastraat. Maar ik heb me nooit meer in de nabijheid van het gebouw gewaagd uit angst dat alles bovenkwam. Wat bezworen was, was bezworen en hoefde niet alsnog tot leven gewekt.

———

Buiten klinkt een zwaar geronk, dat snel dichterbij komt en het ziekenhuis nadert. Een heli.

Op de gang gaat een pieper af.

'We komen,' hoor ik iemand zeggen. 'We komen eraan', gevolgd door snelle voetstappen.

10

IK HAD EEN lui oog. Op advies van de oogarts werd mijn goede oog afgeplakt om het luie oog tot meer activiteit te dwingen.

Elke zaterdag moest de pleister ververst. Daartoe diende ik op de eetkamertafel plaats te nemen zodat mijn vader er goed bij kon, en trok hij, om de huid rondom mijn oog niet te beschadigen, langzaam de pleister eraf. Na vier weken ging de huid om mijn oog kapot. Het zaterdagse verwijderen van de pleister werd voortaan met terpentine gedaan om de gehavende huid zo veel mogelijk te ontzien.

Weer een maand later was de huid rond mijn oog veranderd in een etterende wond. Maar ik moest flink zijn, hield mijn vader me voor, even op mijn tanden bijten, het was zo over en dan kon het oog weer een hele week mee.

Gaze

De huid ging nog meer stuk en de pleister werd met gaas en verband op mijn gezicht aangebracht. Met dat plakkaat mocht ik niet douchen, wat niet onoverkomelijk was. Ik zat bijna altijd in de achterste schoolbank; geen leerling die klaagde dat ik me wat vaker moest wassen omdat ik een beetje rook.

Los daarvan was ik scheel.

Ik zag meer niet dan wel en kon enige assistentie goed gebruiken.

Hoe stak ik de verkeersdrukke Theresiastraat veilig over en kwam ik heelhuids bij school?

Twee vriendinnen brachten uitkomst: Henriëtte en Desiree, bij wie ik in de klas zat. Zonder dat ik erom hoefde te vragen ontfermden ze zich over me. Henriëtte kende ik het best. Soms at ik mee tussen de middag, wat me niet vaak genoeg kon overkomen; bij haar thuis mocht je tijdens de middagboterham chocomel drinken. Ook had Henriëttes moeder bij de lunch meestal 'iets lekkers', een warm saucijzenbroodje, roerei, een pasteitje, stroopwafels. Zoiets kregen we thuis alleen op hoogtijdagen: kerst, oud en nieuw, of als een van ons jarig was. En ik mocht bij Henriëtte een onbeperkt aantal boterhammen eten. Zoveel ik wilde. Dat lag bij mij thuis anders, zelfs als je aangaf nog honger te hebben. 'Vreters worden gemaakt,' zei mijn vader dan, 'niet geboren.' Waarna de borden, het bestek en de etenswaren – 'Zo, en nu is het mooi geweest,' zei mijn moeder – van tafel gingen. 'Opruimen. Helpen jullie mee? Ja, jij ook, Bart. Honger? Als je de ontbijtspullen morgenochtend vroeg genoeg klaarzet, ben je de eerste.'

Het zomerde als je bij Henriëtte thuis at, ook al was het een gure novemberdag.

Desiree had een hond – een *furchterregend* vervaarlijk ogend exemplaar dat hoog op de poten stond en waar menige passant met een wijde boog omheen liep – en twee oudere broers, die langspeelplaten hadden van The Rolling Stones.

Uit een openstaande jongenskamer ving ik er soms een flard van op. Dan was het of ik een vleugje vrijheid gewaarwerd: een wilde vrijheid die ik niet kende, maar die verleidelijk aan de beide mouwen van mijn wintertrui trok.

Henriëtte en Desiree haalden me 's ochtends op, hielpen me de Theresiastraat over en via de rustiger Koningin Marialaan naar de Helenastraat, en loodsten me het klaslokaal in. Ze brachten me naar huis voor de grote pauze, haalden me na de lunch weer op, brachten me de klas in en leverden me om vier uur thuis af.

Dat deed geen jongen uit mijn klas hen na. Bij Henriëtte en Desiree voelde ik me op mijn gemak. Aan een meisje zoenen dacht ik nog niet, in beslag genomen als ik werd door de *Thunderbirds*, *Winnetou* en raceauto's; al hoorde je daar bij gerucht over, over zoenen. De jongens uit de zesde klas schenen daar nogal aan te doen.

De idylle kon niet voortduren. Op een middag kwam ik laat uit de klas – ik moest nablijven van meester Rutgerink; mijn rekentoets was dik onvoldoende. 'Ga maar vast,' had ik tegen Henriëtte en Desiree gezegd, 'ik red 't wel' – en zag bij het verlaten van het klaslokaal dat de fietsenstalling zo goed als leeg was.

Zo goed als.

Niet ver van de poort dromde een stel jongens samen om een meisje dat naast haar fiets stond.

Henriëtte.

Een van de grote jongens wees op mij. 'Hé, kijk nou eens, wat hebben we daar, nog een brillenjood!'

Henriëtte had net als ik een bril.

Ik telde negen jongens, die stuk voor stuk boven Henriëtte uittorenden. De durfals. Een van hen pakte haar bril af, een

licht, bijna doorzichtig montuur dat Henriëtte goed stond en haar wenkbrauwen plezierig vrijliet, smeet het tegen de grond, zette er zijn voet op en bewoog heen en weer met zijn schoen.

Ik hoorde het glas breken en kraken, wat tot gelach onder de jongens leidde.

Een ander trok tot hilariteit van zijn maten de draad van Henriëttes dynamo los.

'Zo, dus jij bent zo'n bolleboos, met je negens en tienen.'

Henriëtte was met afstand de beste van onze klas.

Haar schooltas werd onder de snelbinders vandaan gerukt en leeggekieperd.

'Jonges, is er iets bij dat jullie kenne gebruiken?'

Het was negen tegen één, maar Henriëtte huilde niet.

'Zeg, kankerlijertje,' hoorde ik zeggen, 'oprotten jij, of moet ik jouw brilletje ook effe mollen?'

'Ja, optiefen jij,' zei een ander, 'en vlug een beetje!'

'Of wacht eens... jij... Ja, jij... zeg 'ns, hoeveel zakgeld krijg jij per week?'

'Een gulden,' zei ik.

'Zo weinig, zijn ze zo arm bij jou thuis? Goed, dan neem je dat pokkeguldentje morgen voor me mee, begrepen? Vanaf nu neem jij elke week je zakgeld mee en je geeft het aan mij. Kun je dat onthouden?'

Ik wilde ja zeggen, toen hij zich bedacht.

'Vertel, weet jij je moeders portemonnee te vinden bij jou thuis? Mooi zo. Dan neem jij voortaan elke maandag vijf gulden mee. Eitje. En laat ik niet merken dat je...'

'Ed,' zei een van zijn maten, 'laat dat jochie lopen, joh, die schele. Laat lopen, dat joch.'

Ik wilde niets liever dan Henriëtte te hulp schieten, maar ik achtte me kansloos tegen zo'n overmacht en liep met gebogen hoofd de poort uit, op weg naar huis, keek extra goed uit bij het oversteken van de Theresiastraat en kwam heelhuids thuis.

'Hoe was 't op school?' vroeg mijn moeder.

'O, gewoon,' zei ik. 'Leuk.'

De volgende ochtend kwam de conciërge de klas in en vroeg Henriëtte, die een reservebrilletje ophad, of ze mee wilde komen. De ouders van Henriëtte hadden naar school gebeld om hun beklag te doen en de directie nam het incident hoog op.

'Wie dit heeft gedaan,' beloofde meester Rutgerink, 'zal zijn gerechte straf niet ontlopen.'

En zo geschiedde.

Enkele jongens werden een week geschorst; twee aanstichters uit de zesde klas van school gestuurd.

Met Henriëtte bleef ik op goede voet, maar ik zou niet meer bij haar thuis komen. Aan het eind van het schooljaar bedankte ze ons in de klas voor 'alles' en nam afscheid. Ze was met klinkende cijfers over, maar zou het nieuwe schooljaar op een andere school beginnen, elders in Den Haag.

Desiree begreep dat ik ondanks mijn afgeplakte oog veilig de Theresiastraat kon oversteken. Na schooltijd kwam ik haar heel af en toe tegen als ze de hond uitliet. Buiten mijn schuld was er iets stukgegaan tussen ons. Henriëtte nam me niets kwalijk, maar ik mezelf des te meer. Er viel me genoeg te verwijten.

Ik had geen poot uitgestoken en haar uit lijfsbehoud aan haar lot overgelaten. Niet ingrijpen was ook een vorm van ingrijpen. Door niets te doen had ik haar verraden. Veel lager kon je niet zakken. Het zou me niet nog eens overkomen, nam ik me heilig voor.

Sinds Henriëtte hield ik een zwak voor meisjes met wenkbrauwen en een bril. Van de meisjes moest je het hebben. Niet van de jongens.

Later, heel veel later, toen mijn eerste zoon kon praten, zei hij op een middag terwijl hij met zijn wijsvinger op een van mijn brillenglazen tikte verheugd: 'Papa heeft scheve ogen.'

Was Sebastiaan maar eerder op de wereld gekomen.

II

OP EEN MIDDAG was ik alleen thuis.

Mijn zus was naar een vriendin; mijn ouders waren naar de stad, kleren uitzoeken voor mijn vader, en zouden een poosje wegblijven. 'Je mag limonade nemen,' had mijn moeder bij de voordeur geroepen; daarop ging de voordeur dicht.

Wat zou ik eens doen? Die vraag viel niet lastig te beantwoorden. Van mijn oma – een Duitse, Frau Lüders – had ik voor mijn verjaardag een vliegtuigbouwdoos gekregen, van Airfix: een Heinkel-bommenwerper, met hakenkruisstickers op de staart. Die kon ik vanmiddag mooi in elkaar lijmen.

'Hoe kan ze hem uitgerekend zo'n vliegtuig cadeau doen?' had mijn vader opgemerkt.

'Had je liever gezien, Gé, dat hij een Engelse bommenwerper had gekregen, eentje die het Bezuidenhout in de as legde?'

Ik was blij met de bommenwerper en nam mijn oma niets kwalijk. Daarbij, om te worden bevrijd, moest je eerst zijn bezet. Zonder Duitse schurken geen Engelse helden. Dat mijn vader dat niet begreep.

Ik pakte de doos met vliegtuigonderdelen, de bouwtekening en de tube lijm en toog aan de slag, door niets afgeleid.

Ik was een tijdje bezig en schoot goed op – de romp had ik al in elkaar gezet – toen ik zonder te weten waarom van mijn werk opkeek. De klok op mijn bureau gaf tien over vier aan: mijn ouders waren ruim anderhalf uur weg. Ik wilde opnieuw aan het werk gaan en de vleugels aan de romp lijmen, toen ik me half omdraaide en naar de balkondeur keek.

De gordijnen, die bijna tot de grond reikten, bewogen lichtjes heen en weer.

Het tochtte; dat was wat de gordijnen in beweging bracht. Ik schoof mijn stoel naar achter, stond op en liep naar het raam. Op het balkon zaten wat herfstbladeren elkaar achterna. Niets bijzonders, en zeker niet iets wat me van het bouwen aan de Heinkel hoefde af te houden, en ik ging verder met waar ik gebleven was.

Tot ik een kwartiertje later opnieuw opkeek, alsof er iets niet helemaal klopte. De gordijnen hingen stil. Het tochtte niet meer. Zie je wel, dacht ik, niets aan de hand; en ik stond op om naar de keuken te gaan: de vleugels en achtervleugel zaten aan de romp gelijmd, die beker limonade had ik onderhand best verdiend.

De eetkamerdeur stond op een kier. Terwijl mijn moeder, als ze het huis verliet, altijd de deuren wijd open liet – waarom wist ik niet.

De overgordijnen in de achterkamer bewogen lichtjes heen en weer. Ook de vitrage bewoog.

Dat was niet alles.

Opeens werd het een stuk kouder. Ik liep een kilte in die ik niet kon verklaren. Verbaasd keek ik om me heen – was er iets loos in de achterkamer? – en keek opnieuw naar de raampartij. De gordijnen en de vitrage hingen stil. Tegelijkertijd nam de kilte toe.

Ik was niet alleen thuis.

Er was iets anders in huis, een aanwezigheid die niet per se het beste met me voorhad. Ik draaide me om, ijlde door de gang naar mijn kamer, sloot de deur en leunde tegen het houtwerk, nahijgend.

Zachtjes begon ik hardop te praten, zodat ik minder alleen in de kamer was en in de hoop dat ik op die manier wat elders in de vertrekken huisde op afstand hield.

Ik voelde me bijna opgelucht toen mijn ouders van de stad thuiskwamen.

'Wat is hier aan de hand?' zei mijn moeder. 'Waarom zit je met de deur dicht? Laat 'm voorlopig maar openstaan, een beetje frisse lucht in je kamer kan geen kwaad. Zet anders de balkondeur open, het is om te stikken hier. En waarom heb je geen limonade genomen, ik had toch gezegd dat je dat mocht? Het hele aanrecht is leeg. Of heb je je beker afgewassen en terug in de kast gezet? Dat zou dan voor het eerst zijn.'

Ik ging limonade halen. Toen ik met mijn beker uit de keuken terugkwam en mijn kamer wilde binnenlopen, bleef ik op de drempel staan. De gordijnen hingen als bevroren stil. Op de grond, zo'n twee meter van mijn bureau vandaan, lag de gebruiksaanwijzing van de Heinkel, vlak bij de balkondeur. Het tochtte niet. Hoe kwam die daar dan terecht?

Ik zei tegen mezelf dat er niets achter zat, maar geloofde het maar half. Ik moest oppassen, al was me niet duidelijk voor wie of wat. Ik neuriede een deuntje van The Kinks. Waar bleef mijn zus?

Vanaf het bureaublad lag de Heinkel me aan te grijnzen.

12

OP MIJN ZUS werd mijn moeder zelden kwaad. Dat bewaarde ze voor mij.

Om mij ontstak ze om de haverklap in woede, maar de voltrekking van het vonnis liet ze aan mijn vader over: die was daar een ster in. Je kon erop wachten tot het moment aanbrak dat mijn vader van zijn specifieke talent hiervoor blijk gaf.

Mijn moeder rookte, en stevig ook. Vaak werd ik er 's avonds als haar sigaretten op waren op uit gestuurd om een pakje te trekken uit de automaat bij de sigarenzaak in de Adelheidstraat: Caballero, zonder filter.

'Mam, en als die op zijn?'

'Doe dan maar Camel. Maar zonder filter.'

Het 's avonds sigaretten trekken werd beëindigd toen mijn moeder bij gerucht vernam dat er werd getippeld ter hoogte van de Adelheidstraat. *auf de Strich gehe*

Op een middag moest ik van mijn moeder mee boodschappen doen. 'Jou alleen thuislaten? Geen sprake van, ik pieker er niet over, wie weet wat jij allemaal aanricht.' We deden de sigarenwinkel aan. Het was me opgevallen dat mijn moeder zelden contant betaalde, maar het verschuldigde bedrag liet opschrijven. Zo ook deze keer.

'Zet maar op de rekening,' zei mijn moeder en griste haar twee pakjes Caballero van de toonbank.

Dat laten opschrijven kon ik ook, leek me, zonder dat er ellende van kwam.

Monter stapte ik op woensdagmiddag de winkel in, koos op mijn gemak een paar stripboeken uit, riep vrolijk: 'Zet maar op de rekening, hoor! Mijn moeder weet ervan, mevrouw Chabot', en onbekommerd verliet ik, vriendelijk nagewuifd door de eigenaar, de sigarenzaak.

Ik verslond de ene *Sheriff Classic* na de andere. Sommige scènes speelde ik op straat met de buurjongens na. Zaak was het om te zorgen dat je bij de cowboys hoorde. Indianen verloren altijd, en wie had daar zin in.

Tot mijn moeder op een middag naar de sigarenzaak toog om rookwaren te halen en de winkelier haar aansprak op de flink opgelopen openstaande rekening.

'Dat bestaat niet,' zei mijn moeder verbouwereerd toen ze de hoogte van het bedrag vernam. 'Godsonmogelijk.'

De eigenaar van de zaak las de lijst aangeschafte artikelen voor, die tot haar ontsteltenis meer behelsde dan louter pakjes Caballero zonder filter.

'Wacht maar,' zei mijn moeder toen ik uit school thuiskwam, 'tot je vader straks uit kantoor komt en hij hoort welke streek je ons nu weer hebt geleverd. Dan zal je eens wat beleven!'

Ik smeekte mijn moeder om het niet aan mijn vader te vertellen, maar ze viel niet te vermurwen.

Kort daarop kwam hij thuis. Het huis werd te klein.

Mijn zus zag de bui al hangen en vluchtte wijselijk onze slaapkamer in.

'Ik laat hem alle hoeken van de kamer zien,' zei mijn vader tegen mijn moeder.

Zijn wraakoefening breidde zich uit naar 'alle hoeken van de kamers'. Ik kon wegduiken en watervlug langs zijn grijpgrage vingers glippen, toch kreeg hij me telkens opnieuw te pakken: hij maakte zijn gedane voorspelling meer dan waar.

'Ellendeling!' tierde hij. 'Zeldzaam mispunt! Mormel dat je bent!'

Ik ontdekte hoeken waar tot voor kort geen hoeken waren, en zelfs mij onbekende kamers. Een beetje pijn deed geen pijn, maar dit begon ik geducht te voelen. Mijn vader beschikte over een betere conditie dan ik had vermoed. De situatie werd nijpend. Opnieuw incasseerde ik een voltreffer, ditmaal op mijn linkeroor en -slaap, waarna ik niks meer hoorde behalve het getjilp van jonge spreeuwen die in mijn gehoorgang waren neergestreken om zich daar te nestelen.

Ik hing in de touwen. Waar bleef de scheidsrechter om me uit te tellen en me uit mijn lijden te verlossen?

'Gé, hou op!'

Mijn moeder dook achter hem op en hij hief zijn hand niet, zodat ik wat lucht kreeg.

'Hou ermee op! Zie je niet wat je doet?! Je slaat dat joch halfdood!'

64

De wolkenlucht spleet open en een vuist daalde op de aarde neer.

'Gé, stop ermee, onmiddellijk! Je slaat hem nog dood zo! Hij heeft zijn verdiende loon nu wel gehad.'

Mijn moeder probeerde hem van achteren vast te pakken.

'Hou ermee op! Je hebt jezelf niet meer in de hand, Gé, zo is het genoeg geweest! Hou op! Hou óp!!'

Het was een van de weinige keren dat mijn moeder me tegen mijn vader in bescherming nam.

Toen mijn vader ophield, gehoor gevend aan mijn moeders uitdrukkelijke wens, krabbelde ik moeizaam overeind.

De planeet wiebelde onder mijn voeten.

—

We beleefden de hoogtijdagen van Cassius Clay, die sinds zijn bekering Muhammed Ali heette. Dat sprak ons, de buurtjongens, reuze aan: boksen. Was dat niet iets voor ons? Als we hard trainden en het na een paar weken afzien en toch kracht opdoen beurtelings tegen elkaar opnamen, wie was dan de sterkste van de buurt?

Op woensdagmiddag kwamen we na school bij elkaar in de fietsenschuur van Leonard en Arjen. Na drie weken trainen vonden we het welletjes: het werd tijd om de handschoen op te nemen. Het lot, een dobbelsteen, bepaalde dat ik het moest uitvechten met Arjen, die een kop kleiner was dan ik. In de schuur stelden de jongens uit de buurt zich langs de kant op: de zo vrijgekomen ruimte deed dienst als ring.

Arjen schoot vliegensvlug uit zijn hoek en kwam door met stoten op maag en lever die me de adem benamen. Verbaasd liet ik mijn dekking zakken – wat kregen we nou?! – en incasseerde

prompt een voltreffer op mijn rechterkaak, die me deed wanke-
len. Arjen mocht een kop kleiner zijn, maar ik moest achteruit.
Behendig dook hij onder mijn dekking door en joeg me met een
paar goedgeplaatste stoten verder naar achter. Het werd tijd dat ik
me herstelde en iets terugdeed, anders dreigde de partij al in de
eerste ronde in mijn nadeel te worden beslecht.

Opnieuw landde een punch van Arjen in mijn maagstreek.
Het was meteen ook zijn laatste wapenfeit. Ik haalde uit en trof
hem, juist toen hij inkwam, vol op zijn kin. Hij wankelde achteruit – het was een klein wonder dat hij op de been bleef – en klapte
ruggelings in de houten kast die de ouders van Leonard en Arjen in de schuur hadden gezet. Drie, vier planken begaven het en
de ongelukkige verdween door de triplex achterkant en belandde
in de onduidelijke ruimte tussen de kast en de achtermuur, die
door spinnenwebben werd gedomineerd. Stof steeg op, en na een
poosje klonk een zacht gekreun en gejammer dat van Arjen af-
komstig moest zijn.

Het duurde even voordat hij tussen de stukken hout overeind krabbelde en tevoorschijn kwam. Hij zag er aangeslagen uit
en had door zijn val de nodige schaafwonden opgelopen.

'Sorry, Arjen,' zei ik. 'Sorry.'

'Gaat het?' vroeg zijn broer, die hem aan zijn schouder overeind trok. 'Gaat het weer een beetje?'

Arjen zei dat het ging, maar hij stond onvast op zijn benen en
staarde glazig voor zich uit.

'Knock-out,' besliste Nico, die voor aanvang van de partij tot
scheidsrechter was gekozen.

Lange tijd bleef het stil. Arjen bood nog steeds een weinig
florissante aanblik en leek nauwelijks te beseffen waar hij was beland. Het was de eerste en tevens de laatste bokswedstrijd. Arjen
stond te trillen op zijn benen en hield zich aan zijn broer over-

eind, en de kast lag in duigen: de planken vielen niet aan elkaar te spijkeren of te lijmen. Uit het afnemende licht dat door het achterraam de schuur in viel, leidden we af dat het laat in de middag moest zijn en dat het raadzaam was om op huis aan te gaan. Zonder veel bravoure druppelden we een voor een naar buiten. Tot mijn opluchting hoefde Arjen niet te worden ondersteund, al bleef hij onvast ter been.

Leonard vertelde thuis hoe onfortuinlijk Arjen was gevallen en dat daardoor de kast zo toegetakeld kwam; een lezing die hun vader ten slotte voor waar aannam zonder er overigens veel geloof aan te hechten. Hij had die kast sowieso weg willen doen en zou het grofvuil bellen; en daar bleef het bij.

We bleven elkaar op woensdagmiddag na school zien, bij de fietsenschuren achter, maar voorlopig beperkten we onze activiteiten tot het stiekem sjekkies draaien en sigaretten roken. Dat kon tenminste geen kwaad.

13

NA SCHOOLTIJD SPEELDE je naar hartenlust buiten. Je moest oppassen voor kinderlokkers en geen snoep van een vreemde aannemen: maar dat was het, qua waarschuwingen. Sterker, na school
werd je de straat op gestuurd. Zolang je zorgde voor zessen terug
te zijn voor het avondeten, kon je buiten je gang gaan.

Auto's waren er nauwelijks, zodat de trottoirranden vrij bleven en we stoepbal deden. Een voorbijrijdende auto was zo bijzonder dat je merk en kenteken in een schrift noteerde. Vooral in
de Theresiastraat kon je score oplopen tot twintig of dertig auto's
van merken die allang niet meer bestaan: DKW, Borgward, Mor-
ris, een Humber, een Hillman Imp, een Sunbeam; en Amerika-
nen als De Soto en Studebaker; en de Reliant: een driewieler, dus

die laatste kon je met goed fatsoen niet meerekenen.

Mijn vader had geen rijbewijs. Dat zou hij pas laat in zijn leven halen, toen hij in de veertig was. 'In één keer gehaald!' riep hij triomfantelijk toen hij na het examen de trap op kwam. 'In één keer!'

Maanden ervoor had hij alvast een auto gekocht: een tweedehands NSU van Duitse makelij. Trots stond hij 's avonds en in de weekends voor het zitkamerraam naar zijn auto te turen, die een vriend voor hem had opgehaald en voor de deur afgeleverd. Na enkele weken hoopte straatvuil zich bij de wielen op.

Op een avond hoorde ik hem 'Mon voiture' mompelen, 'Mon voiture'. Er klonk veel warmte in door, aanzienlijk meer dan mijn zusje en mij doorgaans ten deel viel. Het gevoel kon je bekruipen dat de NSU hem dierbaarder was dan een van ons.

Vermoedelijk ging hij ervan uit dat ik al in bed lag. Om hem niet te storen liep ik op kousenvoeten naar hem toe.

'Mon voiture,' herhaalde hij met zachte stem.

Hij keek geschrokken om toen ik vlak achter hem zei dat ik op school had geleerd dat het 'ma voiture' moest zijn, omdat 'voiture' vrouwelijk is.

'Had ik je iets gevraagd?' beet hij me toe. 'Had ik jou ook maar íets gevraagd?'

De NSU was geen lang en gelukkig leven beschoren.

Ons eerste gezinsuitstapje met de NSU was een rondrit door de Bollenstreek: Lisse, Sassenheim, Hillegom.

Bij Vogelenzang hield de motor ermee op en werd – nadat mijn moeder, zus en ik de auto in de berm hadden geduwd – de Wegenwacht gebeld. Tot deze kwam was mijn vader niet aanspreekbaar, en toen de Wegenwacht na een provisorische reparatie was vertrokken evenmin. De stemming was bedrukt: een half woord kon te veel zijn, zodat mijn zus en ik wijselijk onze mond hielden.

Zo zou het ons steeds vergaan. Soms hield de NSU het vol en keerden we welgemoed huiswaarts. Vaker strandden we onderweg. Eén keer, na het kerstdiner bij mijn opa in Maarn, zagen mijn zus en ik op de terugweg aan de achterkant rookwolken opstijgen, waarop mijn vader de NSU ijlings op de vluchtstrook zette en het wachten op de Wegenwacht begon, die ver na middernacht kwam. Twee bouten van de motorophanging bleken te zijn afgebroken waardoor het hete motorblok een kwartslag was gedraaid, daarna gezakt en op de remleiding beland, vandaar de kolkende rook. Tegen het ochtendgloren kwamen we terug in Den Haag.

Op aandringen van mijn moeder deed mijn vader de NSU van de hand en kocht een tweedehands Volkswagen Kever, een witte. Die deed het zonder haperen; maar mijn vader zou nooit meer 'Ma voiture' voor het zitkamerraam prevelen. Niet lang na de verkoop van de NSU verdween het merk van de markt en werd de fabriek in West-Duitsland opgeheven.

Wij, de jongens in de straat, werden ouder, we hadden kladblokken vol kentekens en automerken verzameld, het werd tijd voor iets anders.

Hoewel we te jong waren om erop te mogen rijden, vatten we belangstelling op voor brommers: Puchs, Kreidlers, een Tomos. Op een namiddag kwam Rudolf, die op een andere school zat dan wij, ergens in de buurt van het Centraal Station, met het nieuws dat hij een brommer had gezien in een zijstraat bij hem in de wijk, onbeheerd. Weliswaar ging het om een Mobylette, een meisjesbrommer, maar wat gaf dat? Een brommer was een brommer.

Tot onze verrassing vertelde Leonard dat zijn ouders binnenkort naar Madagaskar wilden emigreren, een eiland waar de meesten van ons nog nooit van hadden gehoord. Maar Arjen bevestigde het verhaal van zijn broer, dus was het waar.

Wanneer ze afreisden was onzeker, maar vooruitlopend op de verhuizing besloten hun ouders allerlei meubelstukken zolang in de fietsenschuur op te slaan: sommige meubels verhuisden per boot naar het eiland, andere bleven in Den Haag. De dag van vertrek werd herhaalde malen uitgesteld en om het meubilair te beschermen werd de huisraad in de schuur uit voorzorg met witte lakens afgedekt.

Ten slotte reisde de vader van Leonard en Arjen vooruit naar Madagaskar, voor zaken, en om de overkomst van zijn gezin voor te bereiden. Hij was de enige die op het laatst nog in de schuur kwam. Leonards moeder zette in haar eentje geen voet over de drempel: zij vond het hok vochtig en bedompt. We hadden vrij spel.

Hoe kregen we de Mobylette in de schuur van Leonard en Arjen? De oplossing droeg Rudolf zelf aan. De volgende middag na school kwamen hij en Nico met de brommer aangesjouwd, die nog op slot stond.

Nee, bezwoer Rudolf ons, niemand had hen op straat aangesproken met de vraag of die brommer van hen was, en zo ja, waarom ze hem dan niet van het slot haalden in plaats van te zeulen met dat zware ding.

Ter voorbereiding hadden wij, achterblijvers, de lakens van het meubilair weggetrokken en op de betonvloer uitgespreid.

'Zo'n brommer kan olie lekken,' zei ik, 'en we willen niet dat het vlekken geeft' – klonk ik als mijn moeder? – 'die je niet meer weg krijgt', iets waar alle aanwezigen van harte mee instemden.

'Veel soeps is het niet, hè?' zei Ronald, een oudere jongen uit de Theresiastraat, terwijl hij de onthulde meubels meewarig opnam.

'Laten jullie ouders die zooi echt over zee verslepen? Bij mij thuis hebben we veel mooiere meubels. Dit zet je toch niet in je huis? Dit zet je aan de stoeprand.'

Eerst zaagden we het slot in het achterwiel door. Dat kostte de nodige zaagjes en zagen die op een houten bord aan de muur hingen – Leonards vader bevond zich op veilige afstand; wat kon hem, in Madagaskar, een zaagje meer of minder schelen? – en uiteindelijk gaf het slot zich gewonnen en kon het wiel vrij draaien als we de Mobylette aan de achterkant optilden.

Daarop probeerden we de brommer te starten. Een moment van de waarheid waar we reikhalzend naar hadden uitgekeken. Het lukte niet, ook niet na herhaalde pogingen; en ook niet nadat we de brommer wat rust hadden gegeven omdat we de motor volgens Rudolf hadden 'verzopen'. Wel was de schuur doortrokken van een indringende benzinewalm; maar dat deerde ons niet.

We zetten de achterkant van de Mobylette op twee stapels bakstenen, zodat het wiel van de grond kwam. Beurtelings nam een van ons plaats op het zadel en trapte uit alle macht de pedalen rond, zonder met brommer en al om te vallen, in de hoop dat de motor alsnog zou aanslaan; wat-ie niet deed.

Er zat niks anders op dan om het motorblok te demonteren en uit te vissen wat eraan mankeerde, zonder dat een van ons veel van de techniek van een brommermotor wist. Het was leuk om een bromfiets te bezitten, maar dan moest-ie het wel doen.

Met behulp van de gereedschapskist van Leonards vader schroefden we een paar onderdelen van het blok. De bougie was goed, zei Nico, die was 'niet vet', dus daar lag het niet aan.

Hoe nu verder?

Een week later haalden we de carburator uit elkaar, die uit meer kleine onderdelen was opgebouwd dan verwacht. Het zou nog een klus worden om die weer in elkaar te zetten. Ondanks de gerezen moeilijkheden keken we nog een laatste keer met voldoening naar de brommer om, voordat Leonard de schuurdeur dichtdeed en op slot draaide.

'Wie van jullie,' zei Frank, 'neemt volgende week spullen mee om onze handen te wassen? Ik heb het twee keer gedaan, nou is een ander aan de beurt.'

'Zeg eens eerlijk,' zei mijn zus toen we die vrijdagmiddag alleen thuis waren, 'heb jij een brommer?'

Die had ik niet zien aankomen.

'Hè?' zei ik.

'Heb jij een brommer in de schuur staan?'

'Hoe kom je erbij?'

'Dat hoorde ik eergisteren op school, van Els en Trudy, en van Wilma. Die hebben dat niet uit hun duim gezogen, lijkt me. Ik had het je al eerder willen vragen, maar steeds waren papa en mama in de buurt.'

Dat kon ik waarderen. Mijn zus sprong veel behendiger met onze ouders om dan ik. Zij wipte van ijsschots naar ijsschots en hield droge voeten.

'Nou?' zei ze. 'Het blijft wel erg lang stil.'

'Nee,' antwoordde ik naar waarheid. De Mobylette stond tenslotte niet in onze schuur maar in die van de familie Van Walraven-Hartogh.

'Even eerlijk, weet je dat heel zeker?'

Ik zei dat ik het heel zeker wist en dat ze, als ze me niet geloofde, zelf een kijkje moest nemen, zo ver lopen was het niet.

'Je weet,' zei ze, 'wat er zwaait als papa erachter komt, hè?'

'Die slaat me halfdood.'

'Als je geluk hebt,' zei mijn zus. 'Als je boft.'

'Klopt,' zei mijn zus toen ze een dag later terugkwam van een bezoekje aan onze schuur. 'Er staat geen brommer in het hok.'

'Zei ik toch?'

'Nou, dan heb je voor de verandering eens een keer niet gelogen.'

Ik wilde iets terugzeggen, maar hield me in: tenslotte had ze me niet verraden terwijl dat makkelijk had gekund.

Ze keek me aan alsof ze me wilde peilen.

'Zeg later niet dat ik je niet gewaarschuwd heb. Je staat op scherp bij papa. Als er nog íets gebeurt, ga je op kostschool, dagen sporen hiervandaan, zodat je alleen in de zomervakantie en met de kerst terugkomt. "Zijn we eindelijk van dat kind verlost," hoorde ik mama zeggen.'

De week erop was het carter aan de beurt om te worden gedemonteerd.

'Zal ik het doen?' stelde ik voor. Er gingen geen tegenstemmen op; we konden aan de slag.

Het carter lag op zijn kant en ik begon de eerste schroef los te draaien. De tweede schroef kwam los, en de derde en vierde; de plaat die het carterreservoir afdekte lag los. Leonard pakte het carter, zette het rechtop en liet het deksel – dat nu de zijkant van het carter vormde – los. Dat had hij beter niet kunnen doen. Prompt stroomde alle motorolie uit het reservoir over het laken, en bleef het daar maar bij. De olie baande zich een weg over de andere lakens en kroop onder het meubilair.

Het duurde even voordat de omvang van wat er gebeurde tot ons doordrong.

'Godverdomme!!' zei Leonard, een hartenkreet waar we ons allen volmondig bij aansloten. Over hun vader hoefden we niet in te zitten, die bevond zich urenlang vliegen van ons vandaan. Maar wat als hun moeder besloot toch eens een kijkje te nemen in de schuur? Dan waren de rapen goed gaar en konden we het bezit van de Mobylette op onze buik schrijven. En dat terwijl we er nog niet eens op hadden gereden.

De olietroep viel mij nauwelijks te verwijten, maar toch voelde ik me er de hoofdschuldige van.

'Jongens,' zei ik, 'laten we de lakens op een hoop gooien en in brand steken, dan zijn we daar tenminste van af.'

Mijn suggestie werd niet met gejuich begroet, maar omdat niemand met iets beters kwam, werd besloten mijn plan ten uitvoer te brengen. We trokken de lakens onder de brommer vandaan, raapten de overige lakens van de vloer en smeten ze op een hoop, wat een niet-onaanzienlijke brandstapel opleverde: we waren er vroeg bij, het was bij lange na nog geen oudjaar.

Kees Zevenhoven, die in het portiek van Leonard en Arjen woonde, was een kettingroker en had een doos lucifers bij zich. Even later lekten de eerste vlammetjes schuchter langs de lakens omhoog, vlammetjes die heilig in zichzelf geloofden en rap aanwakkerden tot heuse vlammen.

'Zo!' riep Arjen enthousiast uit. 'Dat brandt goed, zeg!'

Zijn broer keek bedenkelijk. Brandden de ex-witte lakens niet een tikkeltje te goed en met een geestdrift die zich lastig sussen liet? Opzij en boven de brandstapel begon zich rook te ontwikkelen die opsteeg naar het dak van de schuur, daar aangekomen geen kant op kon en bleef hangen.

Het vuurde laaide hoger op. Al gauw begon het knap benauwd te worden in de schuur, die in omvang afnam en vervaarlijk klein werd. We weken zo ver we konden achteruit, alsof we in de stenen muren wilden opgaan om zo afstand te houden van wat tot een niet te beteugelen vreugdevuur in ons midden dreigde uit te groeien.

De vlammen konden uitstekend met elkaar overweg en deden hun best om samen iets groots te verrichten, wat aardig lukte.

'Godverdomme, dit is niet te harden!' riep Kees. 'Ik stik de moord!'

Kees was niet de enige.

'Mag ik eruit?' vroeg een van de stillere jongens met beverige stem.

'Ben jij besodemieterd?!' riep Luitjes. 'Dan moet de deur open, hoopies rook, komt alles uit en kunnen wij de brommer vergeten. Ben jij gek? Laat je eigen nakijken, joh. Nee, die deur blijft dicht!'

Het was dapper gesproken van Luitjes, die met zijn ouders en twee zussen in het laatste portiek van de Wilhelminastraat woonde en al tweemaal was blijven zitten; maar dat wilde niet zeggen dat het ook verstandig was.

Links en rechts werd stevig gehoest en de benauwenis werd nijpend. Twee jongens probeerden zich een weg naar de uitgang te banen, frisse lucht tegemoet, daglicht, en ik volgde hen; maar we werden door Luitjes tegengehouden, die zich pontificaal voor de deur opstelde.

'Zijn jullie helemaal gek geworden?!' beet hij ons toe. 'Niemand de deur uit, wat er ook gebeurt!'

'Nee, als we de deur opendoen,' zei Leonard, 'en de rook stijgt buiten op... Als mijn moeder het ziet, vanaf het achterbalkon, zijn we zwaar de klos. Dit krijg ik niet aan haar uitgelegd.'

Er knapte iets in het oplaaiende vuur en brandende stukjes stof zweefden van de lakens; alsof het nog niet feestelijk genoeg was. Mochten sommige jongens hun bedenkingen hebben over hoe onze situatie verslechterde, dan was dat niet aan het vuur besteed, dat gretig om zich heen greep.

Rudolf raakte in paniek nadat hij brandend lakenstof op zijn schoen kreeg en vlak erna op zijn shirt, vonkend; en zelfs Luitjes zag in dat we het eindstadium van ons verblijf in het fietsenhok bereikten. Langer volhouden had geen zin: hijzelf werd getroffen door ademnood, gevolgd door een hoestbui die zijn lichaam deed dubbelklappen. De deur ging eindelijk open.

We bleken niet alleen.

Op het tegelpad tussen de schuren had zich een schare meisjes verzameld, leunend op de sturen van hun steps en fietsen. Ze mochten niet meedoen – wat wij deden was 'iets voor jongens' –, maar ze waagden zich weleens in de buurt om ons af te luisteren, wat nooit lang lukte: er was steevast een meisje bij dat giechelde, waarop we de schuurdeur opensmeten en de meisjes gillend wegstoven.

Nu waren ze terug. Wat spookten de jongens daarbinnen uit?

Dat werd snel duidelijk. Hoestend struikelden we de fietsenschuur uit, achtervolgd door de rook.

'Wat hebben jullie gedaan?' vroeg een meisje met sproeten.

'Niks,' zei Luitjes. 'Ga naar huis. Wegwezen jullie.'

Leonard smeet de deur van de schuur achter zich dicht.

'Hebben jullie fikkie gestookt?' drong het meisje aan. Met minder dan een uitslaande brand nam ze geen genoegen.

'Hoe kóm je erbij?' zei Luitjes, terwijl de ruimte tussen de schuren zich met rook vulde en een scherpe brandlucht opstak.

'Brand!' riep het meisje. Ze draaide zich met step en al om naar haar vriendinnen. 'Brand!'

'Nee, géén brand!' riep Luitjes.

'Bránd!' riep het meisje.

'Géén brand!' schreeuwde Luitjes.

Het liefst wilde ik de schuur ter plekke vergeten.

Op de vier hoeken, vlak onder de dakrand, zaten luchtsleuven waaruit rook ontsnapte die opsteeg tot boven de daken van de omringende huizen. Zoveel rook wolkte uit de vier sleuven tevoorschijn dat het leek of het dak zich elk moment kon losmaken van de muren om zelfstandig op te stijgen en het hogerop te zoeken.

'Bránd!' klonk het uit vele meisjeskelen.

De-meisjes-uit-de-buurt stoven op hun steps en fietsen het tegelpad tussen de schuren af en vlogen de achtertuinen in, ook tuinen van huizen waar ze zelf niet woonden. 'Brand!! Brand!! Bránd!!'

Hun kreten en hoge gillen konden onmogelijk onopgemerkt aan de moeder van Leonard en Arjen voorbijgaan, noch aan de overige moeders in de buurt. Nog even wachten en de Wilhelminastraat en de Emmastraat waren in rep en roer. Nu konden we nog wegkomen, en ter hoogte van Leonards portiek gingen we stilletjes uit elkaar. Thuis toog ik schielijk naar mijn kamer en zette me aan het huiswerk voor de volgende dag.

'Het zal toch ook eens een keer niet zo zijn, hè,' reageerde mijn moeder toen de gebeurtenissen haar twee dagen later ter ore kwamen. 'De halve huisraad van de Van Walravens-Hartoghs, die in de fietsenschuur stond opgeslagen, is naar de ratsmodee.' *in die Rinse*

Dat klopte; de halve en niet de hele huisraad had brandschade opgelopen. De rookontwikkeling was zo groot geweest en er waren zulke dikke rookwolken via de luchtsleuven ontsnapt, dat het vuur bij gebrek aan zuurstof al vrij vlug vanzelf was gesmoord en uitgegaan, zodat de schade beperkt was gebleven.

'En het zal eens een keer niet zo zijn,' zei mijn moeder, 'dat jij erbij betrokken bent. Je weet zeker weer van niks, hè? Ik kan je soms wel wurgen, weet je dat? Het is altijd wat met jou. Altijd wat. Hoe denk je dat het voor ons is, voor je vader en mij, om een kind als jou te hebben? Nou, wat denk je? Krijg ik nog antwoord? O, ik hoop zo dat als jij later ooit kinderen krijgt er net zo eentje tussen zit als jij, een misbaksel. Dan zul je aan den lijve ondervinden hoe leuk dat is, maar-niet-heus.'

'Wat heb je nou weer gedaan?' vroeg mijn zus toen ik onze kamer binnenkwam.

'Niks,' zei ik, wat minder ver bezijden de waarheid was dan het op het eerste gezicht leek.

'Je dacht toch zeker niet dat ik dat geloof, hè. Maak dat de kat wijs. Wat heb je uitgehaald? Op school zeggen ze dat je een brommer hebt gestolen en dat je het fietsenhok van de familie Van Walraven-Hartogh in de hens hebt gestoken.'

'Als je zo goed weet wat ik gedaan heb,' zei ik, 'waarom vraag je het me dan nog?'

Toen ze korte tijd later onze slaapkamer verliet – 'Ik weet niet wat jij hebt uitgevreten en-ik-wil-het-niet-weten-ook, maar ik ga mama helpen met het avondeten' – trok ik de onderste la van mijn bureau open, haalde een pakje Bazooka Joe-chewinggum tevoorschijn, verwijderde de wikkel en stak er een in mijn mond. Je moest zorgen dat je als kauwgum werd, of van elastiek, zodat je je in elke gewenste richting kon buigen en wenden, alle kanten op, om schade en averij te beperken.

14

KORT VOORDAT MIJN vader van kantoor zou thuiskomen en we aan tafel gingen, liep ik van huis weg. Niet dat ik enig idee had wat te doen of waarheen te gaan. Ik was negen en hoopte dat zich als vanzelf een soort van oplossing zou openbaren. Alles was beter dan thuis. Ik stak de Theresiastraat over en ging verderop linksaf de Koningin Marialaan in.

Toen ik bij de Bezuidenhoutseweg de hoek omsloeg kwam mijn vader me tegemoet. Ik wist niet waar ik het zoeken moest.

Mijn vaders gestalte en, dichterbij gekomen, zijn blik boezemden me zoveel angst in dat ik stokstijf bleef staan. Zou hij me hier ter plekke in onderdelen uit elkaar nemen zodat de stoep straks bezaaid lag met losse ledematen? Ik achtte hem ertoe in staat. Hooguit het risico door een omwonende vanuit een raam te worden betrapt, kon hem ervan weerhouden me te ontmantelen.

'En nu meekomen jij,' siste hij. 'We hebben het er straks verder over.'

Thuis werd ik zonder eten direct naar mijn kamer gestuurd.

'Ik kom zo bij je,' zei mijn vader. 'Dan praat ik even met jou.'

Mijn zus keek stug voor zich uit om onder geen beding te worden afgeleid, naar een neutrale plek op de muur en naar het radiomeubel van Siemens waar ze eerder nooit veel belangstelling voor had getoond; zij kon de gevolgen van mijn mislukte uitbraakpoging ongeveer raden.

De deur van mijn kamer zwaaide open en mijn vader trad binnen. Ik deed het niet in mijn broek. Als je je hoofd zo veel mogelijk uitschakelde, de circuits en de bedrading, kon bijna niets je raken.

'Heb ik mij zo voldoende duidelijk gemaakt?' zei mijn vader toen hij met me klaar was. 'Of moet ik het nog wat duidelijker voor je maken, zodat het alsnog tot je botte hersens doordringt? Dat doe ik met alle plezier, hoor. Zodat je niet met vragen blijft zitten. Je zegt het maar.'

Hij wilde de kamerdeur al achter zich dichttrekken, toen hij zich bedacht en zich omdraaide.

'Kun je nog zitten, denk je?' zei hij. 'Ja? Jammer.'

Die nacht kwam ik stilletjes uit bed, zonder mijn zus wakker te maken, om naar de nachthemel te kijken. De sterren stonden niet veraf maar waren juist vlakbij, en aardser dan veel van wat zich om me heen afspeelde en voltrok.

Dat zou ik vaker doen, 's nachts mijn bed uit komen om naar de sterren te kijken.

Soms kwamen ze zo dichtbij dat je ze, als je het raam zou

opendoen, kon aanraken. Maar ik vermoedde dat de sterren er niet op zaten te wachten door mij te worden aangeraakt en door mijn vingers te worden bezoedeld.

Na enkele weken werden de sterren niet zozeer buren, maar vrienden; en ik geloofde dat zij dat ook zo zagen. Je kon blind op ze vertrouwen. Tenzij een wolkenlucht roet in het eten gooide, kwamen ze elke avond voor de dag en namen ruim de tijd voor je.

Na mijn van huis weglopen noemde mijn vader me niet meer bij mijn voornaam, maar sprak me aan met 'mislukte figuur', 'misselijkmakend mannetje' en 'stuk verdriet', of simpelweg, op mij wijzend: 'Die daar' of 'Dat'; alsof ik er in wezen niet was. Een 'dat'.

Ik hoorde niet tussen de mensen thuis. Ik wenste dat ik als de Vietcong een diepe tunnel onder de grond kon graven, die niet door Amerikaanse troepen zou worden ontdekt.

Maar ik was geen lid van de Vietcong.

'O,' hoorde ik mijn zus op een middag aan de telefoon tegen een vriendin zeggen toen onze ouders op herfstvakantie waren en we bij onze oma in Scheveningen logeerden, 'ik hoop zo dat ze verongelukken. Ik lig 's nachts wakker en bid dan dat ze met hun Kever uit de bocht vliegen en tegen een boom eindigen. Dan ben ik eindelijk van ze af. "Lieve God," smeek ik dan, "laat het gebeuren, een dodelijk ongeluk, asjeblieft, asjeblieft, asjeblieft."'

Het lag dus niet alleen aan mij. Had mijn zus Sinterklaas maar om hulp gevraagd in plaats van God.

15

'GÉ,' ZEI MIJN moeder op een zondagmiddag tegen mijn vader, 'wordt het niet eens tijd dat je dat joch leert fietsen? Het is nu rustig op straat, doordeweeks kom je uit je werk, ben je moe en komt het er niet van. Zijn fiets staat alweer ik-weet-niet-hoe-lang in de schuur, maar erop fietsen, ho maar. Doodzonde, je weet wat die fiets gekost heeft. Kan ik dat aan jou overlaten, hem leren fietsen? Dan ga ik wat aan de was doen.'

Ik had mijn fiets voor mijn verjaardag gekregen, in september, maar dat was maanden geleden. Vanwege de winter was het niet van leren fietsen gekomen. 'Nee,' zei mijn vader als mijn moeder erover begon, 'het is te koud voor dat kind.' Maar nu kwam de lente eraan.

Met tegenzin legde mijn vader de krant opzij en verhief zich uit zijn zondagse stoel.

'Meelopen jij,' gebood hij.

Opgetogen liep ik achter hem aan de gang in. Het ging er eindelijk van komen: ik zou leren fietsen. Straks, als ik het eenmaal onder de knie had, fietste ik de hele stad door, zonder hulp, en kon ik overal naartoe, naar waar-ik-maar-heen-wilde. Kind-in-dromenland dat ik was. Alles was een worsteling, dus ook leren fietsen.

We liepen achterom, naar de schuur, en haalden onze rijwielen tevoorschijn. Mijn fiets scheen nog fonkelender dan ik me herinnerde van de ochtend dat ik hem kreeg.

'Stuur met beide handen vastpakken,' zei mijn vader, 'en opstappen.' Zelf zat hij al in het zadel. In navolging van hem zwaaide ik mijn rechterbeen over de stang van het frame. Maar de pedalen stonden niet goed afgesteld, mijn rechtervoet schoot van de trapper en mijn linkervoet kwam van de grond, een moment van onbalans, waardoor ik met fiets en al omduvelde. Het gaf een klap, maar niet zo'n harde klap dat mijn moeder onraad vermoedde en op het achterbalkon verscheen. Mijn vader mompelde iets wat ik niet verstond en kwam van zijn fiets om me overeind te helpen. Het duurde even voor ik hem kon duidelijk maken dat de pedalen anders moesten worden afgesteld. Of dat het zadel lager moest. Zuchtend deed hij opnieuw de schuurdeur open en ging op zoek naar een tang en schroevendraaier. Daar gíng zijn vrije zondagmiddag. En zoveel tijd restte ons niet voor Mijn Eerste Fietsles: om vijf uur begon de mis in de kerk aan de Bezuidenhoutseweg en voor die tijd wilde mijn moeder per se hebben gegeten, anders had ze 'niets meer aan de avond', en het was tenslotte ook haar vrije zondag.

Ver kwamen we niet: niet verder dan de Eerste van den Boschstraat. Fietsen was één ding, maar afremmen en tot stilstand komen was iets anders. Die techniek beheerste ik nog niet en ik kletterde voor de tweede keer tegen de grond, waarop mijn vader gegeneerd om zich heen spiedde – had een buurtbewoner de onfortuinlijke valpartij gezien? – alsof hijzelf met zijn fiets was weggegleden.

'Wat zijn jullie vlot terug,' zei mijn moeder. 'En, hoe ging het?'

'Het leek nergens naar,' zei mijn vader. 'Hij bracht er niets van terecht.' Hij schudde zijn hoofd over zoveel onbenul. 'Wat had je ook anders verwacht?' vervolgde hij meer tegen zichzelf dan tegen mijn moeder.

'Je bent nog geen uur weg geweest, Gé,' zei mijn moeder. 'Weet je zeker dat je het voldoende hebt geprobeerd?'

'Hem leren fietsen? Zonde van de moeite. Zelfs daar is-ie nog te stom voor.'

Mijn moeder zei niets; de stemming zat er goed in.

'Hij kan werkelijk helemaal niets, dat rotjoch,' hoorde ik mijn vader foeteren. 'Niets dan ellende met dat kind. Witheet word je ervan. Wat een misbaksel is het toch.'

Zonder me een blik waardig te keuren liep mijn vader de huiskamer in. Hij kon best een poosje zonder mijn bestaan.

Mijn moeder keek me aan alsof ze het opgaf nog langer in me te geloven.

'Hoe kríjg je het voor elkaar?' zei ze. 'Is het nou zó moeilijk? Kon je het weer niet laten om de boel te verpesten? Wat ís dat toch met jou. Je hebt het weer voor elkaar, hoor, je vader des duivels krijgen. Kun je nou werkelijk helemaal nooit eens een keertje iets normáál doen, en is zelfs een rondje fietsen te veel gevraagd? Wat móét ik in godsnaam met jou?'

In gedachte keek ik mezelf schuldbewust aan. Eerlijk gezegd had ik geen idee wat ze met me aan moest. Nog even zo doorgaan

en de hele zondag was naar God. Ik kon me maar beter onzichtbaar maken door me terug te trekken op mijn kamer.

'Weet je wat je doet, Gé?' riep mijn moeder vanuit de keuken. 'Schenk mij maar een glaasje sherry in.'

'Jij?' zei mijn vader na de zoveelste aanvaring. 'Waar jij later komt
te liggen na je begrafenis, daar wordt de aarde grondig verpest.'

Dat was nog niet alles wat mijn vader me wenste toe te voegen.

'Je moeder en ik betreuren nog steeds de dag dat jij geboren
werd, weet je dat?'

Hij keek naar me met een misprijzen alsof ik iets onherken-
baars was dat uit een nabije sloot was opgedregd en dat hij diende
te identificeren, maar dat niets maar dan ook helemaal niets met
hem van doen had.

'We hadden jou nooit op de wereld moeten zetten, je moeder en ik. Kon ik het maar uitvlakken, die geboorte van je. Viel het
maar terug te draaien.'

Het was alsof de Engelse hel van het bombardement jaren en
jaren later nog nasmeulde in de woning.

Ik begon het koud te krijgen, erg koud.

16

'S NACHTS LIEP IK naar het slaapkamerraam en deed de gordijnen iets van elkaar.

De sterren waren me vanuit het zwart tegemoet gereisd en
fonkelden en twinkelden. Meer dan op andere avonden had ik de
indruk dat ze speciaal voor mij ten tonele verschenen: er liep geen
mens op straat, ook geen late wandelaar die de hond uitliet.

Ik was alleen, leken de sterren middels hun aanwezigheid te
willen uitstralen, maar dat waren zij stuk voor stuk ook.

Ik schrok. Hoorde ik een verdacht geluid dat onraad kon betekenen? Nee, mijn zus sliep, zag ik in het halfduister, en uit het
binnenste van het huis drong geen gerucht in de kamer door.

Een halve maan was ook van de partij en lichtte dapper mee.

Zo veraf waren ze helemaal niet, de sterren, ook al hoorde je doorgaans anders beweren. Toch deed ik voorzichtigheidshalve de balkondeur niet open. Als je elkaar niet te dicht naderde, bleef de boel heel. Dat begrepen de sterren, daarom bleven ze op gepaste afstand en verroerden ze zich niet. Maar als ik het gordijn dichtdeed en eindelijk ging slapen, zwaaiden de sterren me uit.

'Wat zie je er moe uit,' zei mijn moeder geregeld tijdens het ontbijt. 'Slaap je wel goed?'

Dankzij de sterren oogde de wereld minder grijs. Als ik me opwerkte en een van hen werd, ontkwam ik misschien zelf ook aan alle grijs, en kon ik op fonkelen hopen, en op glinsteren, en raasde ik rakelings langs het zwarte gat.

Die ontsnappingspoging hield nooit op, maar was een dagtaak en een levenswerk – alleen wist ik dat toen nog niet.

Wat ik ook niet vermoedde: zelfs als het je lukte, was het niet genoeg.

In je eentje kon je het systeem niet de baas, en met velen lukte dat vaak ook niet. Je moest op eigen houtje de mazen in het net zien te vinden en daar dan doorheen glippen. Of beter nog: zelf een maas maken en uitvogelen welk gebied je dan betrad, en wat je daar vervolgens kon. Al begon ik toen al te vermoeden dat de kans op ontsnappen miniem was.

Om te overleven moest je niets van jezelf prijsgeven, niets van je diepste gevoelens en gedachten, maar met een uitgestreken gezicht, een gezicht waar niets aan af te lezen viel, niet dát, ja en amen zeggen. Vanaf nu moest ik er een dubbelleven op na houden. Liever nog een driedubbelleven. Alleen dan had je een schijn van kans. Ik begroef veel van wie en wat ik was op een plek in het diepst van een denkbeeldig bos. Een plek die in de jaren die volgden schuil zou gaan onder een steeds hogere laag aarde, afgevallen blad en opschietende struiken en jonge bomen: een plek die voor anderen onvindbaar zou zijn, en misschien op den duur zelfs voor mij.

Meeveren moest je, en vanbinnen verstenen. Over vanbuiten verstenen hoefde ik me geen zorgen te maken. Dat kwam vanzelf op je pad; en lag je aan het einde van de rit gestrekt, dan deden de nabestaanden na een laatste groet de deur – een steen met inscriptie – welwillend achter je dicht, en mocht je een ander inferno betreden.

17

'VERTEL,' ZEGT YOLANDA als ze de kamer binnenkomt, 'hoe is het met je, schat?' Ze kijkt bezorgd.

Ik zeg dat ik tussen de middag een Hongaarse goulashschotel kreeg, waar ik twee happen van heb genomen.

'Schat, je bent er zo slecht aan toe, ik maak me doodongerust, en dan begin jij over goulash. Dat is een obsessie van je, eten, wist je dat?'

'Aan tafel!' riep mijn moeder. En, toen een reactie uitbleef: 'Het eten is klaar!'

Het weekend naderde.

'Komen jullie nou nog of-hoe-zit-dat?' klonk het ongeduldig vanuit de keuken.

Ik was acht of negen. Laten we het op negen houden. Ik was negen jaar.

'Anders is alles straks koud!'

Ik hoorde een deur open- en dichtgaan, en voetstappen op de gang. Het liep tegen zessen en mijn vader was thuis, we konden aan tafel. Ware het niet dat er een gezinslid ontbrak.

'Waar is je zus?' vroeg mijn moeder toen ik me aan de eetkamertafel meldde.

Goeie vraag. Waar was ze? Ik had gedaan of ik huiswerk zat te maken en had geen idee waar mijn zus uithing. Ik had haar al een poos niet gezien. Wat voerde ze uit?

Ik liep naar het raam in de voorkamer, keek naar buiten en wist genoeg.

'Wil je haar gaan halen,' zei mijn moeder, 'en zeggen dat ze nú naar huis moet komen, ogenblikkelijk, dat we gaan eten en aan tafel zitten? Ze had er allang moeten zijn, en dat weet ze donders goed.'

Sinds kort voltrok zich een verandering aan onze straat. Het puintje aan de overkant was ons puintje niet meer, maar was veranderd in een bouwput. Tegenover onze huizenrij, aan de overkant van de straat, werd een kantoorkolos opgetrokken, die vreemd genoeg door de Koninklijke Marine zou worden betrokken. Ondanks een enkele proteststem – 'Ons hele uitzicht gaat eraan!' – gingen de bouwwerkzaamheden gestaag verder.

Rondom het bouwterrein staken metershoge houten palen de lucht in. Daaraan hingen zwarte rubberkabels, die voor de elektriciteitsvoorziening van de bouw zorg droegen. De kabels waren gaandeweg lager en lager komen te hangen, zo dicht bij de grond dat wij, de kinderen uit de buurt, erbij konden. Pakte je een kabel stevig beet en deed je voldoende stappen achteruit, tot je op je tenen stond, en nam je een aanloop en trok je je benen op, dan kon je schommelen: een tijdverdrijf waar we ons allen met plezier aan overgaven zodra de bouwvakkers hun hielen hadden gelicht, meestal tegen vier uur 's middags als wij net van school kwamen.

Het schommelen was al weken aan de gang, tot ieders tevredenheid. Je had weleens een ouder die waarschuwde dat het niet mocht wat we deden, maar de meeste ouders vonden het allang best; naar ons hadden ze geen omkijken. Ze zagen ons liever schommelen dan dat een voetbal voor de zoveelste keer een tuin in vloog of door een ruit de zitkamer kwam binnengezeild.

Het was geen koude dag en ik liet mijn jas aan de kapstok hangen. Even mijn zus waarschuwen en dan als een speer terug, anders trof ik mijn eten straks ook sterk afgekoeld op mijn bord aan.

Ik trok de portiekdeur niet te hard achter me dicht. Daar had ik al zo vaak iets over te horen gekregen, over het 'veel te hard dichtgooien' van die deur, en nu mijn vader thuis was leek het me niet handig om hem nodeloos te provoceren.

Mijn zus was met vijf buurtkinderen die ik allen kende aan het schommelen. Dat deden ze goed, constateerde ik dichterbij gekomen, maar het kon een stuk beter. Hoger. Dat vertelde ik ze ook. Daarop maakte Theo, een buurjongen uit een van de portieken, plaats voor me. De andere kinderen en mijn zus gingen uit de weg: je wist maar nooit.

Ik nam de kabel van Theo over, pakte deze stevig vast, deed een flink aantal stappen naar achteren, tot ik als een balletdanser op het puntje van mijn tenen stond, en lanceerde mezelf.

Dat ging goed. Dat ging heel goed. Toch kon het, schatte ik, misschien zelfs nog iets beter. Bewonderend keken mijn zus en de andere kinderen toe hoe ik een woeste aanloop nam, mijn benen introk, hoog opvloog en het luchtruim in zwaaide, bijna alsof ik een vogel werd. Als ik nog iets hoger zou opzwaaien, kon ik bij de wolken.

Het was de moeite waard om dat te proberen, nu ik toch bezig was. Het warme eten dat op tafel wachtte was ik al bijna vergeten. Wie bekommerde zich om zoiets onnozels? Ik niet, en ik zwierde het zwerk tegemoet. Als gezegd, het was wekenlang goed gegaan, dit spel.

Maar alles wat ik ondernam, liep uiteindelijk niet goed af en dit schommelen vormde daarop geen uitzondering.

Het duurde even voor ik het in de gaten kreeg. Mijn zus en de kinderen keken niet naar mij, maar naar de top van een van de zeker twintig meter hoge palen – scheelde er wat aan, was er iets loos? – en stoven toen uit elkaar, lukraak alle kanten op. Nog had ik niets in de gaten behalve dát er iets mis was, en ik landde met mijn schoenen op het gras, minderde ruw vaart en liet de kabel los. Mijn zus en de buurtkinderen waren al weg toen me duidelijk werd waarvan ze zo waren geschrokken.

Een van de houten palen waaraan de kabel hing waarmee ik schommelde, wankelde. Dat niet alleen, hij begon langzaam, vertraagd, over te hellen naar één kant. Niet naar de veilige kant van het bouwterrein, waar een omvallende paal niet al te veel schade kon aanrichten, en niet de leegte tegemoet van de Juliana van Stolberglaan, maar naar de Wilhelminastraat, waar wij woonden, gezinnen, en fietsers voorbijkwamen.

De houten paal had alles overziend zijn keus gemaakt en kwam met toenemende vaart op onze straat aan zonder één moment de verwachting te wekken dat-ie terug zou veren in zijn oorspronkelijke stand.

Ik stond oog in oog met wat nog niet onafwendbaar was, maar was niet bij machte om wat ging gebeuren tegen te houden.

De paal doorkliefde de lucht.

Mijn zus en de andere buurtkinderen gingen ervandoor en waren in geen velden of wegen te bekennen. Met een beetje pech stond mijn zus al zwaar hijgend bij de eetkamertafel om op mijn vaders aandringen te vertellen wat haar broer aan het aanrichten was.

Met een daverende klap kwam de paal op een autodak terecht, sloeg er als een bijl dwars doorheen en kwam tot rust op de bodemplaat, natrillend. Dat deden de straat en het grasveld ook: natrillen.

Ik besloot dat het voor mijn zielenheil beter was om te maken dat ik wegkwam en zette het op een lopen.

Ver kwam ik niet.

Wat ik had veroorzaakt, was niet onopgemerkt gebleven. Een wakkere buurman greep in toen ik het hazenpad wilde kiezen.

'Waar dacht jij zo vlug heen te gaan, jongeman?' hoorde ik een mannenstem achter me zeggen.

Ik wilde wegrennen, maar kwam niet van mijn plek: een sterke hand sloot zich om mijn nek. Als een veldwachter zou hij me opbrengen en afleveren.

'Waar woon jij, mannetje?'

'Op nummer 63, meneer,' zei ik met een dunne stem die de mijne niet was.

De paal, zag ik terwijl ik wilde wegkomen, wat door de hand in mijn nek niet lukte, lag over de volle breedte van de Wilhelminastraat en reikte tot aan de muurtjes van de voortuinen, zonder een voorbijganger te hebben geraakt.

'Jij bent er een van Chabot, hè?'

'Ja, meneer,' gaf ik toe. Ik kon het ontkennen, maar ik vreesde dat zulks me niet zou helpen en mijn zaak eerder zou verslechteren.

'En jij dacht er zomaar vandoor te kunnen gaan, zonder iets te zeggen? Jij dacht: Laat een ander maar voor de rotzooi en de schade opdraaien. Fraai is dat, heel fraai. Hebben jouw ouders je

zo opgevoed? Daar wil ik het dan graag even met ze over hebben.
Je moest je eigen doodschamen.'

Uit diverse portieken kwamen buurtbewoners tevoorschijn
die de ravage hoofdschuddend bekeken.

'Wij zijn hardwerkende mensen hier, en jij dacht zomaar een
auto te kunnen vernielen en de eigenaar ervoor te laten opdraai-
en? Het staat je mooi. Daar zullen je ouders blij mee zijn, met een
pummel als jij.'

'Die,' hoorde ik zeggen, 'dat is er een van Chabot. Die jongen
z'n vader werkt bij Buitenlandse Zaken.'

'Kan me niet verrotten wie of wat-ie is,' zei een ander. 'Voor
mijn part is-ie de koning van Spanje, dat interesseert me geen ene
malle rotmoer.'

En toen, tegen mij: 'Je mag in je handjes knijpen dat je mijn
kind niet bent, want dan zou er wat zwaaien en liet ik je alle hoeken van de kamer zien, stuk tuig dat je d'r bent.'

'Zou je ze niet, dat gajes? Ik ga 'm bij zijn ouwelui afleveren,
op 63, die zullen raad met 'm weten. En zo niet, dan was ik dit
varkentje zelf wel, met het grootste genoegen. Zie je die Glas in
gruzelementen? Dat is de wagen van Scholtes, van de kroketten.
Een Glas, spiksplinternieuw, die heeft-ie effe naar God geholpen.
Zou je 'm niet? En dan nog proberen ervandoor te gaan ook, dat
stuk vreten.'

Pas nu begreep ik van wie de auto was. In de straat woonde de
familie Scholtes. Hij maakte luxe kroketten en bezorgde die overal in Den Haag met een bordeauxrode stationwagen: een Ford
Taunus, waar in sierlijke goudgekrulde letters 'Scholtes' Croquettes' op geschilderd was. Scholtes' croquettes waren een begrip in
Den Haag, of in elk geval bij ons in de buurt, het Bezuidenhout.
De Glas moest zijn privéauto zijn: daar stond zijn naam niet op.

Bij ons portiek gekomen was de deur al open: we werden verwacht. We liepen de trap op naar de eerste verdieping; ik voorop. Mijn vader stond in de deuropening.

'Wat is er allemaal aan de hand, Van Roozendaal?'

'Dat zal ik je vertellen,' zei Van Roozendaal. 'Die zoon van je heeft de nieuwe wagen van Scholtes, net uit de showroom, naar de gallemiezen geholpen. Je zoon moest zo nodig aan een van de kabels hangen op het bouwterrein en heeft het gepresteerd om een heipaal omver te krijgen. Je vraagt je af: wat bezielt zo'n joch, waar zit z'n verstand? Scholtes, ja, van de kroketten. Weet je waar-ie woont, op welk nummer? Goed, dan laat ik het verder aan jou over, de afhandeling. Hier hebbie 'm, je zoon. Veel geluk ermee.'

Mijn vader keek me uitdrukkingsloos aan. 'Naar je kamer jij. Ik kom zo bij je.'

Ik liep langs hem heen de gang in.

'Is het weer zover?' riep mijn moeder vanuit de keuken. 'Kon je het weer niet laten? Is het je weer gelukt?'

Ik bleef in de gang staan luisteren naar wat ze me te zeggen had, anders kreeg ik straks het verwijt dat ik – 'Gé, de brutaliteit!' – haar straal negeerde.

'Het enige dat we aan je vroegen was of je je zus voor het eten wilde roepen, het enige. Was dat nou zó moeilijk? Aan een kabel hangen, terwijl ik je al honderdduizend keer had gewaarschuwd dat níet te doen. En wat doet meneer... Kon je je tengels weer niet bij je houden? Donder op naar je kamer, jij, en laat je niet meer zien. Ik word kotsmisselijk van jou, weet je dat? Kots- en kotsmisselijk. Verdwijn uit mijn ogen. Naar je kamer, nú, ogenblikkelijk, maak dat je wegkomt, uit mijn ogen. Mispunt dat je bent.'

Zachtjes deed ik de deur van mijn kamer dicht en ging op de stoel aan mijn bureau zitten wachten op de komst van mijn vader. Het beloofde feest te worden.

Toen hij de deur opendeed en de kamer binnenkwam, kon ik aan niets merken dat hij op ontploffen stond. Hij sprak rustig en op zachte toon.

'Luister goed naar me, jongen, want ik zeg het maar één keer. Je zus is een doos sigaren kopen, bij de sigarenboer in de Theresiastraat. Ze komt zo terug. Daarna gaan jij en ik naar meneer Scholtes, die niet thuis was toen het gebeurde, maar is gebeld en van een feestje is teruggekomen om de ravage die jij hebt aangericht met eigen ogen...

Ben ik tot zover duidelijk en dringt het tot je botte hersens door, of moet ik de boodschap erin rammen voordat je eindelijk eens begrijpt wat ik bedoel? Weet je dat heel zeker?

Goed, heel goed. Dan ga ik door. Luister goed naar wat ik zeg, en gebruik die twee oren van je aan je kop waar ze voor bedoeld zijn, lúisteren. Want dat kun je best, luisteren. Zelfs een misbaksel als jij. Dus luister goed.

De komende twee weken eet jij niet met ons mee,' vervolgde hij op dezelfde rustige toon. 'De komende weken eet jij op je kamer. Ontbijt, lunch, avondeten. Je hoort er niet meer bij en je komt ons vanaf nu zo min mogelijk onder ogen, heb je dat goed begrepen? Wij, je moeder en ik, wensen aan tafel voorlopig van jouw gezelschap verschoond te blijven. Knoop je dat goed in je oren; of moet ik je soms een handje helpen met dat in je oren knopen, je-zegt-het-maar. Twee weken. We willen op geen enkele wijze last van je hebben of met je geconfronteerd worden. Van nu af aan hoor je niet meer bij het gezin. Kun je dat onthouden? Anders zie ik me genoodzaakt je daar een handje bij te helpen en dan sta ik niet voor mezelf in.

Goed, ik hoor de voordeur, dat zal je zus zijn. Dus je staat nu op, je pakt je jas en dan lopen we in alle rust naar meneer Scholtes. Daar bel je aan en bied je hem je excuses aan voor je wangedrag. Je zegt dat het je heel erg spijt, en dan geef je hem de doos sigaren. Begrijp je dat, is dat niet te moeilijk voor je, of te hooggegrepen? Niet vergeten, want o jongen... God helpe je de brug over.

Goed, nu opstaan en meelopen jij. En voor straks... rustig en verstaanbaar praten als we bij meneer Scholtes zijn, hè. Zo niet, dan krijg je er nog een paar extra dreunen bij, bij het pak slaag dat ik al voor je in gedachten heb. O jongen, tegen de tijd dat ik met jou klaar ben, dank je God op je blote knieën dat je überhaupt nog lopen kunt. Goed, meekomen jij.'

Hij trok me aan mijn rechteroor overeind.

Pas bij de portiekvoordeur liet hij mijn oor los.

Nog voordat ik bij meneer Scholtes kon aanbellen, ging de voordeur open. Had mijn vader een woedende autobezitter verwacht, dan kwam hij bedrogen uit.

'Het is goed, jongen,' zei meneer Scholtes op niet onvriendelijke toon nadat ik mijn excuses had aangeboden. 'Het had de beste kunnen overkomen. Nog een geluk dat er niemand gewond is geraakt, moet je maar denken. Jammer alleen van mijn auto, die heb je grondig naar de filistijnen geholpen. Ach, het is maar blik, hè.'

'Meneer Scholtes,' zei mijn vader, 'je kunt ervan op aan dat ik een hartig woordje met deze jongeman zal spreken, een heel hartig woordje.'

'Welnee Chabot, maak het niet groter dan het is. Als je zoon er niet aan geschommeld had, was die paal morgen of overmorgen omvergedonderd, dankzij een ander kind. Je bent toch verzekerd, neem ik aan? Nou dan. Nee, die jongen van je heeft zijn straf al te pakken, aan zijn bleke gezicht te zien. Hoe oud is je zoon helemaal?'

'Negen jaar, meneer,' zei ik toen mijn vader niets zei.

'Negen jaar?' zei Scholtes. 'We laten het hierbij. En nogmaals bedankt voor de sigaren. Ik zal ze op jouw gezondheid oproken, jongen.'

'En?' vroeg mijn moeder bij thuiskomst.

'Hij nam het nogal luchtig op, Scholtes,' zei mijn vader.

En, tegen mij: 'Maar zo makkelijk kom jij er niet af, mannetje. Naar je kamer, en wel onmiddellijk. Ik kom zo bij je.'

Zonder iets te zeggen verliet ik de huiskamer en liep de gang
in. Ik had geen oorlog nodig om in een oorlog verzeild te raken.

Eenmaal op mijn kamer zei mijn vader dat er niets van me
deugde, niets niets niets, maar dan ook helemaal niets, en dat er
geen land met me te bezeilen was. Dat ik voor galg en rad opgroeide en een schande voor de familie was, een nietsnut en een
ellendeling, en dat ik zijn zoon niet was. Dat hij zou informeren
naar waar ik in Nederland op kostschool kon, dat hij en mijn moeder me niet langer wensten te handhaven thuis. Dat ik eenmaal
op die kostschool, ver weg, in Drenthe of de Achterhoek, maar
twee keer per jaar naar huis zou komen, met kerst en in de grote
vakantie, en dat ze zelfs die twee keer te veel vonden. Mij in juli
en augustus zes weken om hen heen hebben, ze moesten er niet
aan denken, en dat er door hem naar een oplossing voor dit probleem zou worden gezocht. Zes weken achtereen thuis in Den
Haag, nee, dat ging niet gebeuren.

Ik huilde niet. De afgelopen jaren had ik zo vaak in het verborgene gehuild dat er geen water en zout over was.

De volgende avond kwam mijn zus binnen terwijl ik aan mijn bureau zat te eten. Lauwwarme hutspot en een toetje: zelfgemaakte
vanillevla met een vel.

'Je vader is razend op je,' zei mijn zus.

'O?' zei ik. 'Waarom nou weer?'

'Je staat in de krant,' zei mijn zus.

'In de krant?' zei ik verbaasd.

'Volgens papa maak je ons allemaal te schande. Hij schaamt zich dood, voor de buurt, voor zijn medewerkers bij Buitenlandse Zaken... Mama trouwens ook, die schaamt zich ook kapot. De hele buurt heeft het erover, over wat jij hebt gedaan.'

'In welke krant?'

'In *Het Binnenhof.*'

'Die leest hij helemaal niet. Hij leest al jaren *Het Vaderland.*'

'Weet ik,' zei mijn zus met een begin van ongeduld in haar stem. '*Het Binnenhof* werd gebracht toen wij aan tafel zaten, door oom Wim. "Die krant," zei papa toen oom Wim weg was, "staat op het punt te verdwijnen." En daar sta jij dus in vanavond.'

'Met wat ik heb gedaan,' zei ik.

'"Jongen klimt in paal en valt door dak", luidt de kop. "De achtjarige Bart C." word je in de krant genoemd. "Godzijdank staat er geen foto bij," zei mama.'

'Ik klom niet in die paal en viel niet door een dak.'

'Nee, dat zei papa ook. "Ze schrijven maar wat."'

'Dus papa heeft die krant.'

'Nee,' zei mijn zus, 'die heeft-ie na het artikel te hebben gelezen meteen bij oom Wim in de brievenbus gestopt. Hij hoefde "die rotzooi" niet in huis. Jij gaat naar kostschool, wist je dat? Hij is bezig er een te vinden. "Dat verdomde rotjoch" noemde hij je aan tafel. Mama zei dat dat zo was, van dat rotjoch, maar dat hij er niet zo bij hoefde te vloeken.

Het scheelt, hoor, dat je niet meer aan tafel komt. Al dat geruzie is er niet. Vanavond mocht ik bij papa op schoot zitten toen hij zijn vla ophad. "Je bent een kind naar mijn hart," zei hij.'

'Papa zegt wel vaker wat.'

'Maar dit meende hij. Je gaat naar Drenthe, of nog verder weg, en dan kom je bijna nooit meer thuis, en dan heb ik deze kamer helemaal voor mezelf. "Hij gaat eruit, en hij komt niet terug." Dat zei hij.'

Ze stond breeduit in de kamer, alsof deze al van haar was, en zag me het liefst nu mijn spullen pakken en afreizen, dan kon ze aan de slag en de kamer naar haar wensen en verlangens inrichten. Kon ik misschien een beetje opschieten?

'Je gaat naar Drenthe. Ze begraven er mensen in hunebedden. "Naargeestig", zo noemde papa het. En anders naar een kostschool in De Peel. Daar heb je ook een arme boerenbevolking.

Ik zal je best missen, hoor,' zei mijn zus. 'Maar ik vind deze kamer heel fijn.'

Ze keek bedachtzaam naar de muren: welke posters zou ze ophangen als ze die van mij had weggehaald? Was het maar vast zover, die kostschool, dan kon ze aan de slag.

Later, maanden later, bleken de houten heipalen om het bouwterrein alle ter inspectie uit de grond gehaald, nadat in de paal die ik omver had getrokken houtrot was geconstateerd. Het gedeelte dat was ingegraven was van begin tot end doorgerot. Het was slechts een kwestie van tijd geweest voordat ook de andere heipalen zouden zijn omgedonderd.

De bouwonderneming werd aansprakelijk gesteld wegens ernstige nalatigheid en vergoedde alle schade, ook de aanschafkosten van de Glas, die de dag na het voorval total loss was verklaard.

Mij trof geen blaam.

'Gé,' had meneer Scholtes tegen mijn vader gezegd, 'ik ben zo blij dat ik van die auto af ben. Het was een vreselijke auto, die Glas, vol kinderziektes en gebreken, je reinste miskoop. Het hele merk gaat op de fles. Ja, echt Gé, wat een mazzel. Ik had 'm pas twee weken, gloedjenieuw, toen-ie doormidden ging, schroothoop, dus ik krijg het volle pond ervoor terug. Die zoon van je heeft me een geweldige dienst bewezen toen-ie 'm de vernieling in hielp. Ik heb mijn nieuwe auto al besteld, een Opel Admiral, een prachtwagen, ik kan 'm overmorgen ophalen.

Eigenlijk zou ik je die doos sigaren moeten teruggeven. Je mag die zoon van je namens mij van harte bedanken. Hier heb je een tientje, voor die jongen zijn spaarvarken. Een Opel Admiral, overmorgen, dankzij je zoon. Doe hem de hartelijke groeten en bedank hem namens mij. Zul je het niet vergeten?'

Maar dat kreeg ik van mijn moeder te horen, niet van mijn vader. Die boodschap gaf hij niet aan me door en het tientje zou mijn spaarvarken niet halen.

Weken later – toen ik nog altijd niet van huis naar een of ander achtergebleven gebied was weggestuurd – liep ik 's middags door de Theresiastraat om een pakje sigaretten voor mijn moeder te halen, toen een auto op de rijbaan inhield, enkele meters met me gelijk opreed, en het raam werd opengedraaid.

'Hé! Chabot? Nog bedankt, jongen!'

De bestuurder wachtte mijn antwoord niet af. Het raam schoof omhoog en de auto won vaart. Een Opel Admiral.

18

JAARLIJKS LOGEERDE IK tijdens de zomermaanden bij tante Laura in Haarlem. Mijn ouders namen ons niet mee op vakantie.

'Met de kinderen op vakantie,' zei mijn vader tegen familieleden en vrienden, 'ís geen vakantie. Dan kun je net zo goed thuisblijven.'

Als mijn neef in Haarlem er niet was mocht ik van diens kamer gebruikmaken.

Mijn tante hield van klassieke muziek, iets waar ik thuis niet veel van meekreeg.

'Je kunt het je ouders niet kwalijk nemen,' zei ze op een toon waarin doorklonk dat ze het hun kwalijk nam, 'met je vaders drukke werkzaamheden op het ministerie, maar...'

Ik ging graag met mijn tante mee als ze 's ochtends boodschappen deed. Met haar was zo'n corvee een uitje.

'Ik koop bij hen,' verduidelijkte tante Laura de rondgang
langs de winkeliers, 'in de buurt, dan kopen zij bij ons, in plaats
van dat ze naar een tuincentrum rijden waar het goedkoper is. Zo
steunen we elkaar.'

Na decennia in de Spekstraat te hebben gewoond, boven de
winkel in tuinbenodigdheden, kende mijn tante alle notabelen van
de stad en wist ze te wonen.

'Zie je dat hoekhuis,' zei ze terwijl ik de rieten mand met
boodschappen voor haar droeg, 'met die cactus in de serre? Daar
woont een notaris. Die is aan de drank. Al jaren. Toch blijft zijn
vrouw bij hem. Ze koopt altijd hyacinten bij ons, als de lente
komt. En planten voor in de tuin, en tuingereedschap. Zie je hoe
groot die voortuin is? Hebben we het nog niet eens over de achtertuin, dat is me een lap grond. We hebben een goeie aan haar,
hoor. Wat er alleen al aan aarde die tuin in gaat, elk jaar weer, krui-
wagens vol. Ze is inmiddels zelf ook aan de drank. Ja, wat wil je?

Kom, laten we doorlopen,' zei ze op besliste toon. 'We staan
zo te treuzelen, straks lopen we in de gaten.'

Niet eens zo heel veel verder bleven we opnieuw staan.

'Daar,' zei mijn tante en wees naar een statig pand met een
oprijlaan, 'woont een advocaat met zijn gezin, twee kinderen. Hij
houdt er al jaren een maîtresse op na. Half Haarlem weet van haar
bestaan. Ze woont in een zijstraatje bij het Spaarne. Marie van
Heugten. Als ik haar zie, knik ik vriendelijk. Waarom niet? Nee,
ze is geen klant bij ons. Ze heeft een achterplatje zo klein, daar
kun je nog geen kamerplant op kwijt. Hooguit wat grint of kiezel-
stenen.'

We liepen over het Spaarne.

'En daar,' zei tante Laura en wees naar een herenhuis, 'woont een kantonrechter, wiens vrouw onlangs overleden is, borstkanker. Die presteerde het om tijdens het in ontvangst nemen van de condoleances, zijn vrouw lag koud in de grond, al te flirten en te vragen welke vrouwen er "vrij" waren. Nog dezelfde avond deed hij een vriendin van me een huwelijksaanzoek in de garderobe. Hoe vínd je zoiets?'

Ook het leven van anderen, ontdekte ik, lag overhoop zonder dat je het er aan de buitenkant van afzag. Ik sloeg geen beurt over om met mijn tante door de Haarlemse binnenstad te dwalen: de rieten mand die ik voor haar meetorste, woog vederlicht. Deed ze maar vaker boodschappen, dan hoorde ik meer Haarlemse verhalen, die van alle tijden waren en van alle provinciesteden.

Op een middag viel me een foto op tussen de andere foto's op het dressoir. Een portret van een jongeman die me vaag bekend voorkwam. Kende ik hem? Voorzichtig pakte ik de lijst, ervoor wakend niet de andere foto's om te stoten.

'Dat lijkt me sterk,' zei tante Laura. 'Dat zou een knap staaltje zijn, hij overleed toen jij nog niet eens geboren was. Het is mijn andere broer, Jaap.'

Ze zat aan de eetkamertafel *De Telegraaf* te lezen, maar legde deze opzij en keek me nadenkend aan.

'Eigenlijk moet je vader je dat vertellen,' zei ze. 'Maar dat doet-ie natuurlijk niet.'

Het was voor het eerst dat ik iemand zo over hem hoorde praten. Mijn tante durfde.

'Luister,' zei ze, 'Gé zat tijdens de oorlog ondergedoken bij de tantes Bonarius, op de Wagenweg, onder een luik in de vloer, onder een van de bedden, dat weet je, maar Jaap... Jaap belandde in Duitsland, vanwege de Arbeitseinsatz. Je moet weten, Jaap kampte met chronische astma, altijd gedonder met zijn longen en luchtwegen. Daar kun jij je iets bij voorstellen, hè? Jaap werd in Duitsland in een meelfabriek tewerkgesteld. In de meelwolken. Vonden ze leuk, die moffen. Nazihumor.'

Mijn tante zette haar leesbril af, stond op, liep naar het dressoir, nam het portret van me over en keek naar de foto, al kon ze Jaaps gezicht dromen.

'Jaap is uit de oorlog teruggekomen, maar vraag niet hoe. Niet lang na zijn terugkeer... Dat heeft je vader zo aangegrepen, vandaar dat hij het er nooit over heeft. Vraag het hem maar eens als je wat ouder bent en je zulke dingen beter begrijpt.'

Ze zette Jaaps portret terug tussen de andere fotolijstjes.

'Waar is Noortje?' vroeg ik. Noortje was mijn drie jaar oudere nichtje, op wie ik erg was gesteld.

'Jongen,' zei tante Laura, 'als ik dat toch eens wist.'

Op een avond kwam Noortje laat thuis van een afspraak in de Haarlemse binnenstad. Ze stommelde de trap op, wilde aan mijn kamer voorbijgaan, maar bedacht zich en opende zonder te kloppen de deur.

Vlug trok ik deken en laken over mijn onderlijf.

'O!' riep ze verschrikt uit, 'Sorry!' en ze wilde weggaan en de deur onhoorbaar achter haar in het slot trekken.

'Noortje!' riep ik. Hard genoeg opdat ze het zou horen, maar voldoende zacht om haar ouders en zus niet te wekken.

Noortje keerde op haar schreden terug en kwam op de rand van het bed zitten. In stilte groeiden we naar elkaar toe. De klok van de Sint Bavo sloeg twee keer ten teken dat het twee uur was: daarover geen misverstand.

Ik sloeg de deken en het laken terug.

Een halfuurtje later verliet Noortje de kamer. Sindsdien deelden we een zoet geheim.

De eerste keer dat mijn tante me meenam naar een orgelconcert namen we plaats op een bank halverwege de kerk. We zaten vrij ver van het orgel, dat van de begane grond tot aan het dakgewelf reikte. De Sint Bavo was nagenoeg leeg: ik telde minder dan dertig belangstellenden. Mijn tante fluisterde wie er zo ging spelen.

Een zwaar gebonk en onderaards gerommel brak los dat de kerkbanken deed schudden. Opvallend was dat je niemand het orgel zag bespelen; alsof het orgel de muziek van buiten kende en tekeer kon gaan zonder dat er een organistenhand aan te pas kwam.

In het gangpad naast me lagen grote stenen, sommige gebarsten, met namen en jaartallen erin gebeiteld, haast onleesbaar.

'Tante Laura?'

'Ja?'

'Liggen er doden onder die stenen?'

'Ja,' zei tante Laura zachtjes, 'maar nu mondje dicht. Je mag niet praten tijdens een concert.'

Terwijl het orgel een nieuw stuk inzette trok iets anders mijn aandacht. Schuin voor me, in het gangpad, verschoof een steen.

Geschrokken wendde ik me af en richtte mijn blik op iets wat op een biechtstoel leek, vooraan in de kerk. Na een poosje schraapte ik mijn moed bijeen en keek opnieuw naar de zerk in het gangpad. De steen bewoog. Toegegeven, je moest goed opletten anders kon het je ontgaan; maar de steen bewoog, een trilling, zonder dat-ie van zijn plaats kwam.

'Tante Laura?'

'Wat is er?' fluisterde tante Laura alsof ze 'Wat is er nu weer?' zei.

Ik wees naar de grafzerk schuin voor me in het gangpad. 'Tante Laura, die steen daar,' fluisterde ik, 'die bewoog zo-even!'

'Stel je niet aan,' fluisterde tante Laura in mijn oor. 'Doe niet zo onnozel. Een steen kan niet bewegen, dat weet je best. En nou hou je je gemak, en luisteren.'

'Maar tante Laura...'

'En nou stil, en luisteren. Wat moeten de mensen niet denken?'

'Welke mensen, tante Laura?' zei ik terwijl ik naar de lege banken om ons heen keek.

Mijn tante keek me ijzig aan, wendde zich van me af en staarde naar het orgel.

Ik nam mijn tante niets kwalijk. Mijn ouders zouden fors minder geduld voor me hebben opgebracht. Ja, de doden lagen onder een steen en kwamen niet onder hun zerk vandaan, het daglicht tegemoet, zei mijn gezond verstand. En toch konden ze, als ze wilden, onder hun steen vandaan.

Dat tante Laura daar nou niet aan wilde. Het wachten was op het moment dat de steen opnieuw verschoof, het gangpad op, over een andere steen heen, en dat tante Laura me alsnog zou geloven.

Maar de kans dat zoiets vanmiddag zou gebeuren was klein. Mijn tante zette haar kraag op en trok haar jas dichter om haar heen. Het tochtte in de kerk. Buiten waaide een stevige wind, die af en toe tot in de Sint Bavo te horen viel.

Het orgel ging tekeer en stampvoette, maar de steen bewoog geen derde keer.

Aan het eind van de week, op zondagmiddag, kwamen mijn ouders me ophalen. Hun vakantie was voorbij, de logeerpartij liep ten einde. Ik kon mijn tranen niet bedwingen toen ik mijn tante en oom bedankte en afscheid nam van Noortje en Marlies, maar vooral van Noortje; verdriet dat mijn ouders tot woede dreef.

'Wacht maar tot we thuis zijn,' dreigde mijn vader en hij gaf gas en stuurde de Kever Haarlem uit.

Voorin draaide mijn moeder zich om. 'Hoe dúrf je?! Om ons zó voor schut te zetten, door te huilen dat je in Haarlem wil blijven en niet met ons mee naar Den Haag terug wil. Ik schaamde me rot. Hoe dúrf je, ondankbare hond dat je bent?!'

'Zodra we thuis zijn,' zei mijn vader, zonder zich om te draaien, 'verdwijn je naar je kamer. En je eet vanavond in de keuken, goed begrepen?'

's Nachts kon ik de slaap niet vatten, al hield ik beide ogen stijf dicht om op z'n minst te proberen in slaap te vallen.

Toen ik ze opendeed merkte ik een sprankje licht op dat door een spleet tussen de gordijnen de kamer in viel. De maan kwam op bezoek. Dat was er tenminste één die zich rekenschap gaf van mijn noden.

Ik dacht aan degenen die onder de weerbarstige stenen in de Sint Bavo lagen; en dat ze daar niet voor eeuwig rustten. Tijdens het orgelspel had ik een steen zien bewegen, hoe lichtjes ook. De doden waren niet voor één gat te vangen. Hoe kon je een zerk verschuiven en ruimte maken zodat degene die eronder lag opstond, de kilte achter zich liet en het volle daglicht tegemoet trad?

Daar dacht ik aan, in mijn stapelbed in Den Haag, met mijn zus in diepe rust onder me.

En aan Noortje natuurlijk.

19

IK SCHRIK WAKKER.

'Sliep u, meneer Chabot?' vraagt de verpleegkundige die de kamer binnenkomt.

Het is elf over halfvier, geeft de klok aan de muur tegenover mijn bed aan. Buiten is het licht, dus het moet middag zijn. Geen idee welke dag het is, en wat doet het er ook toe.

'Het alarm ging af,' zegt Hilde, 'vandaar dat ik even kom kijken. Nee, er is niets aan de hand. Over een uurtje kom ik terug, het infuus verwisselen, de zak is bijna op, zie ik.'

Ze loopt geluidloos naar de kamerdeur.

'Wilt u de deur open of dicht, meneer Chabot?'

—

Er diende zich een tussenoplossing aan.

Waarom zou ik mezelf opheffen? Dat kon altijd nog. Was het niet het overwegen waard om, voordat ik zou uittreden, me eerst blijvend van mijn vader te ontdoen? De overweging alleen al gaf me lucht. Zoveel lucht dat ik 'de daad bij het woord voegen' voor onbepaalde tijd uitstelde.

Tot de dag aanbrak dat uitstel niet langer aan de orde was. Ik moest van mijn vader af, koste wat kost.

Ik moest van hem af.

Wie ik was, was uit me weggelekt. Er was weinig tot niets van me over.

Lang dacht ik na over een plan; maar ook weer niet te lang, en toen ik eenmaal wist wat me te doen stond, dacht ik niet meer na over het wat en hoe, noch over de consequenties, maar wachtte en wachtte, geen haast; tot het ogenblik zich aandiende om uit te voeren wat ik voornemens was te doen.

Op een ochtend, toen ik weer eens door bronchitis geveld in bed lag, was ik alleen thuis. 'Ik ben zo terug,' had mijn moeder vanaf de drempel geroepen. 'Een paar boodschappen doen. Dat moet ook gebeuren. Ik ben met een halfuur, drie kwartier terug. In bed blijven, hè. Geen gekke dingen doen, denk erom.'

Ik schoof onder de dekens vandaan, daalde via de ladder het stapelbed af, liep naar de keuken, trok de bestekla open en pakte een mes: een mes dat we voor de broodmaaltijden gebruikten en waarvan mijn moeder er een heel stel had. Ontbrak er eentje, dan zou haar dat niet opvallen. Merkte ze het toch, dan zou ze de vermissing vermoedelijk wijten aan haar eigen slordigheid.

'Zo gek,' kon ik mijn moeder horen zeggen. 'Ik mis een eetmes. Weet een van jullie soms waar het gebleven is? Ik begrijp er niets van, ik heb overal gezocht. Zo'n mes kan toch niet zomaar opeens verdwenen zijn. Dus jullie weten er niks van? We hebben in huis toch geen kaboutertjes rondlopen, is 't wel? Ik heb vanochtend de hele keuken doorzocht, in de hoop dat... Niet dat het een bijzonder mes is, dat niet, maar evengoed... Ik vind het vervelend als er dingen in huis zomaar verdwijnen. Dus jullie weten het heel zeker, ook jij, Bart? Nu kun je het nog zeggen, zonder dat er narigheid van komt. Goed, dan moet je het zelf maar weten.'

Door de gang liep ik terug naar mijn kamer. Het mes hield ik ver van me af zodat ik mezelf niet kon verwonden als ik onverhoopt zou struikelen of vallen.

Ik tilde de matras van het bovenste bed iets op en schoof het mes tussen de matras en het dunne ondermatras en controleerde of het mes uit zicht was, ook wanneer mijn zus vanuit het onderste bed omhoogkeek.

Daarna nam ik plaats aan mijn bureau en sloeg het huiswerk voor overmorgen op: het uit je hoofd leren en op een blinde kaart kunnen aanwijzen van Vlaamse en Waalse steden: Gent, Brugge, Hasselt, Charleroi, Bouillon. Maar lang hield ik het niet vol en algauw kroop ik terug in bed.

Niet lang daarna viel ik in slaap. Ik hoorde mijn moeder niet thuiskomen. Evenmin hoorde ik haar de kamer in komen om de deken over me heen te trekken die ik had losgewoeld. Dat deed ze vaker de laatste tijd, begreep ik van mijn zus, 's nachts controleren of ik niet lag bloot gewoeld nu ik de laatste weken zo onrustig of slecht sliep.

De dagen slopen voorbij en ik begon bijna te vergeten dat ik voor het goeie doel een mes onder mijn matras bewaarde.

Van de wetenschap dat het mes er lag, ging een kalmerende werking uit. Mocht zich onverwachts iets voordoen, dan wist ik waar ik wezen moest en kon ik me verweren. Tegelijkertijd besefte ik dat ik de boel niet eeuwig kon blijven uitstellen. Eens in de twee weken verschoonde mijn moeder het beddengoed en als ze mijn bed afhaalde zou je het, zoals mijn Scheveningse oma het uitdrukte, 'in Keulen horen donderen'.

Op een dondermiddag was het zover.

We zouden zo aan tafel gaan, had mijn moeder vanuit de keuken aangekondigd, mijn vader kwam eraan, die kon elk ogenblik thuiskomen. We mochten onze handen wassen, mijn zus en ik, en of mijn zus de tafel wilde dekken, dat wil zeggen: de onderzetters voor de schalen tevoorschijn halen; borden en bestek had zijzelf al gedaan, dan kwam zij straks met de schalen binnen: gebakken krieltjes, rodekool en een slavink. Na het eten was ik aan de beurt om te helpen met de afwas.

Misschien deed de afwas een alarmbel bij me afgaan: mijn vader waste de vaat, gewoontegetrouw, en ik droogde af; maar dat laatste ging mijn vader nooit vlug of goed genoeg. 'Moet je kijken,' zei hij als mijn moeder de keuken binnenkwam, 'hoe hij dat doet, die borden, kletsnat de kast in. En hier, die twee koffiekopjes, moet je voor de aardigheid aan de binnenkant voelen. En,' – hij wendde zich van mijn moeder tot mij – 'dat noem jij "afdrogen"? Het is toch ook godgeklaagd, hè? Is er ook maar iets, íets, hoe gering ook, wat jij wél kunt, hersenloze figuur dat je bent. Mijn god, waar hebben we het aan verdiend, een nietsnut als jij.'

Met een zucht verliet mijn zus de kamer: die had echt zin om de onderzetters uit de kast te halen en op tafel te zetten.

'Zeg,' hoorde ik mijn moeder opmerken, 'hoorde ik je nou zuchten? Zo'n moeite is het toch niet? Je broer kan na het eten de hele vaat doen. Of wil je liever van taak met hem ruilen? Dat mag ook, hoor. Je zegt het maar. O, en als je toch in de eetkamer bent, leg dan even de servetten bij de borden, dat was ik nog vergeten.'

Mijn zus maakte een tegenwerping die ik maar half verstond.

'God, wat ben jij stinkend vervelend, zeg,' zei mijn moeder. 'Je lijkt je broer wel.'

Tijdens hun gesprek was ik opgestaan, had het mes gepakt, sloeg bij het verlaten van mijn kamer meteen links af het halletje in dat naar de voordeur leidde en verschool me tussen de jassen aan de kapstok. Ik was nog niet erg lang. Je moest je best doen wilde je me tussen de wirwar aan jassen ontdekken. Liep je nietsvermoedend langs de kapstok, dan zou je niet op het idee komen dat een jongenslijf zich tussen de jassen verborgen hield.

Terwijl mijn zus in de eetkamerkast scharrelde – 'Waar liggen die servetringen, mam? Ik kan ze nergens vinden' – was het wachten op mijn vader.

Ik stond met mijn rug tegen de muur, de jassen voor me, en hield het mes in mijn rechterhand, punt naar beneden, zodat er geen ongelukken konden gebeuren.

Waar bleef hij?

Als ik mijn moeder mocht geloven had hij er al moeten zijn. Was hij er maar. Ik kon niet lang zo blijven staan: was mijn zus klaar met tafeldekken, dan zou ze zich afvragen waar ik bleef, helemaal als ze me aan tafel riep en ik maar niet verscheen. We woonden in zo'n kleine flat dat een korte klopjacht zou volstaan om me onder de kapstok vandaan te plukken, en hoe verklaarde ik in dat geval het mes in mijn hand?

Waar bleef hij? De tijd drong, me veel langer onder de kapstok in het halletje schuilhouden kon ik me niet veroorloven.

'Bart?' hoorde ik mijn moeder zeggen. 'Kom je aan tafel?'

Nog steeds geen gerucht uit het portiek.

'Bart! Mama heeft je al twee keer geroepen. Aan tafel, het eten is klaar. Doe nou maar niet net alsof je het niet hebt gehoord, daar trappen wij niet in.'

Ik hoorde een deur dichtgaan beneden, de portiekingang. Dat moest hem zijn. Ik hoorde voetstappen de trap opkomen en kon de treden die hij opging tellen.

'Bart!' Mijn moeder. 'Waar blijf je?!'

De voetstappen hielden voor de deur stil. Een sleutel schoof in het voordeurslot, dat zo te horen wat olie kon gebruiken.

'Wil je nú aan tafel komen!' Mijn moeder. 'Als ik je moet komen halen, ben je nog niet jarig.'

Het mes zakte omlaag – alsof het mes het initiatief van me overnam – en hing ter hoogte van mijn broekriem. Mijn greep op het handvat verslapte. Ik leunde iets naar voren en stak mijn hoofd tussen de jassen door zodat ik iets kon zien. Achter de gedeeltelijk melkglazen voordeur was een donkere schim waarneembaar: alsof niet ik, mes-in-de-hand, de dood vertegenwoordigde, maar mijn vader – en hij voorkennis had van wat er te gebeuren stond.

'Bart!'

Ik raakte in paniek. Dit kon niet goed aflopen. Van mijn voornemen zou niets terechtkomen; aan die voorspelling kwam geen koffiedik te pas. De vraag die zich nu opdrong was: hoe redde ik het vege lijf? Een vraag die vliegensvlug diende beantwoord, de laatste secondes tikten weg. Daar week de voordeur al, zonder veel vaart gelukkig, afgeremd door de iets te dikke voordeurmat.

'Bart!!'

Ik flitste tussen de muf ruikende jassen vandaan, schoot de hoek om mijn kamer in, rukte mijn matras omhoog en schoof het mes eronder. Tijd om te controleren of mijn zus vanuit haar bed iets van de omtrek van het mes kon zien, werd me niet gegund. Ze stond al op de drempel.

'Waar blíjf jij?! Mama is...'

'Wat is er aan de hand?' wilde mijn vader weten, die achter haar in de deuropening verscheen. 'Ik ben nog geen seconde binnen of het is alweer raak. Wat is dat toch met jullie? Kan er hier in huis nooit eens iets normaal gaan, is dat te veel gevraagd?'

'Pap,' zei mijn zus sussend, 'niets aan de hand. Alleen, we riepen Bart aan tafel, herhaaldelijk, en hij kwam maar niet, vandaar. Maar verder... Doe je jas uit, pap, dan kun je aanschuiven.'

'Ben je daar, Gé?' riep mijn moeder. 'Kom je? Het eten staat op tafel, straks wordt het koud. Waar bleef je? Ik had je veel eerder thuis verwacht.'

'Ik kom eraan,' riep mijn vader richting de eetkamer. 'Momentje.'

'Ga maar vast,' zei hij tegen mijn zus. 'En zeg tegen je moeder dat ze vast opschept.'

Hij hield zijn kantoortas in zijn hand alsof hij, in plaats van thuis te komen, op het punt stond te vertrekken.

'Waarom kom jij niet als je geroepen wordt? En wat deed je bij de kapstok, kun je me dat uitleggen? Ik zag je wel hoor, toen ik de voordeur opendeed. Of dacht je dat me dat was ontgaan? Je flikte iets in de buurt van de kapstok, waar of niet? Je wilt me toch niet vertellen dat ik het mis heb, hè?'

Ik zei dat ik mijn zakdoek uit mijn jas moest pakken, dat die nog in mijn jaszak zat, sinds ik van school...

'Zo'n verkouden indruk maak je anders niet,' onderbrak hij me. 'En je verwacht dat ik dat geloof? Waar zie je me voor aan?'

'Gé, kom nou!' riep mijn moeder haar geduld verliezend. 'Heb ik daar mijn best voor gedaan?'

'We hebben het er nog over, jongeman,' zei hij. 'Onder vier ogen.'

Hij liep de gang in naar de kapstok. Ik zag hem zijn jas uittrekken en een kleerhanger pakken. Daar had ik zo-even nog gestaan, onder het rijtje kleerhangers, jaren geleden.

'Ben je daar eindelijk,' zei mijn moeder tegen mijn vader, die na mij de eetkamer betrad.

'Gelukkig heb ik nog niet voor je opgeschept, Gé,' zei mijn moeder, 'anders was alles koud geweest.'

Ze wendde zich tot mij. 'Voor jou wel, ja, je bord opgeschept. We hadden je al ik-weet-niet-hoe-vaak geroepen, je zus en ik. Het houdt een keer op.'

'Toen ik binnenkwam,' zei mijn vader, 'zag ik hem naar zijn kamer vluchten. Meneer moest een zakdoek uit zijn jaszak pakken, beweert hij. Geloof jij het?'

'Wat moet-ie daar anders doen,' zei mijn moeder. 'Nog een keer stiekem van huis weglopen? Zo goed is hem dat de eerste keer niet bevallen. Schep nou maar op, Gé. Straks zijn wij klaar met eten en moet jij nog beginnen. Krijgen we dat weer.'

'En,' zei mijn vader nadat hij een paar happen had genomen, 'hoe was het op school vandaag, hoe ging het?'

Mijn zus nam het woord, om vrijwel ogenblikkelijk door hem te worden onderbroken.

'Ik vraag het niet aan jou,' zei hij, 'ik vraag het aan hem. Eerst hij, die broer van je, dan jij. In die volgorde.' Toen, op mildere toon tegen mijn zus: 'Van jou weet ik het wel. Jij hebt goed je best gedaan en opgelet in de klas, en je huiswerk voor morgen heb je zo goed als af, schat ik zo in. Daarom. Maar hij...'

Hij liet zijn mes en vork zakken en wees met zijn hoofd beschuldigend naar mij.

'... je broer... Ach,' bedacht hij zich, 'over hem zullen we het verder maar niet hebben. Zonde van de avond.'

Hij legde het servet op zijn schoot recht.

'Dat vroeg ik hem ook al,' zei mijn moeder, 'hoe het vandaag op school ging. Maar een behoorlijk antwoord geven, ho maar.'

'Dan pak je hem toch aan?'

Ik kon me niets herinneren wat de moeite waard was om aan tafel te vertellen. Dat ik op het schoolplein tijdens de pauze een tol had gewonnen, van Sjoerd, kon ik maar beter niet ter tafel brengen. Met een beetje pech moest ik die springtol morgenochtend weer aan Sjoerd teruggeven.

'Zeg, je laat je door zo'n druiloor,' vervolgde mijn vader, 'toch niet... Voor de draad ermee,' zei hij tegen me, 'en vlot een beetje. Krijgen we het nog te horen of hoe-zit-dat?'

'Goed,' zei ik.

'Goed?' zei mijn vader. 'Hoe bedoel je, "goed"?'

'Zoals ik het zeg, goed. Ik kan er niet meer van maken.'

Ik zag hem wit wegtrekken.

'Je bent er vandaag niet uitgestuurd, de gang op?'

'Niet dat ik weet,' zei ik.

'We hebben het er nog over, mannetje,' zei hij. 'We hebben het er later nog over.'

Ik vroeg me af of hij zich in stilte verheugde op het avondgebed na het eten, de Oefening van Berouw, als ik op mijn knieën schuin voor hem zat.

'Gé,' zei mijn moeder om de spanning te breken, 'vertel eens, hoe was het vandaag op kantoor?'

Mijn vader was niet in de stemming om haar vraag te beantwoorden. Zwijgend aten we ons bord leeg. Daarna haalde mijn moeder het toetje uit de keuken.

'Lekkere vla, mam,' zei ik. 'Jammer alleen van dat vel, en van die bonkjes erin, die harde stukjes. Maar verder? Heerlijk.' Tot mijn verbazing greep mijn vader niet in. 'Moet je vaker doen, mam, zelfgemaakte vanillevla.'

De volgende dag was ik alleen thuis.

'Ik ben even naar de Spar,' riep mijn moeder, 'en ik loop langs

Van Ruiten. Tot zo. En denk erom hè, haal het niet in je hoofd om... Ik waarschuw je maar vast.'

Ik wachtte tot ik zeker wist dat ze niets was vergeten en binnen een paar minuten terugkwam en legde het mes terug in de keukenla, waar het me tussen de andere messen bleef aanstaren. Tot ik de la met een klap dichtschoof. Daarna zette ik me opnieuw aan mijn bureau met het huiswerk voor morgen voor me, zonder iets aan dat huiswerk te doen.

Ik voelde het mes vanuit de keukenla naar me gluren.

Het was alsof het mes naar zijn vertrouwde plek verlangde, en dat was niet zijn plaatsje in de keukenla, veilig opgeborgen, uit zicht, waar geen daglicht kwam. Het mes verlangde zo sterk naar zijn plek onder de matras dat het desnoods op eigen kracht naar het stapelbed wilde komen, om zelf een hoek van de matras op te tillen en zich neer te vlijen binnen de lijntjes die de omtrek van het mes vormden en die nog in de ondermatras zichtbaar waren: dan pas had het mes rust.

Het mes zou wachten op een teken om in actie te komen. Ik hoefde het maar te zeggen of aan te geven: het geringste teken of gebaar volstond. Het mes wilde niets liever dan over me waken.

Mijn vader was ontsnapt, en ik was ontsnapt. Maar waaraan?

Buiten hoorde ik de meeuwen tekeergaan.

'Joe-hoe,' klonk het in het halletje. 'Kun je komen, en me helpen met de boodschappentas? Die is zo zwaar.'

Terwijl ik de tas naar de keuken droeg – 'Voorzichtig! Er zitten eieren in! Anders kunnen we nog een keer naar Van Ruiten, maar dat mag jij dan doen' – voelde ik hoe graag het mes uit de la wilde. Als ik de la niet vlug openmaakte, kwam het mes zelf dwars door het granieten aanrechtblad naar me toe.

'Kijk eens wat ik voor je heb meegenomen?'

Ze tilde twee pakken omhoog: een wat groter pak, van Dr. Oetker, en een kleiner pak waarvan ik zo gauw niet zag wat het was.

'Vandaag lukt me niet meer,' zei ze. 'Maar morgen krijg jij na het eten zelfgemaakte vanillevla. Hoe vind je dat?'

'Zonder een vel op de vla?' zei ik. 'En zonder bonkjes?'

'Ik kan niks beloven,' zei ze, 'maar ik zal zien wat ik kan doen. Zelf vind ik zo'n vel heerlijk. En die bonkjes... Ik had er zelf niet één hard stukje in. Dus waar heb je het over?'

Ik zette het pak melk dat ze had gekocht in de ijskast, evenals de karnemelk en de yoghurt.

'Zeg,' zei ze op vertrouwelijke toon toen de boodschappen waren uitgepakt, 'nou moet je me toch eens vertellen... Wat was dat voor gedoe gisteravond bij de kapstok? Ik heb vanochtend toen jij op school zat nog in de paraplubak gekeken, maar ik kon niks vinden.'

In stilte gebood ik het mes zich gedeisd te houden en te blijven liggen waar het lag, tussen de andere messen in de bestekbak, en zich niet te verroeren.

'Mam...'

'Je vertrouwt me toch wel? Ik vertel het niet aan je vader, hoor. Kom op, zeg. Ik weet als geen ander hoe moeilijk die kan zijn. Godsonmogelijk af en toe. Dus je kunt het me gerust vertellen. Wat was er nou met die zakdoek gisteravond, en hoe zat dat met die paraplubak?'

20

'KOM JE MEE?' zei Frans, die deze woensdagmiddag, bijna half-drie, ongebruikelijk vroeg van zijn werk kwam. 'Kom je mee naar binnen? Dan kun je mijn treinen zien, Märklin. En ik heb nog een doos van Fleischmann liggen. Misschien zit er iets bij wat je wil hebben, wie weet.'

Hij sloeg zijn autoportier dicht.

Frans was een jongeman van in de twintig, die nog bij zijn ouders woonde. Met Frans speelden we nooit, daar was hij veel te oud voor, al zagen we hem bijna elke dag als hij thuiskwam en zijn lichtblauwe Simca in de straat parkeerde.

Daarom was het vreemd dat hij me binnenvroeg; maar wie weet wilde hij van een trein af, of van treinen. Dat was dan mooi

meegenomen. Misschien vond hij er niks meer aan, aan speel-
goedtreinen.

'Lust je chocomel?' vroeg Frans. 'Dat hebben we ook in huis.
Loop je mee?'

Waarom niet, dacht ik. Ik was op weg naar Leonard, dus als
ik met Frans meeliep, een trein uitzoeken en chocomel drinken,
kon ik daarna door naar Leonard.

'Loop je mee?' drong Frans aan.

Van mijn moeder mochten mijn zus en ik per se niet met
vreemden mee; maar Frans was strikt genomen geen vreemde.

We kwamen bij zijn portiek en Frans haalde een sleutelbos
tevoorschijn. Wat een hoop sleutels had hij in zijn bezit, veel
meer dan mijn ouders.

Hij pakte een tweede sleutel en maakte de voordeur van de
woning op eenhoog open.

'We boffen,' zei Frans. 'We hoeven niet zachtjes te doen.
Mijn ouders zijn er niet, die komen vanavond pas thuis.'

Ik was nog nooit bij hem thuis geweest, en dat zei ik ook,
waarop Frans voorstelde om me eerst het huis te laten zien voordat hij de chocomel inschonk.

Toen hij me de keuken liet zien en de ijskast opentrok, bleek
de chocomel op. Bleef de trein over. De Märklin-spullen, vertelde
Frans – stoomlocomotieven, rijtuigen, goederenwagons, seinen,
stapels rails en een verzameling Faller-huisjes –, lagen in dozen in
een kast in zijn kamer.

Hij ging me voor naar zijn kamer aan de voorkant van het
huis. Achter de vitrage kon ik vaag de Wilhelminastraat zien.

Frans trok zijn schoenen uit en zette ze onder het bed. Hij
had rare sokken aan.

'Doe jij dat ook maar,' zei hij tegen me, 'je schoenen uit, anders wordt de boel vies en dat willen we niet hebben.'

Hij trok zijn jasje uit, hing het over een stoel en ging op bed liggen.

'Ken je "de kieteldood",' zei Frans, 'dat spelletje?'

Ja, bevestigde ik, dat spel kende ik. Dan moest je een ander net zo lang kietelen tot-ie om genade vroeg.

'Dat lijkt me leuk om te doen,' zei Frans. 'Als jij op me komt zitten, mag je mij kietelen.'

Ik voelde me minder op mijn gemak dan toen ik het huis betrad. De kieteldood? Ik was toch niet meegelopen om met hem te spelen?

'Frans,' zei ik, 'mag ik je treinen zien? Daar ben ik tenslotte voor gekomen.'

'De treinen, die komen zo,' zei Frans. 'Maak je geen zorgen. Eerst doen we de kieteldood, daarna de treinen.'

Ik aarzelde. Ik deed het nooit, de kieteldood, want ik kon zelf niet tegen kietelen.

'Nou, kom je nog?' drong Frans aan.

Hij schoof zijn voeten onder de ijzeren rand van het voeteneind zodat die niet weg konden.

'Kom op me zitten,' zei Frans, 'en me kietelen. Kom maar, je kunt het best. Doen we daarna de treinen.'

Ik moest een besluit nemen. We konden niet tot sint-juttemis zo in zijn kamer blijven wachten.

'Kom maar, jongen,' zei hij met iets dwingends in zijn stem. 'Kom maar op mijn buik zitten.'

Hij schoof zijn handen onder de ijzeren rand aan het hoofdeinde van zijn bed, zodat hij over die twee evenmin vrijelijk kon beschikken.

'Nou, waar wacht je nog op.'

Ik dacht aan waar mijn moeder me vaak voor had gewaarschuwd. Nooit met vreemden meegaan, en nooit snoep van een vreemde aannemen. Maar Frans kende ik, en de chocomel was op. Er kon me weinig gebeuren.

'Kom maar,' zei Frans op zachte toon, een en al aardigheid. 'Kom maar op me zitten.'

Ik aarzelde. Dit was niet waarvoor ik met hem was meegelopen.

Maar goed, hij kon er ook niks aan doen dat de chocomel op was. En die treinstellen liepen niet weg.

Ik zwaaide mijn rechterbeen over hem heen en kwam op hem zitten.

Frans knikte me vriendelijk toe, en glimlachte. 'Goed zo, jongen. Goed zo. En me nu kietelen. Begin maar onder mijn oksels.'

'Maar straks mag je mij niet kietelen, hoor,' zei ik, 'want ik kan er niet tegen.'

'Dat ga ik ook zeker niet doen, jou kietelen,' zei Frans. 'Nou, komt er nog wat van, jochie?'

Terwijl ik hem kietelde verscheen er een grimas op zijn gezicht. Moeilijk uit te maken of ik hem een plezier deed met kietelen, of niet. Maar toen ik hem ernaar vroeg, werd hij bijna boos. 'Ga door,' zei hij, 'ga door. Ook mijn bovenarmen, en mijn buik.'

Ik deed wat hij van me vroeg, en terwijl ik dat deed ging zijn hoofd heen en weer en begon zijn lichaam onder me licht te schudden. Zozeer te schudden, na een poosje, en zozeer te schokken dat het leek alsof ik op een rodeopaard zat dat bokte en me wilde afwerpen, uit het zadel, en ik moest mijn best doen om op Frans te blijven zitten.

Onder zijn oksels verschenen donkere vochtplekken in zijn overhemd, dat lichtblauw was, net als zijn Simca.

Zijn lichaam schoot met een ruk een paar keer hoog op, zodat ik me met mijn rechterhand aan de plank boven zijn bed moest vasthouden om niet van hem af te vallen. Frans hijgde en zweette, hij kreunde, en begroef zijn hoofd in het kussen, voor zover dat kon.

Het kon niet lang meer duren. Hij zou vast gauw om genade roepen, hoopte ik, en dan was ik ervan af. Was het maar vast zover.

Frans' lichaam schokte een laatste keer, en viel stil. Hij lag als een pop onder me, met losse dode ledematen, als een van de kapotte poppen van mijn zus.

Het werd opeens erg stil in de kamer. Alleen het nahijgen van Frans hoorde ik nog. Buiten op straat ging geen auto voorbij en evenmin ving ik het geluid van een stadsbus op.

'Ga d'r maar af,' zei Frans.

Hij kwam overeind, ging op de rand van het bed zitten en trok zijn schoenen aan.

Ik wilde naar buiten kijken, maar dat lukte niet erg. Het mistte in de Wilhelminastraat; of het raam was beslagen.

Frans trok zijn jasje aan, keek in de spiegel en fatsoeneerde zijn haar.

'Kom,' zei hij toen zijn uiterlijk hem voldoende beviel, 'je kunt maar beter gaan.'

'En de treinen dan?' zei ik.

'Dat doen we de volgende keer,' zei hij. 'Dat komt de volgende keer.'

'Eén ding,' zei Frans, 'voordat je gaat.'

Ik stond al in het portiek, opgelucht om de flat te verlaten. Ik wilde dat de voordeur van de flat dicht was, liefst op slot, of nog liever op het nachtslot.

'Je zegt niets hierover tegen je ouders of tegen je zus, níets, goed begrepen?'

'Ja,' zei ik nauwelijks hoorbaar.

'Denk erom.'

Hij begon te klinken als mijn vader. De deur van zijn flat ging nog altijd niet dicht.

'Als ik erachter kom dat je het toch tegen ze hebt gezegd... tegen wie dan ook...'

Hij liet een stilte vallen. Wat hing me boven het hoofd?

'... snij ik je ballen eraf.'

Was het zo erg wat ik had gedaan, dat het onder geen voorwaarde mocht uitlekken?

'En je pik.'

Nog altijd bleef de voordeur openstaan. Wat mankeerde die deur, hij ging maar niet dicht.

'Onthoud het goed, knoop het verrekte goed in je oren. Eén woord over wat er vanmiddag is gebeurd en ik snij je ballen eraf.'

Ik had iets heel ergs op mijn geweten, begon het me te dagen. Maar wat had ik misdaan? Ik kon me niets voor de geest halen van wat er vanmiddag was gepasseerd dat Frans' dreigement rechtvaardigde. Ik had de chocomel toch niet opgedronken, of stiekem wat rails uit een doos in de kast op zijn kamer gehaald en in een van mijn jaszakken gepropt toen hij naar de keuken was?

'En nu opschieten,' besloot hij, 'ik moet hoognodig naar de wc.'

De deur ging eindelijk dicht. Als het zo belangrijk was dat niemand ervan mocht weten, dan moest ik echt een hele erge zonde hebben begaan. Thuis en op school had ik geleerd dat 'God alles ziet' en het kon niet anders of God wist ervan, van de kieteldood, en zou me weten te vinden. Opdat ik mijn gerechte straf niet zou ontlopen. Maar over God maakte ik me nog de minste zorgen. Ik had zoveel uitgehaald en was al zo vaak betrapt en vervolgens gestraft, en hij had nooit iets van zich laten horen.

Het schemerde al toen ik buiten kwam. Achter me viel de

portiekdeur in het slot. Frans was nu twee dichte deuren van me vandaan. Straks, zodra ik thuis was, kwamen er nog twee deuren bij en mocht ik me veilig wanen. Dan kon Frans me niet achtervolgen om me iets aan te doen, al leek het me verstandig om mijn mond te houden over vanmiddag, ook tegen mijn zus en mijn vrienden op straat en in de klas.

Het moest verschrikkelijk zijn wat ik had gedaan, nog erger dan ik zo-even had vermoed. Zonder het te weten had ik iets uitgehaald waarmee ik Frans in verlegenheid kon brengen. Ik verdiende het niet om vrij op straat te mogen rondlopen.

Uit schaamte wilde ik onder de stoep- en straattegels kruipen, om nooit meer aan de oppervlakte te verschijnen.

Ik voelde me vies en vuil, en wilde me zo snel mogelijk schoonspoelen, alle vunzigheid eraf. Maar het was woensdag, geen zaterdag, douchen zou nog drie dagen op zich laten wachten.

'Waar zat je?' zei mijn moeder, die met het avondeten bezig was.

Ze keek me aan toen ik niks zei. 'Is er iets?'

'Nee,' zei ik. 'Niks. Wat zou er moeten zijn?'

'Dat weet jij beter dan ik,' zei mijn moeder. 'Je kijkt alsof je iets op je geweten hebt. Heb je niks op te biechten?' Ze keek me onderzoekend aan. 'Dat weet je zeker? Nou, ik geloof er niks van. Goed, dan moet je het zelf weten. Maar als het uitkomt...'

'... ben ik nog niet jarig,' vulde ik aan en liep richting de huiskamer.

Later die avond, toen mijn zus en ik in bed lagen, wist ik zeker dat ik nooit, nee nooit bij Frans zou aanbellen om te vragen naar een overtollige locomotief of spoorwegwagon. Die chocomel mocht hij ook houden. Ik vroeg me af of ik ooit nog chocomel wilde drinken.

's Nachts kon ik niet slapen, en ik ging naar de wc, hoewel ik niet hoefde.

Terug in de kamer, licht uit, liep ik zo stil als ik kon naar het raam, deed de gordijnen iets van elkaar zodat een spleet ontstond en keek naar buiten.

Er zaten vlekken op de maan.

21

TOEN ONZE OMA in Heemstede overleed, waren mijn zus en ik bij de begrafenis.

Mijn vader zei dat we niet hoefden te huilen, het was geen tragedie: oma was diep in de tachtig.

Ik zag hoe de kist aan touwen werd neergelaten, licht schommelend de kuil in zakte – spartelde oma tegen? – en op de bodem van de kuil belandde. De priester sprak een gebed uit, dat hij bezegelde met een kruisteken. Ik werd niet door mijn ouders tot doorlopen gemaand. Terwijl ik in de kuil staarde besefte ik dat de dood helemaal niet ver weg was maar juist heel dichtbij, om je heen, altijd aanwezig; en dat zomaar, uit het niets, een hand luttele ogenblikken op je schouder kon rusten; een hand die je dan, met een lichte verhoging van de druk, vooruitduwde en wegvoerde, een zwart tegemoet dat meegaf.

Een nichtje van me stootte me aan en gaf me een kleine spade.

We mochten een schep aarde op het deksel van de kist gooien, wat ik tegen mijn zin in ook deed. Toen het zand met een plof op het deksel landde, bekroop me het gevoel dat ik oma een schop na gaf. Ik solliciteerde naar een gele kaart. Ze was al overleden, en dan deed ik er nog een schepje bovenop.

Tijdens de terugreis naar Den Haag voelde het alsof ik met die schep zand mijn oma als bij voetballen had nagetrapt en dat een dergelijke daad niet ongestraft kon blijven. Twee keer geel was rood.

—

Jaren later, toen ik zeventien was, ontmoette ik een man die me deed vermoeden dat mijn oma buigzaam was als haar koekjes die ze in een trommel onder het bed bewaarde voor haar bezoek, en dat oma een lange adem had en over een nog langere arm beschikte, langer dan ik voor mogelijk had gehouden, en dat er krachten in het spel waren waarvan ik het bestaan niet kende.

Om wat extra zakgeld te verdienen deed ik vakantiewerk bij Vroom & Dreesmann, op de fotografieafdeling, driehoog, hoewel ik weinig tot niets van fotografie wist. Tijdens de lunchpauzes werkte ik op de begane grond, waar ik zonnebrillen verkocht en diefstal van brillen diende te voorkomen. Zodra de ergste middagdrukte voorbij was, tegen tweeën, mocht ik naar de kantine om te lunchen.

Op een vrijdagmiddag was er geen plaats voor me aan een van de tafels in de kantine. Terwijl ik balancerend met een dienblad naar een vrijkomende plek speurde, wenkte de chef van de afdeling Fotografie me: een verkoopster tegenover hem ging juist weg.

We raakten aan de praat, iets wat in de weken ervoor niet was gebeurd. Toen ik zei dat ik terug moest, de werkvloer op, hield hij me tegen en zei dat hij daarover ging en niemand anders.

Het werd steeds stiller om ons heen, het liep tegen halfdrie. Ik vroeg me af waar ik de eer aan te danken had: de afdelingschef stond niet te boek als een erg benaderbare man.

'Vertel eens,' zei hij, 'ben je bijgelovig?'

'Bij mijn weten niet,' zei ik.

Uit zijn blik leidde ik af dat hij op een ander antwoord had gehoopt.

'U wel?' zei ik.

Hij keek naar de perronklok boven de ingang van de kantine. Weldra zou ik de werkvloer betreden, wat me niet onwelgevallig was.

'Jongen,' zei hij, 'ik heb lang getwijfeld of ik het je zou vertellen. Eerlijk gezegd twijfel ik nog steeds. Doe ik er goed aan je in vertrouwen te nemen of niet, dat vraag ik me af.'

Ik had geen idee waar hij op doelde, en dat zei ik hem ook.

'Ooit gehoord van een seance?' zei hij.

'U bedoelt?'

'Tijdens een seance zoek je contact met een overledene. Soms krijg je een boodschap door, van gene zijde.'

Ik moest aan mijn oma in Heemstede denken. Het leek me stug dat zij via een afdelingschef bij Vroom en Dreesmann contact met me zou zoeken. Deed ik er niet beter aan te zorgen dat ik met spoed mijn plek achter de toonbank innam voordat de gebeurtenissen een wending namen waar niemand op zat te wachten? Ik wilde opstaan, maar de afdelingschef was me voor.

'Blijf zitten, jongen,' gebood hij me.

Het leek me raadzaam zijn advies op te volgen: een chef werd niet voor niets de chef.

'Twee weken geleden,' vervolgde hij, 'deed ik mee aan een seance, op een zaterdagavond. Tot mijn schrik kwam jouw naam door. Kort daarop volgde een boodschap.'

'Dat ik binnenkort de Staatsloterij win?'

'Was het maar waar.'

Ik begreep dat het om een boodschap ging van niet al te gunstige aard.

'Hoe oud ben je nu?' vroeg hij.

'Zeventien jaar.'

'Jongen,' zei hij, 'je komt te overlijden voor je zevenentwintigste.'

Ik deed alsof hij een grapje maakte en glimlachte bereidwillig, maar aan zijn blik zag ik dat het hem menens was.

'In dat geval heb ik nog tien jaar te gaan,' zei ik met een stem die opgewekter klonk dan ik me voelde.

'Jongen,' zei hij, 'als gezegd, ik heb lang gepiekerd of ik er verstandig aan deed om het aan je door te geven. Maar die seance... Het komt vaak uit, de voorspellingen. Daarom. Doe er je voordeel mee. Voor je zevenentwintigste. Onthou dat. En neem het me niet kwalijk. Het zou kwalijker zijn geweest als ik niets tegen je had gezegd. Je hebt nog tien jaar, voor zover de boodschap strekt. Doe er wat mee.'

Met die aanbeveling kon ik het weekend in.

Vanaf die middag werd mijn leven overschaduwd door het getal zevenentwintig, dat ik opeens te pas en te onpas tegenkwam en door mijn dagen spookte. Je kon de afdelingschef verwijten dat hij me in een werkelijkheid betrok die de mijne niet was. Evenzogoed kon hij wie weet gelijk hebben en waren mijn dagen geteld.

Een legerdeken schoof over mijn dagen, bezaaid met het cij-

fer zevenentwintig in alle kleuren en maten. Een ruwharige deken die me dreigde te verstikken. Dat kon ik er nog best bij hebben. En als het op mijn begrafenis aankwam... Ik kende een paar
mensen die met genoegen een schepje zand op de kist wilden
gooien. Daarvoor hoefde ik niet eens zo ver van huis.

Toen ik eenentwintig was kwam ik op kamers te wonen aan
de Haagse Van Alkemadelaan. Nummer 27. Maar verder dan de
drempel kwam de 27 niet, hoewel ik de voordeur uitnodigend
openhield. Het getal verkoos een bestaan als muurbloempje naast
de deurpost en weigerde het huis waarin ik woonde binnen te
gaan. Ik had nog even respijt.

22

MET DE HAKKEN over de sloot ging ik over van de vijfde naar de zesde klas.

Tot mijn verbazing kwam ik niet bij meneer Dove terecht – een Chief Whip rokende oudere leraar, die zonder stemverheffing de orde kon handhaven en die een vooroorlogse leren motorjas droeg, ook al reed hij geen motor –, met wie ik het goed kon vinden.

Ik belandde bij meneer Cornelisse in de klas, de directeur.

Bij rekenen, mijn zwakste vak, kreeg ik opvallend vaak een beurt. Ik moest dan naar voren komen en de uitkomst van de huiswerksommen op het bord schrijven, en toelichten hoe ik de uitkomst had bereikt.

Het leek alsof meneer Cornelisse heimelijk plezier aan mijn gestuntel beleefde.

'Chabot,' zei hij als de eerste som op het bord stond, 'dat lijkt nergens naar.'

Vervolgens legde hij uit hoe je de som had moeten maken en hoe je tot de juiste uitkomst kwam.

Daarna was het mijn beurt weer.

'Nou Chabot, ik zou zeggen... probeer de tweede som eens, joh. Kijken of je daar wat van bakt.'

Ik lag goed bij mijn klasgenoten, maar er was na zo'n opmerking van de directeur altijd een leerling bereid om te gniffelen of te grinniken, iets wat meneer Cornelisse zichtbaar goeddeed.

Op een middag waren mijn ouders in conclaaf in de keuken, met de keukendeur dicht. Wat ze bespraken was niet voor mijn oren bestemd. Een halfuurtje later kwamen ze tevoorschijn, en mijn vader riep me bij zich. Ik had niks uitgehaald en had geen idee wat me boven het hoofd hing.

'We hebben een schooladvies gekregen, van de heer Cornelisse, over waar je heen moet na de lagere school.'

'Ik begreep dat ik van jullie naar de hbs moest.'

'Daar denkt de heer Cornelisse anders over.'

'O?' zei ik.

'Die vindt je niet goed genoeg voor de hbs, dat acht hij te hooggegrepen. Daar heb je naar zijn oordeel het niveau niet voor.'

'O.'

'Ja, daar keken je moeder en ik ook van op, al moet ik toegeven dat je rapportcijfers het een en ander te wensen overlaten. Hij betwijfelt zelfs of je de mulo aankunt, daar had hij een hard hoofd in.'

Ik dacht aan de laatste cijfers die ik van de week had teruggekregen. Die waren van dien aard dat ik ze thuis nog niet had meegedeeld.

'Hoe dan ook,' vervolgde mijn vader, 'ik heb het Aloysiuscollege gebeld, de hbs, en uitgelegd hoe en wat. Over twee weken doe je een toelatingsexamen. Slaag je, dan mag je naar de hbs, op het AC. Ik zou zeggen: doe je uiterste best en maak er wat van. Voor de verandering.'

Wilde ik mijn uiterste best doen? Eerder had hij me verteld dat als je op het AC te weinig uitvoerde of onvoldoendes haalde, je op school zou moeten overnachten, op een sombere slaapzaal, in gezelschap van de andere leerlingen die niet wilden deugen.

Op een zaterdag deed ik in de volle aula van het AC examen: talloze opgaven, op alle gebied, die de hele dag in beslag namen. Ik ging er eens goed voor zitten. Ik gaf mezelf geen schijn van kans om te slagen, gelet op de tientallen scholieren om me heen, maar allicht kon ik uitproberen hoe ver ik kwam nu ik toch in de aula zat. Pas tegen de avond kwam ik thuis.

'En?' zei mijn vader. Hij liet de krant die hij las iets zakken.

'Durf ik niet te zeggen, pap. Het ging wel, geloof ik.'

'Dat hoop ik voor je.'

Hij hief de krant en las verder.

'O, meneer Cornelisse is op de hoogte, hoor,' zei mijn vader een week later.

We kropen naar het einde van het schooljaar. Nog een kleine twee weken en de Sint Nicolaasschool behoorde tot het verleden. De lesboeken die we aan het begin van het jaar hadden gekaft, hadden we ontkaft ingeleverd; we deden niet zoveel meer. Wel zat ik nog steeds op Franse les. Bij een buurvrouw, tante Christy, kwam ik twee keer per week na het avondeten over de vloer. 'Je Frans stelt nog steeds niet zoveel voor,' zei ze, 'ondanks de lessen.

Maar we gaan er gewoon mee door. Dan hoef je tenminste twee keer per week 's avonds niet thuis te zijn.'

'Op de hoogte van wat, pap?'

'Van het resultaat van je toelatingsexamen voor het AC. Je was van de vele kandidaten een van de besten. Met vlag en wimpel. Je mag naar de hbs. Dat heb ik de heer Cornelisse fijntjes laten weten, met zijn goed doordachte en doorwrochte schooladvies.'

Hij klonk alsof-ie er een verwensing achteraan wilde plakken, zoals hij in de auto placht te doen als een verkeersdeelnemer in zijn ogen iets stupides deed; maar hij hield zich in, er volgde geen krachtterm.

'Goed dat we niet naar die Cornelisse hebben geluisterd, je moeder en ik, met zijn "advies", anders was je nog op de ulo beland. Fijn, zo'n directeur.'

Ik probeerde me voor te stellen hoe het heuglijke nieuws bij de heer Cornelisse was gevallen, die immer strak in het pak gekleed ging en zichzelf zo serieus nam dat er nooit een lachje af kon, het hele zesde schooljaar niet. Cornelisse ging hier niet blij van worden.

'Mocht-ie toch nog wat te vragen hebben,' zei mijn vader, 'zeg 'm dan maar dat hij mijn secretaresse op het ministerie kan bellen voor een telefonische afspraak. Wie weet kan zij een gaatje in mijn overvolle agenda vinden om hem te woord te staan. Wat denkt-ie wel niet, die Cornelisse.'

Pas op de laatste schooldag werd me duidelijk wat meneer Cornelisse dacht.

Het laatste lesuur brak aan – om een uur of twee, de school zou eerder uitgaan vanwege de grote vakantie; we hadden de Bosatlassen, schooleigendom, naar voren doorgegeven en ingeleverd en onze tassen ingepakt, de kastjes in de schoolbanken leeg- en schoongemaakt, het bord schoongeveegd en van de geringste krijt-restjes ontdaan – toen meneer Cornelisse bij wijze van afscheid de leerlingen in de klas een voor een langsging en kort toesprak, waarna hij ze een vreugdevolle toekomst wenste en alle geluk op hun levenspad.

Als laatste kwam hij bij mij.

'Tja, Chabot... Wat zal ik over jou zeggen?'

Dat kon ik hem niet influisteren, maar ik nam aan dat het neerkwam op 'vreugdevol' en 'geluk'.

'Ik zal er niet omheen draaien,' zei meneer Cornelisse. 'Het is geen geheim... Ik heb jou nooit zo gemogen.'

De zes woordjes denderden door mijn hoofd. Wat hij eraan toevoegde drong niet meer tot me door.

Ik heb je nooit zo gemogen.

Ik was elf, ik wist niet wat ik hoorde en kon het ook niet geloven. Het moest alles op een misverstand berusten. De zon scheen het klaslokaal in, je kon de merels door de openstaande ramen horen fluiten.

De klas telde de laatste secondes van het schooljaar af, 'Vijf... Vier... Drie... Twee... Eén!!'

De schoolbel luidde, en weg stoven ze, de leerlingen, de klas en het schoolgebouw uit, het schoolplein op, op een holletje naar de fietsenstalling, daar reden de eersten de poort al uit, dag school, tot ziens, het allerbeste, dag Sint Nicolaasschool, dag dag.

Ik verliet het klaslokaal zonder meneer Cornelisse gedag te zeggen en te bedanken voor zijn goeie zorgen, maar schudde wel de hand van de conciërge, meneer Roerbach, die zich bij de uitgang had geposteerd, en bedankte hem voor de verhalen die hij over de oorlog had verteld als een juf of meester 's ochtends onverwachts ziek bleek en de les uitviel. Zo beeldend kon meneer Roerbach vertellen dat ik na zo'n verhaal nachtenlang droomde dat de Duitsers onze school binnenvielen, de leerlingen in paniek alle kanten op vlogen en ik me verstopte in een bergingskast vlak bij de gymzaal: een zo onaanzienlijke kast dat zelfs de Duitsers eraan voorbijgingen. Verscholen achter de bezems, zwabbers, een stapel zinken emmers en een stalen rek met schoonmaakmiddelen kon ik de soldaten horen schreeuwen en tekeergaan. Het wachten was tot een van hen de kastdeur zou opentrekken om me tierend uit het duister tevoorschijn te sleuren.

Ik kreeg van de conciërge een aai over mijn bol en stapte het zonlicht in, klaar om de Helenastraat voorgoed uit te lopen.

Buiten de schoolpoort werd ik opgewacht door Mirjam, Desiree en Ronnie Visbach.

'Hoorde je dat, Bart?' zei Desiree.

'Wat?'

'Wat hij tegen je zei! Cornelisse! Hoe durft-ie! "Ik heb je nooit zo gemogen, Chabot." Dat zeg je toch niet tegen een leerling? En dan ook nog als je op het punt staat de school te verlaten.'

'Verbijsterd ben ik,' zei Mirjam; en ook Ronnie had zijn oren niet kunnen geloven.

Het werd stiller op straat: de meeste leerlingen waren naar huis. Ik staarde naar het beeld van Sint Nicolaas dat aan de gevel van het schoolgebouw prijkte en dat wij 's winters met sneeuwballen bekogelden. Het was zo warm op straat dat ik me niet kon voorstellen dat het ooit nog winter werd.

'Wat een schandalige opmerking,' zei Desiree.

Toen pas drong de volle omvang van wat er was gebeurd tot me door, en kon ik het niet meer luchtigjes wegwimpelen.

We stonden niet ver van de kerk van Onze Lieve Vrouw van Goede Raad aan de Bezuidenhoutseweg, waar we zondags de mis bijwoonden. De toren begon te trillen, en de bijgebouwen opzij van de kerk beefden en trilden mee. Sommige stoeptegels verschoven iets, een paar centimeter. Verderop in de straat kwam een trottoirtegel los van de grond. Stukjes steen spatten weg, en zand en aarde.

'Bart, ik moet ervandoor,' zei Ronnie, 'naar huis. Maandag vissen? Kunnen we de hele dag.'

Hij liep weg in de richting van de Laan van Nieuw Oost-Indië. Dwars door de gevels en muren heen kon ik zijn woonhuis zien.

'Dag Bart,' zei Mirjam en stapte op haar fiets. 'Ik moet mijn koffer inpakken. We gaan vanavond nog op vakantie, naar de Ardennen.'

'Bart,' zei Desiree, 'we zien elkaar gauw,' en ook zij stapte op haar fiets en haalde Mirjam nog voor het einde van de Helenastraat in.

Het werd rustig om me heen, op de vogels na, die stug door floten. Ik keek naar de kerktoren; die leek tot bedaren gekomen en op zijn pootjes geland.

Het schoolplein lag er onbetreden bij, alsof ik er nooit voet had gezet. Sint Nicolaas keek stoïcijns voor zich uit, aan zijn lijf geen polonaise en bovendien kwam ik niet in zijn administratie voor. De stoeptegels namen hun vertrouwde plekken in.

Ik begon aan de lange tocht naar huis.

23

DE EERSTE DAG op de middelbare school, een donderdag, verliep voorspoedig. Niet dat ik me erg thuis voelde op de nieuwe school, maar dat had ik ook niet verwacht. Wij, de brugklassers, leerden vlot dat je tijdens de grote en kleine pauze de ouderejaars niet voor de voeten mocht lopen, op straffe van een schop, of meerdere schoppen als je je hardleers toonde. De 'cour', zoals het schoolplein werd genoemd, behoorde aan de ouderejaars, die in een ovaal of een rechthoek rondliepen en het grootste deel van het plein voor zich opeisten, een privilege dat hun toekwam omdat ze al jaren op school zaten: zo werkte dat. Het stuk cour dat overschoot, viel ons ten deel: een onzichtbare grens die pas zichtbaar werd na overschrijding.

Ook de dag erop verliep probleemloos. We wenden wat aan elkaar. Ik bleek de enige uit het Bezuidenhout en van de Sint Nicolaasschool: de anderen kwamen uit de betere wijken van Den Haag. Tijdens de lessen staarde ik naar de voetbalvelden die bij de school hoorden en naar de gravelrode tennisbanen. Geen vuiltje aan de lucht. Wie deed ons wat.

De derde dag – zaterdags ging je naar school en kwam je na de lunch thuis, iets wat me goed beviel; wat mij betreft gingen we door tot het avondeten – was het raak.

Het tweede uur hadden we Nederlands, een vak dat werd gegeven door juffrouw Tordoir. Ik mocht haar ogenblikkelijk. Ze had een frêle gestalte en kortgeknipt zwart haar, waardoor je kon denken dat ze Frans gaf; maar Frans kregen we van pater Hoogma, die tijdens zijn lessen royaal sigaren rookte.

Juffrouw Tordoir gaf les uit een leerboek dat *Eenheid en Nuance* heette, een boektitel die tijdens de les werd waargemaakt. Ik moest alle zeilen bijzetten om niet weg te doezelen en in slaap te vallen. Gelukkig bood het raam uitkomst en dwaalde mijn blik geregeld af naar de sportvelden en tennisbanen, die door meerdere klassen werden benut: het was fraai nazomerweer, alle gelegenheid tot buitengymnastiek.

De les was al aardig gevorderd, het derde lesuur zat eraan te komen, Godsdienst, toen de ochtend een onvoorziene wending nam. Een leerling achter in de klas begreep iets niet, over bijwoordelijke bepalingen, ook niet nadat juffrouw Tordoir opnieuw had uitgelegd hoe een en ander grammaticaal in elkaar stak, en ze liep naar hem toe om te helpen.

Ik zat op de voorste rij, met mijn schoolbank tegen het bureau van de juffrouw aan. Mijn oog viel op de post van juffrouw Tordoir op het bureaublad: enkele reclamefolders met erbovenop een geopende enveloppe die voor het grijpen lag. Dat die brief me niet eerder was opgevallen. Waarom weet ik niet, maar ik pakte de enveloppe – juffrouw Tordoir boog zich over het werk van een leerling die Maarten heette –, vouwde de klep van de enveloppe omhoog en trok de brief tevoorschijn.

Het betrof een bankgiroafschrift.

Ik las de aftrekposten en het eindsaldo. Juffrouw Tordoir stond rood. Zevenenveertig gulden en drieënzestig cent, om precies te zijn. Rood, en dat voor zo'n aardige, zwartharige Parisienne-achtige juffrouw die nooit lang juffrouw zou blijven: dat kon eenvoudig niet als je zo leuk was als zij, dan wenkte de catwalk of de rode loper. Kortom, hier was hulp geboden, iemand die onze juffrouw de helpende hand toestak. En waarom zou dat onze klas niet kunnen zijn? Mijn klasgenoten, al kende ik ze nog nauwelijks, leken me daartoe best bereid. Als we allemaal anderhalve gulden lapten zat juffrouw Tordoir op rozen en wie van ons zou haar dat misgunnen? Maar dan moesten mijn klasgenoten wel weten hoe financieel precair onze juffrouw Nederlands er momenteel voor stond.

Ik draaide me om in mijn bank en wendde me tot de klas.

'Jongens, juffrouw Tordoir staat rood. We moeten haar helpen. Als we allemaal iets van ons zakgeld dokken...'

Verder dan dat kwam ik niet.

Te zeggen dat juffrouw Tordoir niet erg ingenomen was met mijn spontane inzamelingsactie, zou een understatement zijn.

Ik kon mijn biezen pakken en vertrekken, nu, ogenblikkelijk, 'Ben jij helemaal gek geworden?!'

Ik pakte mijn pukkel en schoof de bank uit.

'En je gaat je melden, niet bij de conrector of de rector, maar rechtstreeks bij de directeur. Wat dénk jij wel niet?! Eruit! Nu!'

Onder doodse stilte verliet ik het klaslokaal en liep via het trappenhuis naar de kamer van de directeur, de heer Holleman, op de

begane grond, zo bleek, vlak bij de uitgang naar de cour: een directeurskamer die door zijn ligging benadrukte dat je op de schopstoel
zat. Ik wás ook op weg naar de uitgang, maar dat nieuws moest me
nog bereiken. Eerst diende ik ruim een lesuur lang te wachten: de
rode lamp boven de directeursdeur bleef branden. Meneer Holleman was in vergadering, vernam ik van zijn secretaresse, en wenste
niet te worden gestoord. Ze zou me waarschuwen als hij tijd voor
me had, later op de dag.

Dat 'later' werd ver na het vijfde uur, toen mijn klasgenoten
me allang waren gepasseerd, op weg naar de fietsenstalling en het
weekend.

De stilte in de gangen verdiepte zich. Er was alleen de wereld
van school. De buitenwereld, voor zover-ie bestond, hield op bij
de schoolramen.

Ten slotte, na halftwee, ging de deur van de directeurskamer
open.

'Chabot?'

Ik ging rechtop zitten. 'Ja, meneer.'

De directeur staarde me aan alsof hij wat beters te doen had,
wat best het geval kon zijn. Het viel me op dat hij een directeurs-
buikje had, de heer Holleman.

'Binnenkomen.'

Schoorvoetend volgde ik hem zijn kamer in.

Hij ging achter zijn bureau zitten. Ik keek naar de lege stoel
voor zijn bureau.

'Jij kunt blijven staan,' zei hij.

Ik had uren gezeten, dus moeten staan tijdens het aanhoren
van de directeur was geen onoverkomelijke opgave.

'Ik heb het een en ander begrepen van juffrouw Tordoir,' stak
hij van wal. 'Maar ik wil het ook van jou horen, wat er vanmorgen
tijdens de Nederlandse les is voorgevallen.'

144

Ik vertelde hem van het incident, en van mijn goeie bedoelingen. Van het laatste toonde de heer Holleman zich niet erg onder de indruk. Sterker, na mijn versie van de gebeurtenissen te hebben aangehoord, keek hij woedender dan juffrouw Tordoir vanochtend.

'Moet jij eens goed luisteren, Chabot.' Hij plantte zijn ellebogen op het bureaublad. 'Nu moet jij eens even heel goed naar mij luisteren. Ik ben hier al jaren directeur, jaren en jaren, maar wat jij vanochtend "presteerde" heb ik hier nog nooit meegemaakt. Ik vraag me dan ook ernstig af of een "element" als jij op onze school thuishoort. Wat moeten we met een leerling als jij. Je schijnt het zelf nog nobel te vinden ook wat je hebt uitgehaald. Heb je ooit van zoiets als het "briefgeheim" gehoord? Ik zal je klip-en-klaar uitleggen wat ik vind dat ons te doen staat. Je bent pas drie dagen op school, we zijn net begonnen, dus om je per direct definitief te verwijderen, dat gaat me op dit moment te ver. Al neig ik wel naar zo'n drastische stap. Maar ik wil je nog één kans geven. "Gewoon" strafwerk aan je meegeven schiet schromelijk tekort voor iets als dit. Bij dezen schors ik je dan ook voor de duur van drie dagen. Je bent pas volgende week donderdag weer welkom op het schoolterrein. Tot die tijd wens ik je niet op school of zelfs maar in de buurt van het schoolgebouw aan te treffen.

Daarnaast krijg je een brief voor je ouders van me mee, waarin het gebeurde van vanochtend is verwoord, zodat ze bij jou thuis op de hoogte zijn. Daar zullen zij toch ook belangstellend naar zijn, kan ik me zo voorstellen.

Deze brief lever je, ondertekend door je ouders of door je vader, aanstaande donderdagochtend om acht uur bij mij in, voordat de lessen beginnen. Heb je dat begrepen, Chabot, of gaat wat ik zeg je voorstellingsvermogen te boven?'

'Ja, meneer,' zei ik dunnetjes.

'Meneer Holleman,' zei hij. 'Het is "meneer Holleman" voor jou.'

'Ja, meneer Holleman.'

'Wat "ja, meneer Holleman"?'

'Dat ik het heb begrepen, meneer Holleman.'

'Juist, dat dacht ik ook. Als ze je bij jou thuis geen elementair fatsoen weten bij te brengen, lossen wij het op.'

Het leek me raadzaam om nog een 'Ja, meneer Holleman' op diens voornemen te laten volgen.

'Tineke!' riep de directeur naar het zijvertrek waarvan de deur op een kier stond. 'Heb je de brief voor de ouders van Chabot voor me?'

'Bijna, meneer Holleman,' hoorde ik een opgewekte stem zeggen. 'Een ogenblikje nog.'

Daar kwam ze al aan met de brief, die ze als op een presenteerblad voor zich uit hield. Ik zag mijn hoofd op de offerschaal liggen.

'Wilt u 'm doorlezen,' zei de secretaresse, 'en ondertekenen?' Ze keurde me geen blik waardig. 'Dan stop ik 'm in een enveloppe en kan-ie met hem mee.'

Holleman las de brief over en zette zijn handtekening eronder.

'Donderdagochtend,' zei hij. 'Acht uur. Ondertekend door je vader, of door je beide ouders. Begrepen, Chabot?'

'Ja, meneer Holleman,' zei ik. 'Begrepen.'

'Wegwezen dan, en vlug. Wat sta je daar nog te staan? Je verpest mijn weekend met je aanwezigheid, Chabot.'

Ik begaf me zonder de minste haast richting de fietsenstalling. Hoe later ik thuiskwam hoe beter.

Ik probeerde me voor te stellen wat de brief van Holleman bij mijn ouders teweeg zou brengen, en fietste met net genoeg vaart om niet met fiets en al om te vallen. De brief brandde een gat in mijn jaszak. Maar het gat was niet groot genoeg om de brief door te laten zodat-ie op straat belandde en onder de wielen van een passerende auto verpulverde; zo makkelijk kwam ik er niet vanaf.

Ik haalde mijn pukkel onder de snelbinders vandaan en wilde het fietsenhok verlaten, toen ik me bedacht.

Met de brief thuis aankomen ging ik niet doen. Ammenooitniet. Dat was de goden verzoeken, of erger. En een sprankje opgewekter door het genomen besluit liep ik naar huis.

'En, hoe was 't op school?' vroeg mijn moeder. Mijn vader was de deur uit.

'O, leuk,' zei ik.

'Waar kom je vandaan? Je had allang terug zullen zijn. Zo lang duurt die school toch niet op zaterdagmiddag?'

Ik zei dat ik had nagepraat met enkele klasgenoten op de cour.

'Je hebt toch niet stiekem gerookt, hè?' wilde mijn moeder weten.

'Nee,' zei ik, 'ruik mijn adem maar.'

Dat hoefde niet, ze geloofde me zo ook wel; ik kon door naar mijn kamer.

'Wat ben jíj laat,' zei mijn zus.

'Ik heb staan roken,' zei ik, 'in de fietsenstalling na school.'

'Ik had ook niet anders van je verwacht.'

Ik herademde. Vooralsnog was ik mooi de dans ontsprongen. Maar van afstel kon geen sprake zijn. Wat te doen?

Nu ik had verzwegen wat er op school was voorgevallen, was er geen weg terug. Alsnog opening van zaken geven kon me de kop kosten. De oplossing lag voor de hand. Ik moest de handtekening van een van mijn ouders vervalsen.

Van mijn moeder dus: die van haar viel vrij eenvoudig na

te bootsen; die van mijn vader was grilliger en daardoor minder makkelijk te fabriceren.

Ik moest de directeursbrief op mijn moeders handtekening leggen en 'm overtrekken: een koud kunstje. Hoe kwam ik aan haar handtekening? Dat was zo'n opgave niet. Ze was vaste klant bij De Bijenkorf en had een lopende rekening bij het warenhuis. Van de facturen die ze bij de kassa ondertekende, kreeg ze een kopie mee, die ze aan mijn vader gaf voor 'de administratie'. Die bewaarde zijn administratie in de antieke secretaire die al generaties in het bezit van de Chabots was en die, zo wilde de traditie, na de dood van de vader op de oudste zoon overging. Op termijn zou de secretaire mij toevallen; in dat opzicht was het meubelstuk in zekere zin al een klein beetje van mij. Als toekomstig eigenaar kon ik best een kijkje wagen in een van de vele lades die het meubelstuk rijk was.

Op zondagmiddag reden mijn ouders naar landgoed Duivenvoorde ten oosten van Den Haag om te wandelen. Mijn zus ging naar een vriendin en zou pas tegen etenstijd boven water komen.

Ondanks hun aandringen bedankte ik feestelijk voor de uitnodiging hen te vergezellen. Ik begreep waar de schoen wrong – ze lieten me niet graag alleen thuis – en zei dat ik me liever aan mijn huiswerk zette. Die nieuwe school viel allesbehalve mee, er moest flink worden geblokt en gestudeerd: een argument dat mijn ouders aansprak.

Nadat ik ze had uitgewuifd toog ik aan de slag. Bij de derde lade was het raak. Ik trof niet één door mijn moeder ondertekende nota aan, maar een stapeltje. De ene handtekening nog duidelijker dan de andere en alle makkelijk over te trekken. Ik koos de nadrukkelijkste uit, legde Hollemans brief op de handtekening die behulpzaam door het briefpapier schemerde, pakte een ballpoint en daar prijkte mijn moeders signatuur al onder Hollemans brief, zo vloeiend overgetrokken dat de directeur geen onraad zou vermoeden.

Ik gaf de secretaire een geruststellend klopje: wij gingen het samen best redden, de bejaarde kast en ik.

Nu de rest nog. Ik was drie dagen geschorst en diende me die drie dagen onzichtbaar te houden voor de buitenwereld.

Waar kon ik me schuilhouden en was ik veilig?

Het antwoord op deze vraag diende zich haast als vanzelf aan. Welke plek was beter geschikt dan de fietsenschuur? Daar kon ik maandagochtend doodgemoedereerd heen lopen – tas met schoolboeken en broodtrommel en fruit mee – en dan in plaats van met de fiets naar buiten te komen, de deur achter me te sluiten. Was dat een oplossing? Mijn zus zat nog op de lagere school en liep, en mijn ouders fietsten alleen bij hoge uitzondering, in hun vrije tijd, als er sprake was van uitzonderlijk fraai zomerweer. Met een beetje geluk kon het weken duren voordat mijn vader de fietsenschuur betrad; daar zat ik gebeiteld. De nabije toekomst zag er zowaar iets zonniger uit.

'Wat ben jij vrolijk,' zeiden mijn ouders toen ze thuiskwamen.

'Dat komt,' zei ik, 'ik ben enorm opgeschoten met mijn huiswerk.'

'Dag mam!' riep ik op maandagochtend bij de voordeur. 'Ik ben naar school, tot vanmiddag!' en ik stapte het portiek in en trok de voordeur achter me in het slot. Bij de fietsenschuren keek ik kort naar de achterkant van de huizenrij, zag ons huis en het wasgoed dat zo vroeg al te drogen hing, en liep door naar onze schuur, opende deze, rammelde wat met de fiets alsof ik deze maar met moeite naar buiten kreeg en trok de deur achter me dicht.

Het was donkerder in de schuur dan ik had verwacht. Bijna kwart over acht was het: ik moest het tot drie uur zien uit te houden. Was er iets waarop ik kon zitten, afgezien van de bagagedrager van mijn fiets of de koude betonnen vloer? Ik vond een opklapbare strandstoel die enkele zomers op ons achterbalkon had gestaan. Geen idee waarom de stoel naar de schuur was verhuisd, er mankeerde zo op het oog niks aan, maar die verbanning kwam nu handig uit. Ik klapte hem uit en zette hem zo neer, naast mijn fiets, dat ik zicht had op het raam in de achtermuur.

Even later hoorde ik de klok slaan van de Onze Lieve Vrouw van Goede Raad. Ik telde de slagen: negen uur. Als het zo doorging vloog de tijd om en was ik alweer thuis eer ik er erg in had. Het had zijn voordelen om geschorst te zijn. Misschien moest ik me dat vaker laten overkomen.

De kerkklokken aan de Bezuidenhoutseweg sloegen opnieuw, tien uur, en het werd elf uur, en twaalf uur. Dat schoot aardig op. Ik had genoeg om over na te denken, stof te over, al leidde alle nadenken uiteindelijk niet tot iets.

Soms hoorde ik een vliegtuig laag overkomen. Dan wist je: die gaat op Schiphol of Zestienhoven aan. Het waren er zo weinig dat je ze net als de auto's in de straat kon tellen.

Tegen drieën, mijn tijd in de schuur zat er bijna op voor vandaag, begon het licht iets af te nemen en kleurde het raam donkerder.

'En, hoe was 't?' wilde mijn moeder weten.

'We hebben een boel huiswerk opgekregen, mam, een hele hoop, bijna niet te doen.'

'Begin er dan maar gauw aan, jongen.'

De tweede dag sloeg de stemming om. Wat deed ik in deze vochtige en naar schimmel ruikende schuur?

Na verloop van tijd werd het opnieuw donkerder buiten en

daarmee in de schuur. De kerkklok sloeg vijf uur: we hadden een 'lange dag' vandaag op school, en stijf van het lange lage zitten in de strandstoel stond ik op, klapte 'm in en liep naar buiten, de frisse lucht in.

Ik nam een kleine omweg door de buurt, zodat ik tegen de tijd dat ik thuiskwam niet zo stram meer liep; voor je 't wist kreeg mijn moeder iets in de gaten: 'Wat is er met jou? Wat loop je raar?' Zolang ik maar zorgde voor zessen thuis te zijn, etenstijd, was er weinig aan de hand. Overmorgen ging ik weer naar school. Als Holleman geen vragen stelde, was het ergste achter de rug.

De avond sloop in de lucht boven de Haagse daken. Ongebruikelijk vroeg voor de tijd van het jaar sprong de straatverlichting aan, en ik spoedde me naar huis.

'Vertel,' zei mijn moeder, 'hoe ging 't op school?'

'Goed, we...'

'Nou, ga maar gauw hard aan het werk. Wie weet wordt het nog wat met je.'

Het eerste wat ik op mijn kamer deed was de gordijnen dichttrekken om zo de buitenwereld de pas af te snijden. Nu dreigde er alleen nog gevaar van binnenuit.

'Wat doe jíj?' riep mijn zus uit toen ze de kamer binnenkwam. 'Waarom zijn de gordijnen dicht? Vooruit, doe niet zo idioot en doe ze weer open.'

Ze wachtte mijn antwoord niet af, maar liep naar de balkondeur en trok de gordijnen zelf open.

'Is er iets?' zei mijn zus terwijl ze me onderzoekend aankeek. Er ging een kleine alarmbel bij me af.

'Nee, hoezo? Waarom vraag je dat?'

Ze keek naar onze kamerdeur, die dicht was.

'Ik hoorde op school dat jij gisteren en vandaag niet op het AC bent verschenen.'

Ik raakte nog niet in paniek, maar wat scheelde het?

'Wat bedoel je? Waar heb je het over, hoe kom je erbij?'

'Van vriendinnen, die een broer hebben die bij jou... Een zit er in jouw klas. Je bent sinds zaterdag niet meer op school geweest, hoorde ik.'

'Ik ga morgen gewoon weer naar school, niets aan de hand.'

'Goed, als jij het zegt.' Ze haalde haar schouders op en wendde zich van me af.

Ze had naar onze ouders kunnen lopen om me te verraden; maar dat deed ze niet, mijn zus.

Tegen het eind van de derde dag – de woensdag kroop voorbij, alsof er iets haperde in de machinekamer van ons zonnestelsel, een onwillig of sleets radertje – wist ik het zeker.

Ik deugde niet.

Lichamelijk mankeerde er van alles en nog wat aan me, daar kon onze huisarts van getuigen; en bovendien deugde ik niet. Er was iets mis met me. Ik wist niet wat, maar er was iets grondig mis met me, dat hadden mijn ouders juist ingeschat. Hoe zou ik me in hun plaats voelen? Waar hadden zij een kind als ik aan verdiend? En hoe kwamen ze van me af?

Donderdagochtend, om kwart over zeven, schoof ik mijn bed uit en sloop de ladder af, tot ik op het zeil stond.

'Wat is er met jou aan de hand?' zei mijn zus slaperig vanuit het onderste bed. 'O, ik begrijp het al,' gaf ze zelf antwoord op haar vraag. 'Jij moet naar school.'

Om vijf voor acht meldde ik me bij de heer Holleman. Het licht boven zijn deur brandde niet, noch rood noch groen. Op mijn kloppen gaf de directeur niet thuis.

Om tien voor halfnegen verscheen hij in de gang. Hij leek

niet erg verheugd mij voor zijn deur aan te treffen: wat hem betreft had ik niet hoeven komen opdagen, liever niet.

Ik overhandigde hem de enveloppe met de ondertekende brief.

Hij vouwde de brief open en richtte zijn aandacht op het onderste deel van zijn schrijven.

'Zo Chabot, en wat vonden je ouders ervan? Dat schrijft je moeder niet. En ze hebben geen van beiden contact met me opgenomen, iets waartoe in mijn optiek alle reden was.'

Hij stopte hem terug in de enveloppe.

'In hun plaats had ik een paar vragen gehad over jouw gedrag op school, en over hoe het verder moet. Maar daar hadden jouw ouders geen behoefte aan, begrijp ik hieruit?'

'Ze waren des duivels, meneer Holleman. "Als dit nog één keer voorkomt," zei mijn vader, "laat ik je alle hoeken van de kamer zien."'

'Nou, dat hopen we dan maar,' zei de directeur. Hij staarde me aan alsof hij mijn vaders taak met genoegen zou overnemen. 'Opgehoepeld, naar je klas. En laat ik je hier voorlopig niet meer aantreffen.'

Lang ging het goed. Ik hield me koest, in de wetenschap dat ik als ik er op korte termijn opnieuw uit vloog van school zou worden verwijderd en dit keer niet voor drie dagen, maar voorgoed.

Na twee weken waande ik me redelijk veilig; na drie weken leek de lucht geklaard: ik liep wat lichter door de dagen.

Op de dinsdagochtend van de vierde week kwam de secretaresse van Holleman het klaslokaal in tijdens de geschiedenisles van pater Beemsterboer.

'Bart Chabot?' zei Tineke zonder de pater te groeten of zelfs maar een blik waardig te keuren. 'Wil je even met me meelopen, ja?'

Het klonk als een verzoek, maar dat was het allerminst.

'De heer Holleman wenst je te spreken.'

Ik kon me vergissen, en dat hoopte ik ook vurig, maar het zag ernaar uit dat ik de klos was, zwaar de klos.

'Blijf daar staan,' zei meneer Holleman toen ik zijn kamer wilde betreden. 'Bij de drempel. Dat is ver genoeg.' Zijn secretaresse liep door naar haar kantoor en deed de deur dicht.

Holleman hield een mij niet onbekende brief omhoog.

'Wie heeft dit ondertekend?'

'Mijn moeder, meneer Holleman.'

'Dat weet je zeker?'

Kon ik nog terug? Dat leek me niet.

'Ja, meneer Holleman.'

'Ik vraag het je nog één keer,' zei de directeur. 'Wie heeft deze brief ondertekend?'

Ik wilde iets zeggen, maar mijn keel werd door een onbekende hand dichtgeknepen.

'Zal ik het je dan maar vertellen?'

'Ja, meneer Holleman.'

'Niet je moeder.'

'Nee.'

'Want haar heb ik vanmorgen aan de telefoon gehad. Zij wist nergens van, vertelde ze me. En ik heb geen reden om aan te nemen dat zij loog.'

'Ja, meneer Holleman.'

'Moeilijk uit te leggen, Chabot, hoezeer ik de pest heb aan leerlingen zoals jij. Kun je je daar iets bij voorstellen?'

'Ja, meneer Holleman.'

'Ik heb met je moeder overlegd over wat ons te doen staat. Als het aan mij lag, vertrok je per direct van deze school. Maar ik heb met enkele andere scholen gebeld, en geen school wil jou hebben, niet één. Wij, het AC, mogen het vuile werk opknappen. Daar komt nog bij: dat kan ik jouw ouders niet aandoen, je van school sturen. Ze hebben al genoeg met jou te stellen, meer dan genoeg, maakte ik uit haar woorden op. Komt bij dat je nog een restje steun geniet van de rector, pater Hoogma, die tegen alle lo-gica in iets in je ziet. Hij is te goed voor deze wereld, pater Hoog-ma; dat breekt hem op een dag nog eens op. Hoe dan ook, ik be-greep van je moeder dat ze jouw vader op kantoor zou bellen om te overleggen wat de beste aanpak is. Want dit kan niet doorgaan zo, dat begrijp zelfs jij. Of niet soms?'

'Ja, meneer Holleman.'

'Wat "ja"?'

'Ik bedoel dat zelfs ik het begrijp, meneer Holleman.'

'En wat begin zelfs jij te begrijpen?'

'Dat het zo niet langer kan.'

'Kijk eens aan,' zei de directeur, 'begin ik toch warempel te geloven dat er nog iets tot je doordringt ook. Vertel eens, ben je er inmiddels achter gekomen wat het "briefgeheim" behelst?'

'Ja, meneer Holleman.'

'Mooi. Dan mag je nu thuis uitknobbelen wat "valsheid in geschrifte" betekent.'

Hoe vaak zou ik mezelf deze ochtend nog 'Ja, meneer Holle-man' horen zeggen?

'Laatste kans, Chabot.'

'Ja, meneer Holleman.'

'Aller-allerlaatste kans.'

'Ja, meneer Holleman.'

Hij zwenkte lichtjes met zijn bureaustoel op wieltjes heen en weer. 'Je pakt je spullen en gaat naar huis. Morgen verwacht ik je op school, tenzij je vader andere plannen met je heeft. Ik heb je moeder toegezegd dat als zij een geschikt internaat voor je vindt, ik mijn volledige medewerking aan een snelle overgang zal verlenen.'

Ik wilde me uit de voeten maken, maar Holleman was me voor.

'O, Chabot?'

'Ja, meneer Holleman?'

'Nog één ding. Als jij van school wordt gestuurd...'

'Ja, meneer Holleman?'

'... zul je niet worden gemist.'

'Ja, meneer Holleman,' zei ik. 'Kan ik gaan?'

Nee, de heer Holleman moest nog iets aan me kwijt.

'Je kunt hier de clown uithangen, Chabot, de lachers op je hand weten en denken dat je heel wat bent, maar... Overmorgen zijn je klasgenoten je vergeten, dan is er een nieuw clowntje uit hun midden opgestaan.'

'Dat neem ik graag van u aan,' zei ik. 'Weet u toevallig of pater Hoogma er ook zo over denkt?'

De directeur staarde me aan alsof hij een zwaar voorwerp naar mijn hoofd wilde gooien; een voorwerp dat hij tot zijn spijt niet binnen handbereik had. Weliswaar zag ik iets wat aan zijn doel beantwoordde, een presse-papier, maar deze stond achter hem in de vensterbank een stapel formulieren in bedwang te houden en het leek me voor mijn gezondheid verstandig de heer Holleman niet op het kantoorartikel opmerkzaam te maken.

Zo geruisloos mogelijk deed ik de deur van de directiekamer achter me dicht.

De schoolgang gaapte me aan alsof-ie me het liefst levend wilde verslinden. Kon die schoolgang dat maar, dacht ik. Ik moest aan thuis denken, en aan mijn vader die vervroegd van kantoor naar huis kwam teneinde, zoals de heer Holleman het verwoordde, 'een en ander terdege bij je in te peperen'.

24

IK VOEL MIJN krachten wegvloeien.

Een verpleegkundige komt binnen om de temperatuur op te nemen. Die valt haar niet mee.

'U heeft hoge koorts, meneer Chabot. Tegen de veertig graden.'

Dat kan kloppen, van die hoge koorts. Ik ben drijfnat, alles plakt en kleeft aan me, en naar mijn idee drijf ik als ik niet oppas het ziekenhuisbed uit.

Kort na de aanvaring met Holleman deden mijn ouders me op de zwemclub van school, 'Plons'. Dat zou me goeddoen, sporten, meende mijn vader, daar zou ik wie-weet van opknappen. Elke dinsdagavond fietste ik naar het zwembad op de Mauritskade. En elke keer goot het van de regen, waaide er een snerpende wind of hagelde of sneeuwde het.

Ik zwom graag en bleef liefst zo lang mogelijk onder water, maar na de eerste lessen kreeg ik genoeg van Plons.

'Geen sprake van,' zei mijn moeder toen ik opperde om Plons voor gezien te houden, een mening die mijn vader onderschreef. Sindsdien fietste ik op dinsdagavond naar een snackbar, bestelde patat en een kroket en fietste anderhalf uur later terug naar huis. Onderweg stapte ik af, pakte zwembroek en handdoek uit mijn tas, maakte beide nat door ze over een beregend autodak te vegen en fietste door naar huis.

Op een avond ging het mis. Slordig geworden door het gemak waarmee ik de lessen omzeilde, bevochtigde ik mijn zwemspullen in plaats van ze nat te maken. Mijn moeder rook onraad, belde toen ik in bed lag de pater die over Plons ging en vernam dat ik al geruime tijd niet op de zwemclub was komen opdagen. Goed dat ze belde, zei pater Coevermans, was er iets aan de hand?

Het betekende het einde van mijn lidmaatschap van Plons. De zaken liepen steeds meer uit de hand, alleen had ik er geen erg in.

Enkele maanden bleef het betrekkelijk rustig om me heen. Het ergste had ik achter de rug, meende ik, vanaf nu kon het alleen maar meevallen.

Dat had ik dan verkeerd gedacht.

Het eerste ruwe wakker worden vond plaats op een woensdagochtend. We hadden gym. Niet mijn favoriete les, maar zeker geen lesuur waar ik huizenhoog tegen opzag. Met droog weer mochten we naar buiten, de sportvelden op, voetballen: iets om naar uit te kijken. Maar het was onbestendig weer, de lucht was grijs bij de slapen, voetballen konden we vergeten vandaag. In plaats daarvan werd het binnengym. In onze AC-gymspullen liepen we de grote gymzaal in. De kleine gymzaal was in gebruik bij een andere klas: we hoorden de leerlingen joelen.

Elke les begon met een flink aantal rondjes hardlopen in de zaal, daarna volgde de eigenlijke les. Touwklimmen, en vervolgens zouden we het wandrek krijgen: het rek stond uit. Ook de touwen hingen klaar: waarschijnlijk had de klas voor ons dezelfde lesstof afgewerkt, klimmen tot aan het dak, dat zich op zo'n zeven meter hoogte bevond. Mijn dag zou het niet worden: ik had hoogtevrees. Bezorgd blikte ik omhoog en zag de bui al hangen. Het plafond aantikken zat er voor mij niet in.

Maar goed, eerst warmlopen, een fors aantal rondjes: daarna zagen we verder.

De heer Franssen, onze gymleraar, was in een vorig leven gymnastiekleraar bij de Koninklijke Landmacht geweest. In heldere bewoordingen zette hij uiteen wat hij van onze verrichtingen tot dusver vond. Dat was niet best, en bleef ver achter bij wat hij van ons als een minimale inspanning verwachtte. Om ons een handje te helpen, zou hij het door hem gewenste tempo met een slagbalknuppel aangeven door op een van de houten banken langs de kant te slaan.

Hij blies op zijn scheidsrechterfluit, 'Go'.

Het flink hogere tempo bleef nog altijd achter bij wat hij van ons eiste. Het moest sneller, ogenblikkelijk. Hij dicteerde met de knuppel een tempo dat bijna niet te belopen viel. Het was geen hardlopen wat we deden, dit werd rennen. Verderop in de rij struikelde een jongen en wist met moeite op de been te blijven; een jongen vlak achter hem kon hem ternauwernood ontwijken.

Opeens had ik er schoon genoeg van, en ik bleef staan.

'Chabot?'

'Ja?'

'Wat zijn we aan het doen?'

'Zo gaat het niet, meneer Franssen. U slaat veel te snel. De maat, bedoel ik.'

'Wát?!'

'U slaat de maat te snel, het tempo. Dit is zo niet te doen voor ons.'

Een diepe stilte vulde de gymzaal. Het viel me op hoe groot de Grote Gymzaal was.

'Wat zei je daar?'

'Dat als u iets langzamer slaat, de maat, dat het dan waarschijnlijk wel lukt.'

'Doe mij een genoegen en herhaal dat nog eens, Chabot.'

'U verstond me toch wel?'

Hij zette een paar passen mijn kant op.

'Wát zeg je daar?!'

Mijn klasgenoten keken me aan alsof ze iets van me verwachtten. De boel liep uit de hand, maar ik zag geen weg terug.

'David, vooraan, struikelde en viel bijna.'

De heer Franssen stak de gymzaal over. Achter hem wuifde een tak voor het raam. Lastig uit te maken aan wiens kant die stond. Aan de kant van de heer Franssen, gokte ik, en niet aan die van mij.

'Wát zei jij?!'

De gymleraar kwam vlak voor me staan. Ik schrok van de blik in zijn ogen.

Maar ik zette geen stap opzij en ging geen stap achteruit, geen centimeter. Dan merkten we vanzelf waar het schip strandde. Ik zag me al bij de kamer van pater Hoogma aankloppen om me te melden. Of, in het ergste geval, bij de heer Holleman.

Ik herhaalde wat ik had gezegd.

'Jij gaat nú naar de kleedkamer, nú!'

'Betekent dat, meneer Franssen,' zei ik, 'dat ik me kan omkleden?'

'Ik kom zo bij je,' zei de gymleraar. 'Ik ben zo bij je.'

Het klonk onheilspellend en zo was het ook bedoeld.

'Zijn er nog meer kandidaten,' vroeg de heer Franssen aan de klas, 'die vinden dat het tempo te hoog is?'

Er kwam geen antwoord.

'Goed,' zei de heer Franssen, 'opnieuw, het eerste rondje, in het tempo dat ik zojuist aangaf en dat jullie allen zozeer bevalt.'

Ik hoorde de knuppel tegen de houten bank aan slaan – pokk pokkk pokk – in een tempo dat nog een fractie hoger lag dan het tempo waartegen ik zojuist had geprotesteerd.

Ik trok de deur van de kleedkamer achter me dicht, ging op de bank zitten en maakte de veters van mijn gymschoenen los. Mijn linker gymschoen was net uit toen de kleedkamerdeur openvloog. Mijn klasgenoten renden in hoog tempo door de zaal, maar nu zonder de begeleidende tikken van de slagbalknuppel. Het tempo zakte niet in.

Meneer Franssen kwam op me toegelopen en ging voor de tweede keer in korte tijd pal voor me staan.

'Moet je goed luisteren, brutale vlerk dat je bent,' zei hij. 'Jij gaat je nú melden bij Hoogma, nú. Nee, niks je aankleden, je pakt je kleren van de haak. Je kleedt je hier niet om, onder geen voorwaarde, je neemt je plunje maar mee. Ik wens jou geen seconde langer in mijn nabijheid te weten. Ik had al het nodige over je gedrag vernomen, tijdens de lerarenvergadering. Het is zelfs nog erger dan ik dacht. Wat doe jij op deze school? Jij hoort hier niet thuis.'

'Moet ik tegen pater Hoogma zeggen dat ik door u uit de klas ben gestuurd?'

'Dat niet alleen, Chabot. Dat niet alleen. Zeg hem maar dat

ik de komende drie, vier weken van jouw aanwezigheid in de les verschoond wens te blijven. Begrijp je dat?'

'Eerlijk gezegd niet, nee. Wat moet ik aan pater Hoogma als reden voor mijn verwijdering opgeven? Dat ik zei dat we te hard moesten rondlopen en dat één leerling bijna viel?'

'Zie je dit, Chabot?'

De gymleraar doelde op de slagbalknuppel die hij hief. Het stuk hout hing vlak voor mijn gezicht.

'Jongen,' zei meneer Franssen, 'mijn handen jeuken.'

'Ik zou het niet doen, meneer Franssen.'

Ik wees naar het stuk hout vlak voor mijn neus.

'Ik zou het niet doen, als ik u was.'

'O nee?'

'Nee,' zei ik.

'Want wat dan?' dreef de gymleraar het conflict op de spits.

'Dan eindigen we straks allebei in de kamer van pater Hoogma. En als hij het verhaal hoort, en wat er daarna in de kleedruimte gebeurde' – ik keek naar de slagbalknuppel – 'is het niet ondenkbaar dat u langer van school wordt gestuurd dan ik.'

Franssen hapte naar adem, en dat voor een gymleraar. Hij moest beslist iets aan zijn conditie verbeteren, liefst op korte termijn.

'... jij... misbaksel!'

'Moet ik dat ook bij pater Hoogma melden, hoe u mij bejegent, met een slagbalknuppel voor mijn neus, en me een "misbaksel" noemt?'

'Jij...'

Het kwartje kon twee kanten op vallen. Of hij wendde zich van me af om de les te hervatten, of hij zou zijn laatste restje zelfbeheersing verliezen en me iets aandoen, een risico dat ik bereid was te nemen.

De gymleraar koos wijselijk voor het eerste. De toegangsdeur naar de gymzaal sloeg hard achter meneer Franssen dicht: veel harder kon niet, dan lag de deur eruit. Mijn klas ging een plezierig lesuur tegemoet, daar kon je gif op innemen.

'Jongen,' zei pater Hoogma vermoeid, 'we gaan van incident naar incident met jou. Wat moet ik toch met je aan, jongeman?'

'Dat zou ik u niet kunnen vertellen, pater Hoogma.'

'Ik weet het goed gemaakt,' zei hij. 'Jij gaat naar de volgende les, en ik zal contact met de heer Franssen opnemen. Deze gang van zaken is geen aanbeveling voor onze school.'

Hij wendde zich van me af en ik begreep dat ons onderhoud erop zat.

'Dag pater Hoogma.'

'Dag jongen. Doe de deur goed achter je dicht, hij klemt wat.'

Ik keek om, deurklink in de hand, en zag dat pater Hoogma een sigaar wilde opsteken.

'Bedankt, pater Hoogma.'

'Dag jongen.'

Hij streek een lucifer aan tegen de zijkant van het luciferdoosje dat hij van zijn bureau oppakte, Zwaluw-lucifers, die we thuis ook hadden, uit Uddevalla, Zweden.

'Vergeet niet de deur goed achter je dicht te doen,' zei pater Hoogma.

Dat zou ik de rest van mijn leven blijven doen: deuren achter me in het slot trekken, in plaats van ze te openen.

Het weekend brak aan. Ik was niet bij pater Hoogma ontboden om mijn straf te vernemen, en het werd maandag. Het zesde lesuur hadden we gym.

'Nou gaan we het beleven, Bart!' blikten mijn klasgenoten verwachtingsvol vooruit.

Maar meneer Franssen kwam niet op het voorval terug en gaf zijn les alsof zich de vorige keer niets opmerkelijks had voorgedaan. Los daarvan keurde hij me geen blik waardig, waar ik niet erg rouwig om was. Ik zocht mijn vrienden elders.

Na afloop was ik als een van de eersten terug in de kleedruimte. Ik was half aangekleed en wilde op de bank gaan zitten om mijn schoenen aan te doen en de veters te strikken, toen een van mijn klasgenoten zachtjes 'Bartje! Bartje!' begon te scanderen. Zijn voorbeeld kreeg al vlug navolging. 'Bartjéé! Bartjéé! Bartjéé!' daverde het door de kleedruimte, en het geroep zwol nog aan, 'Bartjééé! Bartjééé! Bartjééé!' Minutenlang hield de klas de yell vol, tot de schoolbel er een eind aan maakte: het nieuwe lesuur stond op het punt van beginnen en de meesten van ons waren nog steeds niet omgekleed.

Het was me niet duidelijk wat er in mijn klasgenoten was gevaren. Wel kreeg ik een vermoeden wat ik, ongewild en onbedoeld, bij anderen kon losmaken. Ergens, deep down inside, in het verborgene, gloorde een toekomst voor me, maar ik had geen flauw idee waar ik die zoeken moest. Er was iets aan de hand met me, iets wat deugde en het daglicht kon verdragen. Maar wat?

'Hoe was het vandaag op school?' vroeg mijn moeder toen ik laat in de middag thuiskwam.

'O goed,' zei ik en wilde doorlopen naar mijn kamer.

'Ik ben vanochtend door pater Hoogma gebeld.'

Graag had ik door de grond willen zakken, maar aan dat verlangen wenste de vloer niet mee te werken.

'O?' bracht ik uit.

'Hij belde me om namens het AC zijn excuses aan te bieden voor de gang van zaken.'

'Welke gang van zaken?' Met mijn stem ging het opeens ietsje beter.

'Dat vroeg ik hem ook. "Heeft uw zoon u er niet over verteld," zei hij, "over wat er vorige week tijdens de gymnastiekles is voorgevallen?"

"Ik heb geen idee waar u het over heeft, pater Hoogma," zei ik.

Hij vertelde me van de heer Franssen, en dat-ie met een stuk hout voor je snufferd had staan zwaaien, een knuppel, na een onbenullig gebbegeintje met jou.'

'Ach,' zei ik, 'het stelde niet zoveel voor.'

'Daar dacht en denkt pater Hoogma anders over. Die neemt het hoog op en vertelde me dat hij jouw gymleraar bij zich had geroepen om hem duidelijk te verstaan te geven dat zulk gedrag jegens een leerling op het AC niet wordt getolereerd. Wat zeg je me daarvan? Ik wist niet wat ik hoorde. Waarom heb je daar niks over tegen ons gezegd?'

'Mam,' zei ik, 'doe me één lol, wil je?'

'Dat hangt ervan af,' zei ze.

'Zeg er niks over tegen papa als-ie vanavond thuiskomt. Je kent papa. "Je zult het er wel weer naar gemaakt hebben." Voor je het weet is het opnieuw bonje en zwaait er wat.'

'Ik ken je vader, ja,' zei mijn moeder. 'Maak je geen zorgen, ik zeg niks.'

'Bedankt, mam.'

Ik wilde haar een kus geven, maar ze schrok ervan en ik liet de kus achterwege.

25

MIJN ZUS EN ik wilden nooit naar de zondagse mis, maar het moest. Bleef je halsstarrig weigeren, dan kon je het bezuren.

Wat niet hielp bij het ter kerke gaan, was de gewoonte van mijn moeder om te laat te komen.

Nog in het portiek hoorden we de kerkklok slaan, ten teken dat het vijf uur was en de mis begon.

Je zou denken dat we zo stil en onopvallend mogelijk een plek in een van de achterste kerkbanken opzochten, maar dan kende je mijn moeder niet. Ze kwam niet binnen, maar maakte haar opwachting in Gods huis alsof het een optreden betrof en God in zijn beide handjes mocht knijpen dat zij, met haar gezin, ook deze zondag weer in zijn nabijheid wenste te verkeren.

Dat we voor de zoveelste keer te laat waren, weerhield mijn moeder er niet van om de kerk via de zijingang te betreden, in het zicht van de honderden kerkgangers, waarna ze zich door het gangpad naar een van de voorste rijen in de kerk begaf – ze liep niet, ze schreed –, op haar hoge hakken, die luid tikten op de plavuizen: je schaamde je dood. Het liefst had ik onder de kerkvloer willen wegkruipen, maar je moest mee, voor het oog van de parochie, en in het kielzog van mijn moeder liepen we achter haar aan. Mijn vader sloot de rij en voorkwam zo een voortijdige aftocht.

'Ah, de Chabotjes,' zag je de gelovigen denken. 'Wie anders. Het is ze weer gelukt, hoor. Altijd en eeuwig te laat. Is het nou zó moeilijk om voor één keer... Moet je haar zien lopen, voorop, alsof ze... hooghartig de dienst verstorend... Die heeft het hoog in de bol, hoor. Trouwens, die man van haar ook.'

Lange tijd ging mijn vader mee in het zondagse ritueel. Tot hem op een dag een gerucht ter ore kwam. De kapelaan, werd gefluisterd, was twee weken geleden door vakantievierende parochianen in het uitgaansleven van een niet nader genoemde Noord-Spaanse stad gesignaleerd in het gezelschap van een jonge vrouw. Ook flaneerden ze hand in hand over de boulevard. De pastoor van onze parochie was van de feiten telefonisch op de hoogte gesteld en had de kapelaan van vakantie teruggeroepen.

Ik vond het voorval eerder voor dan tegen de kapelaan pleiten; waarop mijn vader zei dat ik, snotneus, te jong voor zulke zaken was en mijn mond moest houden.

'Wat kost dat niet,' vroeg mijn vader zich hardop af, 'zo'n vakantie?'

Volgens mijn moeder zou het snoepreisje, luidde het gerucht, mede zijn gefinancierd uit de wekelijkse collecteopbrengst.

'Dus de kapelaan,' vatte mijn vader de boel samen, 'feest op onze kosten met een of andere vriendin.'

Mijn moeder zei dat het allemaal smaad en laster was, laag-bij-de-gronds geroddel.

'Om wie gaat het eigenlijk?' vroeg mijn vader.

Het zou gaan om een vrouw uit de parochie, liet mijn moeder zich niet al te loslippig ontvallen.

'Welke vrouw?' vroeg mijn vader.

Ik voelde mijn moeders twijfels tastbaar worden. Mijn vader zoomde in op iets wat ze liever uit de weg ging. Was ze er maar niet over begonnen.

Haar aarzeling zette hem op het juiste spoor. Ze wist meer en hij herhaalde zijn vraag, dwingender nu. Wie was de jonge vrouw die met onze kapelaan in een Spaanse badplaats flirtte? Hoe heette ze?

Mijn moeder noemde de naam van de bewuste vrouw.

'Ach, dat kan toch gebeuren,' merkte ze op. 'De kapelaan is een jonge vent en...'

Mijn vader voelde dat hij beet had. 'Welke Barbara?' wilde hij weten. 'Ik ken zoveel Barbara's, alleen al in de parochie een stuk of drie. Over welke "Barbara" hebben we het?'

De Barbara om wie alle commotie was ontstaan, was de dochter van Tine. Tine Blom.

'Wat?!' riep mijn vader uit. 'Tine Blom? Tine, een van je beste vriendinnen, de dochter van Tine en Tom in de Theresiastraat? Je gaat me toch niet vertellen dat uitgerekend hun dochter... díe Barbara?'

Dat ging mijn moeder hem niet vertellen: dat had ze net gedaan.

'Moet je luisteren, Gé...' begon mijn moeder.

'Uit de collecteopbrengst,' onderbrak mijn vader haar.

'Barbara heeft een betrekking,' zei mijn moeder, 'en verdient haar eigen geld.'

'Schei toch uit,' zei mijn vader. 'Je begrijpt toch hoe het in elkaar steekt.'

Ik hoorde hoe mijn moeder het vergeefs voor Tine en haar dochter opnam. Mijn vader viel niet te vermurwen.

Daarna zou hij er geen woord meer aan vuilmaken, aan 'de affaire', ook niet in de weken en maanden die volgden.

Toen mijn zus en ik de zondag erop in het halletje klaarstonden – de kerkklok aan de Bezuidenhoutseweg had vijf uur geslagen –, antwoordde mijn vader op de vraag van mijn moeder waarom hij zijn jas nog niet aanhad: 'Ga jij maar met de kinderen. Ik blijf thuis.'

Na die zondag zou hij niet meer naar de kerk gaan, behalve met kerst. Niet veel later hoefden mijn zus en ik niet langer verplicht mee naar de zondagse mis, en ging mijn moeder alleen.

'Dat kun je ook weghalen, wat mij betreft,' zei mijn vader op een dag. Hij wees naar het kruis boven de eetkamerdeur.

—

Pas een halve eeuw later was ik voor het eerst terug in een kerk, zij het eentje op het Zweedse platteland.

Tijdens de dienst begon het Zweeds te regenen, zagen we door de kerkramen.

Terwijl de priester de mis opdroeg, staarde ik naar het kruis boven het altaar. Het herinnerde me aan de Oefening van Berouw en aan mijn vaders hand die naar me onderweg was en de lucht in de eetkamer doorkliefde.

Na afloop deed de priester zijn weinige gelovigen persoonlijk uitgeleide: zoveel tijd kostte dat niet. We hielden ons op de achtergrond, maar ook wij moesten op huis aan en daarmee langs de voorganger.

'Where you from?' wilde hij weten.

'The Netherlands,' zei ik.

Na een poosje dwarrelde het gesprek uit elkaar. Langer blijven zou een ongemakkelijke stilte opleveren. Door de openstaande deur zag ik het kerkhof op ons vertrek wachten: dan keerde de rust weer. Nog lagen de doden uitgeteld op hun rug; zodra we weg waren, konden ze in weerwil van alle nattigheid de benen strekken.

De priester kon geen weet hebben van hoe het er bij mij thuis vroeger aan toeging, en toch leek hij te bevroeden wat zich ooit in een hem onbekende stad, in een hem onbekende straat en in een hem onbekende woning had afgespeeld.

'God bless you,' zei hij tegen me.

Het was opgehouden te regenen. Ik kon me vergissen, maar ik meende in de verte Scheveningse meeuwen te horen.

Ik dacht aan de Oefening van Berouw en aan de talloze keren dat ik struikelde over de woorden en vlak achter me een hand oprees omdat ik het gebed afraffelde; een hand die nu, in het Zweedse luchtruim, aan kracht had ingeboet en aan snelheid verloor.

'God bless you too, father,' zei ik.

Het was alsof ikzelf een lijntje met God had en mede over diens zegeningen kon beslissen.

'God bless you too,' herhaalde ik.

26

TOT MIJN STOMME verbazing mocht ik na Plons zelf een club op school uitkiezen waar ik lid van wilde worden. Het werd de Luchtvaartclub Aloysiuscollege, die zetelde op een zolderverdieping boven de hoofdingang van de school en de portiersloge. Tijdens de lessen reeg ik de onvoldoendes aan elkaar, maar op de luchtvaartclub leerde ik een zweefvliegtuig bouwen dat, hoe toepasselijk, de 'Bartje' heette. Het ultralichte toestel van balsahout had een spanwijdte van bijna twee meter. Het kostte me maanden voordat het vliegklaar was.

Op een zaterdagmiddag togen we met het modelbouwvliegtuig door de gangen van het patershuis naar een vertrek in de nok van het schoolgebouw en zetten de ramen open. Over enkele ogenblikken zou de Bartje het luchtruim kiezen, iets waar ik me erg op verheugde.

Op aanwijzing van twee oudere leden van de club posteerde ik me in de raamopening – Olaf hield me stevig bij mijn middel vast zodat ik niet naar beneden zou kukelen – en de Bartje werd zo gemanoeuvreerd dat hij door het raam naar buiten kon. Jan drukte de romp van het toestel in mijn hand, vlak voor de vleugel. 'Heb je 'm goed vast?' Ik betreurde het opeens dat ik het zweefvliegtuig waar ik zo lang aan had gewerkt over enkele seconden moest laten gaan, de wijde wereld tegemoet. Was de Bartje daar in voldoende mate op berekend?

'We tellen af!' zei Olaf. 'Een! Twee! Drie!'

Ik haalde mijn rechterarm zo ver mogelijk naar achter, tot de vleugels van het vliegtuig op het raamkozijn stuitten, en wierp de Bartje van me af. Opstijgende lucht ontfermde zich over het toestel en tilde het omhoog. Het toestel zweefde, begon aan een bocht omlaag, maar herstelde zich en klom opnieuw, vloog boven de sportvelden – 'Hij doet 't! Het gaat goed!' riep Olaf –, over de vaart die de tennisbanen van de weg scheidde, zweefde over de drukke verkeersweg en zette koers naar het Hubertusduin.

Maar over de duintop vliegen was te veel gevraagd. De Bartje won niet genoeg hoogte en we zagen het toestel in de toppen van de naaldbomen belanden en uiteenvallen. Twintig minuten later waren we ter plekke. De Bartje was onherstelbaar beschadigd.

Ik nam het verlies van het toestel niet te zwaar op. Wat ik op een werktafel had gebouwd, had ik boven Den Haag zien vliegen. Het toestel had aan de vrijheid geroken, hoe kortstondig ook. Het kon dus: de dans ontspringen. En als het de Bartje lukte, lukte het mij ook. Zo'n stap was het niet van de Bartje naar Bart.

Kon je ook een zachte landing maken, vroeg ik me af. En zo

ja, in hoeverre had je het kiezen van een landingsplaats in eigen hand?

—

Het was vrijdagochtend en we waren op weg naar het klaslokaal voor het tweede lesuur, Economie, niet mijn favoriete vak. Enkele medeleerlingen waren al in lokaal 104, en ik wilde hen volgen – ik haalde mijn schooltas van mijn rug – toen de leraar, meneer Palstra, me staande hield nog voor ik een voet over de drempel had gezet.

'Chabot?'

'Ja, meneer Palstra?'

'Ga je maar melden bij pater Hoogma.'

Haalde de leraar een grap met me uit? Daar had het alle schijn van.

'Hoe bedoelt u?' vroeg ik stomverbaasd.

'Precies wat ik zeg, ga je melden bij Hoogma.'

'Voor wat?'

'Je bent eruit gestuurd.'

'Eruit gestuurd?' herhaalde ik vol ongeloof.

'Je hele houding bevalt me niet. Ik zie nu al aankomen waar het straks op uitdraait tijdens de les. Je eeuwige geklier, niet opletten maar uit het raam staren, onrust bij de andere leerlingen veroorzakend... Daar heb ik vandaag eens even helemaal geen zin in, begrijp je. Dus meld je bij Hoogma en zeg maar dat ik je eruit heb gestuurd.'

'Maar ik heb nog niet eens de kans gekregen óm te klieren.'

'Je verstaat me toch wel, Chabot? Je hebt toch gehoord wat ik zei? Of mankeert er iets aan je oren?'

Mijn klasgenoten zagen het tafereel belangstellend aan.

173

'Meneer Palstra, me eruit sturen... Ik ben nog niet eens binnen geweest.'

'Kijk, en dat is nou precies wat ik bedoel,' zei Palstra. 'Die onhebbelijke houding van je, en die grote mond. Wegwezen, en je melden.'

'Wat kan ik als reden opgeven dat ik door u uit de klas ben gestuurd, zonder zelfs maar in de klas te zijn geweest?'

'Wat ik je al zei: je houding bevalt me niet.'

Ik slingerde mijn schooltas terug op mijn rug, wandelde door de lege gang naar de kamer van pater Hoogma en drukte op de knop naast de deur zodat de rector wist dat hij bezoek had.

'Binnen.'

'Dag pater Hoogma, goedemorgen.'

'Jongen, ben je d'r nu alweer?'

'Ik vrees van wel, pater Hoogma.'

Hij leunde naar achteren en trommelde met de vingers van zijn rechterhand op het bureaublad.

'Sigaartje, pater?'

'Zodra wij uitgesproken zijn, niet eerder. Wat is het verhaal vandaag?'

'Ik ben er zojuist uitgestuurd door meneer Palstra, Economie, zonder in de klas te zijn geweest, voor aanvang van de les. Ik stond nog op de gang, dus in die zin ben ik er níet uit gestuurd en zou ik me niet bij u hoeven melden. Maar meneer Palstra stond erop, vandaar dat ik u kom lastigvallen.'

'En welke reden gaf de heer Palstra op voor je verwijdering?'

'Mijn houding stond hem niet aan. Mijn hele houding niet.'

Pater Hoogma keek me peinzend aan. 'Kun je me die sigarendoos aangeven, vooraan op mijn bureau, voor je neus?'

De sigaren waren van het merk Elisabeth Bas; ik hield het deksel voor hem open.

'Betekent dat, pater, dat we zijn uitgepraat?'

'Verre van, jongeman. Verre van.'

Hij koos een vorstelijke sigaar uit en stak deze aan. Dwars door de rookwolken die hij uitblies heen staarde hij me zwijgend aan.

'Vertel eens, Bart, wat moet ik met jou? Wat moet ik met jou aan?'

'Ik zou het niet weten, pater Hoogma.'

'Wat moet ik in godsnaam met jou aan?'

'Geen idee, pater. Maar ik weet wel dat u de naam van de Heer niet ijdel mag gebruiken.'

'Moeder Maria, Onze Lieve Vrouwe van Eeuwigdurende Bijstand, wat móet ik met deze jongen?'

'Duimen dat de heer Palstra het weet, pater, en het aan u kenbaar wil maken.'

Hij trok aan zijn sigaar en blies de rook bedachtzaam omhoog, naar een plek halverwege zijn hoofd en het plafond, waar de rook een blauwe wolk vormde die naar het schrootjesplafond opsteeg en daar uiteen dwarrelde.

'Dat, pater Hoogma,' zei ik terwijl ik naar de rook wees, 'moet haast wel de geest van de Maagd Maria zijn, die vaardig over u wordt.'

'Was het maar waar, jongen. Was het maar waar.'

Na een poosje stond het vertrek blauw van de rook. Een raam openzetten zou geen overbodige luxe zijn, maar de sigarenrook rook best lekker mits je van sigaren hield.

'Ik kan je voor de zoveelste keer strafwerk geven, maar wat heeft dat voor zin? Dat heb ik zo vaak gedaan de laatste tijd, en het helpt allemaal niks. Weet je wat het met jou is, jongeman? Je kán het wel, maar je wil niet. Je verdomt het gewoon.'

Met die constatering mocht ik zijn kamer verlaten, zodat ik op tijd zou zijn voor het derde lesuur.

'Bart, je moet bij Hoogma komen,' zei een klasgenoot tijdens de grote pauze tegen me.

'Alweer?' zei ik verwonderd. 'Zei-ie ook waarom?'

'Nee, alleen dat ik dit aan je moest doorgeven. Hij kon je niet vinden, vandaar.'

Om halfeen drukte ik op de rode knop naast pater Hoogma's deur.

'Wie hebben we daar,' zei pater Hoogma. 'De duvel in eigen persoon. Kom binnen.'

Ik bleef voor zijn bureau staan, meneer Holleman indachtig.

'Ga zitten, jongeman.'

Ik trok de stoel iets naar achter en nam plaats.

'Kijk me eens aan, jongeman, en blijf me aankijken terwijl ik tegen je praat.'

Dat kostte me geen moeite. Bij mijn weten had ik niets te verbergen, al wist je dat nooit zeker.

'Jongeman, vorige week is een brandje gesticht in de kapel in aanbouw, onder het spiksplinternieuwe houten altaar... Weet jij daar iets van?'

'Nee, pater Hoogma, niets. Echt niet. Ik hoor er dankzij u voor het eerst van, ik wist niet eens dat er een kapel wordt gebouwd.'

Hij keek me lang maar niet onvriendelijk aan.

'Dat weet je heel zeker?'

Ik hoefde mijn ogen niet neer te slaan of op zoek te gaan naar een neutrale plek in de kamer opzij, achter of boven hem.

'Erewoord, pater.'

'Dat dacht ik al, en dat heb ik ook tegen de collega's gezegd. Je drijft ons hier af en toe tot wanhoop, maar rottigheid, nee, daar heb ik je nooit op kunnen betrappen. Goed. Je kunt gaan.'

'Dag, pater Hoogma.'

Pater Hoogma beantwoordde mijn groet niet, in beslag genomen als hij werd door zaken van heel andere aard.

Mijn gedrag op school ging van kwaad tot erger. Niet dat ik het zo zag; de leraren zagen het zo. De hoop dat ik me bij hen ooit in een zekere mate van populariteit zou mogen verheugen, vervloog. Aan het einde van het schooljaar waren mijn cijfers zo bar en boos dat ik bleef zitten.

'Je mag het jaar overdoen,' zei pater Hoogma, 'omdat ik geloof dat je het kunt. Dat je faalt ligt niet aan een gebrek aan capaciteiten. Daarin sta ik overigens min of meer alleen. Vrijwel alle leerkrachten zien het anders. Ik zou zeggen: verras ons komend schooljaar voor de verandering eens in positieve zin.'

Toen ik de brugklas overdeed ging ik voortvarend van start, maar na Pasen daalden mijn cijfers en steeg het aantal keren dat ik uit de klas werd gestuurd.

Eind april van het schooljaar hadden we – een woensdag – vijf lesuren, waarvan ik er drie voortijdig moest beëindigen en me bij pater Hoogma diende te melden.

De eerste keer nam hij het nog laconiek op. De tweede keer verdampte zijn goede humeur. Nu, de derde keer, was zijn geduld op.

'Nu sta je hier alweer, de derde keer op rij. Zoiets heb ik nooit meegemaakt. Doe jij het er soms om, Chabot?'

Hij noemde me Chabot, en niet langer Bart, wat weinig goeds voorspelde.

'Wat denkt u, pater Hoogma, haal ik er het *Guinness Book of Records* mee?'

'Jongeman, op deze school breken we liever andere records.'

Hij zuchtte.

'Wat moet ik met jou? Laten we de situatie zoals-ie is in de hoop op verbetering, of sturen we je van school?'

Terwijl hij me toesprak was zijn sigaar uitgegaan, een bolknak van Hofnar, die hij niet opnieuw aanstak maar op de rand van de asbak legde.

Als zelfs pater Hoogma ten einde raad was, kon ik straks mijn biezen pakken. Ik zag het gezicht van mijn vader al voor me, als hem ter ore kwam dat zijn zoon van het AC was verwijderd. Ik kon de slingers en de feestverlichting vast ophangen thuis.

'Je gaat straks in de strafbankjes bij het raam zitten,' zei pater Hoogma, 'en schrijft vijfhonderd keer "Ik zal mijn uiterste best doen om me het AC waardig te tonen". Keurig netjes geschreven, dus niet in het spijkerschrift waar je je gewoonlijk van bedient. Niet dat het helpt, maar dan ben ik tenminste even van je af. Ik heb meer te doen dan weerspannige leerlingen achter de vodden aan te zitten, met permissie.'

Ik bleef zitten in de veronderstelling dat er nog iets zou volgen.

'Je kunt gaan, jongeman.'

Ik was bij de deur toen hij iets toevoegde aan wat hij zojuist had gezegd.

'Chabot, we kennen de situatie bij jou thuis een beetje. Ik zal je ouders niet bellen. Maar stel mijn geduld niet verder op de proef en ga eindelijk eens aan het werk.'

'Ja, pater Hoogma.'

'Laat ik je hier voorlopig niet meer zien. Je strafwerk kun je inleveren bij de heer Holleman.'

Ik liep naar de strafbankjes aan het einde van de gang, met uitzicht op de sportvelden en zette me aan het strafwerk, maar legde al snel mijn pen neer en tuurde uit het raam zoals ik vroeger op de lagere school naar buiten kon staren, waar het leven woedde. Ik had voortdurend iets beters te doen, iets van belang, al wist ik zelf niet wat.

Nu ook pater Hoogma zijn geduld met me verloor, moest ik ernstig op mijn tellen passen. Thuis hoefde ik niet op enige consideratie te rekenen. Misschien was het maar het beste als ik een poosje van de aardbodem verdween. Dat had ik al eens eerder gedaan en het was me niet slecht bevallen.

Het was niet moeilijk om te bedenken waar ik tijdelijk een goed heenkomen kon vinden.

De deur van de fietsenschuur wenkte.

27

IK GING VOORWAARDELIJK over. Kort nadat ik aan de tweede klas begon, werd ik ziek. Wekenlang verscheen ik niet op school en als ik kwam opdagen had ik zoveel gemist dat ik tijdens de les nauwelijks benul had waar het over ging.

De cijfers kelderden. Zelden werd ik nog uit de klas gestuurd, want ik was er vrij zelden.

Soms kwam ik meneer Holleman in een van de schoolgangen tegen, die zijn blik van me afwendde, maar zo laat dat ik kon vaststellen dat hij zijn kans schoon zag. Nog even geduld oefenen en hij was van me af. Ik was hard op weg naar de uitgang.

'Jongen,' zei mijn vader op een avond, 'laatste waarschuwing. Nog even zo doorgaan en je wordt van school verwijderd.'

Hij richtte zich tot mijn zus. 'Wij waren zo arm, mijn ouders, dus jouw opa en oma, dat de kerk mijn schoolgeld en leerboeken ophoestte. Zo kon ik de hbs doen.' En, tot mij: 'En wat doe jij? Jij gooit er met de pet naar. Ach, wat kan het je schelen, hè?'

Kort voor de kerstvakantie bereikte ik de uitgang.

We zouden ons kerstrapport tijdens het laatste lesuur in de klas krijgen uitgereikt, maar ik diende me voor aanvang van de les bij pater Hoogma te melden. Hij beduidde me plaats te nemen in de stoel voor zijn bureau.

'Jongeman, ik zal er niet omheen draaien. Je cijfers staan me niet langer toe je verblijf op deze school te continueren. Ik heb met je ouders gebeld en hen van de situatie op de hoogte gebracht. Ik heb een mulo voor je gevonden waar je na de kerstvakantie welkom bent. Dat viel nog niet mee, maar deze school durft het met je aan. Het spijt me zeer, maar het houdt een keer op.'

Mijn huid gleed van me af.

'Meer kan ik niet voor je doen,' vervolgde pater Hoogma. 'Ik geloof nog steeds in je, dat wel, en ik heb met je ouders afgesproken dat je, als je het een niveau lager probeert en de mulo met beloftevolle cijfers haalt, mag terugkeren op het AC, naar de havo, om je hier te rehabiliteren.'

Ik had niet het idee dat er iets te rehabiliteren viel, maar misschien vergiste ik me.

'Die kans gun ik je, een revanche. Daar sta ik overigens alleen in. Aan de heer Holleman heb je geen medestander, dat zul je begrijpen. Maar het is nu aan jou. Mijn mogelijkheden zijn uitgeput, het spijt me.'

Hij stond op, en ik volgde zijn voorbeeld.

Pater Hoogma stak zijn hand naar me uit.

'Het allerbeste, jongeman.'

'Dank u wel.'

'Het ga je goed.'

'Dag, pater Hoogma,' zei ik. 'Tot ziens.'

'Wie weet,' zei pater Hoogma. 'Het zou me verbazen. Maar wie weet.'

'Ik zal de deur goed achter me sluiten.'

'Doe dat, jongen. Trek de deur goed dicht, hij klemt. Wie weet doe je 'm op een dag weer open. Het is nu aan jou. Het is aan jou. Nogmaals, ik wens je het allerbeste.'

'En?' vroegen mijn klasgenoten.

'Ik word van school gestuurd.'

'Waarnaartoe?'

'Naar de mulo.'

'Hm,' zei Gert, 'dat is niet best. De mulo? Dan ziet het er somber voor je uit.'

Ten slotte namen we afscheid.

'Bart, we houden contact, we bellen!'

Ze sprongen op hun fiets, de kerstvakantie tegemoet. Als laatste stapte ik op de fiets. De straten waren leeg en stil, alsof de vakantie enkele dagen eerder was begonnen en het merendeel van de inwoners Den Haag had verlaten.

'We bellen!' echode de belofte van mijn klasgenoten na. Ik zou geen van hen ooit nog zien.

Bij thuiskomst trof ik mijn moeder in de zitkamer aan, in wankel evenwicht op een keukentrap van Brabantia.

'Wacht maar tot je vader straks thuiskomt,' riep ze me toe, 'mispunt dat je d'r bent, dan zul je ervan lusten. Verdwijn uit mijn ogen!'

Toen mijn vader uit kantoor kwam, bleek ze niets te veel te

hebben gezegd. Hij overtrof zichzelf. Mijn moeder beschikte over een voorspellende gave die ik niet eerder bij haar had ontdekt.

Het was niet erg, hield ik mezelf voor, om van de hbs te zijn gestuurd en op de mulo terecht te komen. De hbs was een jongensschool; de mulo was gemengd. Na de kerstvakantie kwam ik bij meisjes in de klas. Ik hoopte vurig dat de vakantie snel voorbij zou zijn.

28

'WEET JE WAAR je moet zijn?' zei mijn moeder op zondagavond. 'In de Van der Parrastraat. Hoe je d'r komt zoek je zelf maar uit. Daar bemoei ik me niet meer mee. Je bekijkt 't maar.'

Dat deed ik, met de plattegrond van het Bezuidenhout uitgevouwen voor me op tafel, om uit te vinden wat de kortste looproute naar de nieuwe school was. Die was goed te doen, ook voor iemand als ik. Zelfs voor iemand als ik.

Op maandagochtend trok ik mijn jas aan en slingerde mijn pukkel, die vederlicht woog, over mijn schouder: er zaten alleen wat schriften en een etui in. De leerboeken zou ik op school verstrekt krijgen. Ik riep gedag, maar mijn moeder riep niet terug; mijn vader was al naar kantoor vertrokken, mijn zus naar school.

'Mijn zoon,' had mijn vader met de grootst mogelijke minachting opgemerkt, 'naar de mulo, morgen. Nou, misschien kun je dát aan, hè? Kun je koekenbakker worden, als ook dat niet te hoog voor je gegrepen is. Laat één ding duidelijk zijn, beste jongen. Ik wens geen klacht over je gedrag te vernemen, niet één. Geen onvertogen woord. Gebeurt dat toch, rij ik je rechtstreeks naar een kostschool in het oosten van het land. Ik heb een internaat gevonden, in de bossen, daar weten ze raad met figuren als jij, knoop dat goed in die oren van je. Ze lusten je daar rauw. Onthou dat. Niet vergeten. Onthouden.'

Ik stak de spitsuurdrukke Van Stolberglaan over, liep langs de protestantse kerk de Van Solmsstraat in en wilde de lagere school passeren die zich achter de kerk bevond, toen ik gescheld en getier hoorde. Een blinde woede steeg van het schoolplein op. Tientallen kinderen verdrongen zich voor de hekken om het schoolplein. Het duurde even voordat ik doorhad dat ze het tegen mij hadden.

'Vuile vieze katteliek! Kankerkatteliek!'

Moest ik dit serieus nemen?

'Vuile roomse rat! Opsodemieteren, en gauw of we nemen je te grazen, kankerhond!'

Dat voornemen zouden ze ook zeker hebben uitgevoerd, me te grazen nemen, ware het niet dat enkele leerkrachten voorkwamen dat de leerlingen van het schoolplein konden ontsnappen. De leerkrachten keken erbij alsof ze wisten dat het tot hun taak behoorde om me voor een kloppartij te behoeden, maar het stilzwijgend met hun leerlingen eens waren. Als je het als katholiek waagde zomaar langs een protestants schoolplein te lopen, dan vroeg je er bijna om.

Een van de leraren riep dat ik moest maken dat ik wegkwam, 'en vlug een beetje!' Van nu af aan moest ik een andere route naar en van school kiezen: dat zou mijn gemoedsrust ten goede komen.

Toen ik de Van der Parrastraat inliep, stond de straat vol leerlingen. De nieuwe school had geen schoolplein en bood een lugubere aanblik. Het leek oorspronkelijk als burcht of fort ontworpen. De schietgaten waren verbreed, zodat er kleine ruiten in de gevel pasten. Binnen moest het overwegend donker zijn, zelfs al scheen de zon. Voor de bouw was baksteen gebruikt van het donkerste bruin. Hier vervloog alle hoop en liet je de laatste illusie varen. Wellicht was naar kostschool gaan zo'n slecht idee nog niet.

De schoolbel luidde.

Een lange rij leerlingen verzamelde zich voor de traptreden die naar de toegang leidden. Het rumoer verstomde en de leerlingen schuifelden zwijgend naar binnen, de ingewanden van het schoolgebouw in. Al snel werd duidelijk waarom de binnenkomst zo ordelijk en in stilzwijgen verliep. In de gang, aan de voet van een brede stenen trap, stond de directeur, de heer Mallée, die iedereen die zich verdacht gedroeg of ook maar iets fluisterde 'noteerde'. Een notitie die, begreep ik later, grote gevolgen kon hebben voor het verdere verloop van je dag. Werd je voor de tweede keer 'genoteerd' dan kon je je jas pakken en naar huis vertrekken, met een hoeveelheid strafwerk waar je een kleine week mee vooruit kon, maar dat je de volgende dag diende in te leveren op straffe van verwijdering.

'Zo,' zei de heer Mallée, die me moeiteloos uit de leerlingenzee viste, 'daar zullen we hem hebben, hoor. De nieuwe. Welkom op deze school, en ik raad je van harte aan om hier wel je best te doen.'

Geen van de leerlingen om me heen waagde het naar me te kijken.

'Je mag van geluk spreken,' vervolgde Mallée, 'dat je bij ons terechtkunt, besef je dat? Dat je het maar even weet, ja? En nu doorlopen, jij. Trap op, eerste klaslokaal links.'

Op de eerste verdieping trof ik mijn klas aan – 'Hé! Daar hebbie die nieuwe! Kom jij van die kakschool?' – en nam plaats in de schoolbanken, achterin. Er kwam niemand naast me zitten, wat ik niet erg vond.

De leraar die het klaslokaal binnenstapte knipte de tl-verlichting aan. Hij was kaal, zweette, oogde alsof hij zich vanochtend met tegenzin in een te krap pak had gehesen en had worstenvingers. Dat beloofde wat. Hij ging achter zijn bureau zitten, dat op een verhoging stond, haalde een presentielijst uit zijn antracietgrijze dokterstas en ging de namen langs. Als je je naam hoorde noemen, moest je 'Present' zeggen, of 'Aanwezig'.

Na verloop van tijd viel mijn naam.

'Zo zo,' zei hij, 'dus jij bent Chabot. Ik heb het een en ander over je gehoord, over je gedrag, en over de onwil van je oude school om je nog langer te dulden. Eerlijk gezegd, wat ik over je hoorde beviel me helemaal niet.'

De leerlingen draaiden zich klassikaal in hun schoolbanken om, om 'de nieuwe' eens goed op te nemen.

'Laat ik je dit zeggen, Chabot... Bij het minste of geringste vlieg je d'r uit en kun je je bij de directeur, de heer Mallée, melden. Is dat duidelijk? Ik heb geen trek om het werken met deze klas te laten bemoeilijken door een verschoppeling van een andere school. Wat de heer Mallée heeft bezield om je aan te nemen is me een raadsel.'

Het was alsof ik mijn vader hoorde praten, of Holleman, en misschien was dat in zekere zin ook zo.

'Chabot?'

De leraar klonk alsof ik in de luttele ogenblikken die ik aan mijn vader dacht een ernstige overtreding had begaan. Waar was pater Hoogma nu ik hem nodig had?

'Ja...' – ik wachtte een ogenblik, een kleine adempauze kon geen kwaad – '... meneer?'

'Chabot?!'

'Ja, meneer?'

'Voortaan, als ik tegen je praat, joh... dan kom je overeind, luie-donder-dat-je-d'r-bent, en ga je staan. Heb je dat heel goed begrepen?'

'Ja, meneer.'

Ik schoof mijn stoel zo geruisloos mogelijk naar achter en ging rechtop staan.

'En je gaat pas weer zitten, als ík dat zeg en daar toestemming voor geef, is dat eveneens duidelijk?'

'Ja, meneer,' zei ik zonder aanstalten te maken te gaan zitten.

Hij staarde me met een dierlijk wantrouwen aan. Er was nog niets tussen ons gepasseerd – ik wist niet eens hoe de man heette – en toch was de sfeer tussen ons voorgoed verpest. In de kleine burgeroorlog waarin ik al jaren was verwikkeld, was zojuist een tweede front geopend.

Mijn benen trilden, maar ik voelde geen urine langs mijn benen lopen. Dat bewaarde ik voor mijn vader.

'Ja, dat zeg je nou wel, maar begrijpen we elkaar ook? Eén verkeerde... en je verdwijnt naar de gang. Helder? Geen onduidelijkheden?'

Ik zei dat ik het had begrepen.

'Goed, jongens en meisjes,' besloot hij, 'dan pakken we nu onze boeken en schriften en kunnen we eindelijk beginnen. Jij, Chabot, jij blijft voorlopig staan.'

Pas toen ik om me heen de lesboeken op tafel zag komen, begreep ik dat we Duits hadden, een vak dat ik op de hbs nog niet had. Ik zou een achterstand moeten zien in te lopen.

Het duurde lang, erg lang voor ik mocht gaan zitten.

'Wie was die man?' vroeg ik na afloop van de les in de gang aan een meisje dat me niet onvriendelijk aankeek. Ze was van Indonesische komaf en had blauwzwart glanzend haar dat tot op haar heupen reikte.

'Die?' zei ze alsof ik een niet al te snuggere vraag stelde. 'Dat is Hogenelst, een bullebak. Die geeft Duits, maar is ook adjunct-directeur en vervangt meneer Mallée als die ziek is. Kijk maar uit voor 'm, hij is superstreng en mag jou helemaal niet.'

'Ja,' beaamden twee klasgenoten, 'bij binnenkomst had-ie al de pik op jou. Je moet uitkijken, anders loopt het slecht met je af op deze school, daar zorgt hij wel voor. Het is een tiran. Hij heeft meer leerlingen weggewerkt.'

Via een omweg liep ik laat in de middag naar huis, waar ik me aan het huiswerk voor dinsdag zette.

'En,' zei mijn vader tijdens het avondeten. 'Hoe was het op school?'

'Goed,' zei ik en wilde er iets aan toevoegen, maar hij was me voor.

'Houen zo,' zei mijn vader; waarmee de nieuwe school als gespreksonderwerp had afgedaan.

Het waren de jaren van de minirok en de hotpants, een modeverschijnsel dat de heer Hogenelst niet ontging. Sterker, dat zeer aan hem was besteed.

Twee meisjes, Willy en Karin, moesten geregeld nablijven; Willy het vaakst. De heer Hogenelst wilde hun extra uitleg geven, Duitse grammatica.

'Weet je wat-ie flikte?' zei Willy. 'Ik moest op mijn plek in de bank blijven zitten en een thema maken, Nederlands-Duits... Hij vond de door mij vertaalde zinnen niet goed genoeg. Toen liet-ie een paar keer zijn pen zogenaamd per ongeluk vallen, een Parker, best een dure, bukte zich en keek onder het tafelblad door in mijn kruis. Niet één keer, een paar keer.'

'Dan zeg je er toch wat van?' opperde ik.

'Ik kijk wel uit,' zei Willy. 'Tot nu toe scoorde ik aan de lopende band onvoldoendes. "Als jij goed je best doet," zei Hogenelst, "eindig jij straks met een 6 of een 7 op je rapport." Nou, dat ga ik op eigen kracht van z'n lang zal-ie leven niet halen. Zolang-ie van me afblijft, kijkt-ie maar lekker een end weg.'

Ook Karin kon ervan meepraten. 'Ik moest na de les aan zijn bureau komen staan. Ouwe viespeuk dat-ie is. Ging-ie in mijn schrift de fouten aanwijzen. Hij boog zo ver naar me toe dat-ie met de rug van zijn hand mijn borsten raakte en erlangs gleed. Dat vond-ie niet erg, Hogenelst, merkte ik.'

'Jammer,' zei ik, 'dat-ie geen rij-instructeur is. Dan had je in een vloek en een zucht je rijbewijs gehaald.'

'Hier, Chabot,' zei Hogenelst voortaan bij het uitdelen van de gemaakte opgaven. 'Een één, voor de moeite. Of nee, een één omdat je in staat bent gebleken je eigen naam correct te spellen, wat in jouw geval als een hele prestatie moet worden beoordeeld.'

De relatie met Hogenelst verslechterde nog na een incident met Paul Deen, een klasgenoot met wie ik optrok. Paul, de zoon van een arts, woonde met zijn zus Inez op de Laan van Nieuw Oost-Indië, waar ik regelmatig over de vloer kwam. Hij had platen van de Amerikaanse albinogitarist Johnny Winter, die we samen beluisterden. Hij rookte geregeld een joint en verscheen dan op school op een tijdstip dat hemzelf het beste schikte.

Op een ochtend kwam Paul een halfuur na aanvang het klaslokaal in zonder zich voor zijn late komst te verontschuldigen. Zijn ogen stonden glazig. Hier en daar in de klas werd besmuikt gelachen: dat kon nog wat worden.

Hogenelst gaf juist Willy de beurt en vroeg haar: 'Was machen die Schiffe auf dem Ozean?', een vraag waarop Willy het antwoord schuldig bleef. Ze had hotpants aan; dat werd nablijven vanmiddag.

'Ach so, Herr Deen,' wendde Hogenelst zich tot de stonede Paul.

'Sagen Sie mal, bitte... Was machen die Schiffe auf dem Ozean?'

Paul hield halverwege de rijen schoolbanken stil en staarde Hogenelst aan.

'... die Schiffe...?' zei Paul, wat gelet op zijn gesteldheid een adequate vraag was.

'Ja, Herr Deen,' zei Hogenelst mierzoet, op voorhand genietend van hoe dit voorval uit de hand zou lopen. 'Die Schiffe... was machen die auf dem Ozean?'

Pauls ogen tolden rond alsof hij, zeeziek, zich zelf op volle zee bevond. 'Was machen die Schiffe auf dem Ozean?'

'Ja, Herr Deen... Bitte?'

Paul klampte zich vast aan de rand van een schoolbank om op de been te blijven en gaf toen, tot ieders verbazing in de klas, het verlossende antwoord. 'Die Schiffe... die fahren rund.'

Alle klasgenoten lachten hartelijk: niet Paul stond voor gek, maar onze leraar Duits.

Ik lachte niet uitbundiger dan mijn medeleerlingen, maar Hogenelst wist me feilloos te vinden.

'Dat vind jij om te lachen, Chabot? Dat vind jij lollig?'

'Zeker,' zei ik, 'dat is geestig geantwoord van Paul, "die Schiffe fahren rund", daar kan ik de humor wel van inzien.'

Het gelach verstomde en het werd stil in de klas. De leerlingen wendden zich van Paul, die zijn stoel naar achter schoof en ging zitten, naar mij.

Hogenelst kwam voor mijn bank staan, plantte zijn handen op het werkblad en boog zich over mijn lessenaar tot zijn gezicht vlak voor het mijne was. Hij rook niet uit zijn mond: een meevaller.

'Spullen pakken,' siste hij, 'en eruit.'

'Mag ik vragen waarom?'

'Eruit! Nú!'

Zonder haast – nu ik uit de klas werd verwijderd, had ik opeens alle tijd – begon ik mijn boeltje bijeen te rapen en pakte mijn schooltas.

Achter in de klas viel een boek met een klap op de grond, wat Hogenelsts aandacht kortstondig afleidde.

Waar was mijn etui, waar had ik die gelaten? O ja, dat was waar ook, in de la onder het bureaublad, en ik klapte het blad omhoog en dwong Hogenelst zo terug.

'Eruit!! Nú!!'

'Ik ga al,' zei ik. 'Alleen zou ik graag van u horen wat ik tegen de heer Mallée moet zeggen, als hij me straks vraagt waarom ik door u uit de klas ben gestuurd.'

Hogenelst richtte zich iets op en hief zijn rechterhand om uit te halen. Hij zweette; het vel van zijn nek puilde over de kraag van zijn te strak zittende overhemdboord.

'Raus!'

'Raus?' zei ik, plotseling opgelucht dat ik de klas kon verlaten. 'Dat zal mijn ouders bekend in de oren klinken.'

Terwijl ik naar de deur liep, pakte Paul doodgemoedereerd zijn schooltas uit. Ik trok de deur achter me dicht en wachtte op de klap waarmee de houten krijtborstel tegen de deur zou knallen; maar die klap bleef uit.

Ik was alleen met de gang, die zich in rare bochten wrong.

Daar bleef het niet bij. Een paar dagen later was het opnieuw bal.

'Goed,' zei Hogenelst. Hij glimlachte een dun glimlachje. 'Het huiswerk voor vandaag, de rijtjes. Laat eens kijken, wie zal ik de beurt geven.'

Geamuseerd nam hij de klas op. De spanning viel te snijden.

'Chabot. Kom jij eens naar voren, waarom niet, en laat ons eens horen wat je ervan gebrouwen hebt, van het huiswerk. Niet veel, vermoed ik. Begin met het eerste rijtje, der, des... en neem het van me over.'

Het eerste rijtje lepelde ik keurig op, foutloos, evenals het tweede en derde rijtje.

Dat zinde Hogenelst niet.

'Te traag,' oordeelde hij. 'Je moet het blind kunnen opdreunen. Als ze je 's nachts wakker maken... Opnieuw, bitte, en nu met vaart.'

Hogenelst balde zijn hand tot een vuist, tikte met zijn trouwring op het bureaublad en gaf zo het door hem gewenste tempo aan, tik tik tik. Toen ik het ritme wist bij te houden, schroefde hij het tempo op, tik-tik-tik, en toen ik ook dat tempo bijhield, zij het met enige moeite, schroefde hij het nog verder op, tiktiktik.

Er ontstond geroezemoes in de klas, dat Hogenelst met één blik van zijn priemende ogen de kop indrukte.

Het gedicteerde tempo herinnerde me aan de heer Franssen, mijn gymleraar op de hbs. Ik had een dure eed gezworen dat zoiets me niet nog een keer zou overkomen, wat-er-ook-gebeurde, of wat ook de consequenties mochten zijn.

'Ja,' zei ik, 'zó snel kan ik het niet. Als u het zó snel wilt, kunt u het beter zelf doen.'

Even bleef het stil. Toen barstte de klas los in een onbedaarlijk gelach. Verbaasd keek ik opzij. Sommige leerlingen beukten elkaar van het lachen op de schouders, anderen sloegen met hun vlakke hand op hun banken. Een grote opluchting maakte zich van allen meester, en via het open raam ontsnapte er iets uit het leslokaal wat te lang had vastgezeten. Met plezier sloeg ik het tafereel gade – mijn klasgenoten die dubbel lagen van het lachen –, blij dat ik iets voor hen kon betekenen. Ik lette niet op Hogenelst.

Ten slotte keek ik voor me, ook al omdat de lach op de gezichten van de leerlingen die het dichtst bij Hogenelst in de schoolbanken zaten, verzuurde.

Hogenelst staarde me aan met een haat die ik alleen van mijn vader kende. Hij spatte haast uit zijn pak van woede. De strijdbijl zou niet worden begraven voordat een van ons het onderspit dolf. Vanaf nu was daar het wachten op.

'Ga zitten,' zei Hogenelst met schorre stem, alsof de kracht plotseling uit hem was gevaren. Koeltjes liep ik terug naar mijn vaste plek, zonder de heer Hogenelst een blik waardig te keuren. Wilde hij me iets vragen, dan hoorde ik het vanzelf. Of niet.

'Jezus!' zeiden klasgenoten toen we na de les buiten gehoorsafstand van Hogenelst op de gang waren. 'Chabot... wat heb jíj gedaan?! Hoe durfde je?! Niet te geloven!'

Lang kon ik er niet bij stilstaan; de schoolbel luidde opnieuw en we stroomden het lokaal in. Vijf, zes leerlingen klopten me bewonderend op de schouder. De nabije toekomst zag er opeens zonniger uit.

Ik wist niet wat ik teweeg had gebracht, maar dat ik iets had teweeggebracht werd me tijdens de grote pauze duidelijk. Niet alleen mijn klas, de hele school wist van het mirakel dat zich vanochtend tijdens de Duitse les in klas 2 had voorgedaan.

Met een klap was Hogenelst van zijn troon geduveld, terwijl ik opeens mislukkeling af was.

En ik was bij lange na nog niet klaar; integendeel, ik was pas begonnen. Ik was ergens doorheen geglipt; de donkerte uit, het licht tegemoet.

'Weet je,' vertrouwde een leerlinge me na schooltijd toe, 'iedereen beefde voor Hogenelst. Doodsbang waren we voor die man, echt iedereen, zelfs de leraren, ook Mallée gek genoeg. Na vandaag is dat over. Je hebt de ban gebroken, en daarmee zijn macht.'

Ze stapte op haar fiets en trok haar handschoenen aan.

'Enige probleem...' zei ze. 'Dit vergeeft hij je nooit.'

29

EEN VAN MIJN nieuwe vrienden was Peter. Hij woonde iets verderop, in de Adelheidstraat, samen met zijn moeder. Zijn vader
was uit hun leven verdwenen.

Peter hield duiven in een til op het dak van het huis. Het
wemelde van de duiventillen op de daken, balkons en achterplat-
jes van Den Haag.

Zodra we uit school kwamen holden we de trappen op om de
duiven te lossen. Peter haalde ze uit hun hok en wierp ze de lucht
in, de vrijheid tegemoet. Om voor mij onbegrijpelijke redenen
wensten de geloste duiven van die plotselinge vrijheid slechts
spaarzaam gebruik te maken. Ze vlogen wat rond, landden op een
van de omringende daken en fladderden terug naar Peter, die ze

terug hun hok in hielp, tot grote tevredenheid van de duiven: en dat was het dan. Soms, bij hoge uitzondering – was de duif in de war en dreigde het dier koers te zetten naar een til van een van de buren? – moest hij er een teruglokken door met zijn hoofd op en neer te gaan en 'roe-koe, roe-koe, roekoekoe' te roepen.

Vlijtig hielp ik hem met het schoonhouden van de hokken.

'Is het niks voor jou,' vroeg Peter op een dag, 'duiven?'

Ja, zei ik, dat leek me wat. Maar, haastte ik me eraan toe te voegen, daar hoefde ik thuis niet mee aan te komen, dan brak de hel los.

'Dan neem je er toch een of twee?' zei Peter. 'En je hoeft ze niet bij je thuis op het balkon te houden, nergens voor nodig. Jullie hebben toch een fietsenschuur?'

Dat klopte: op die manier konden mijn ouders onmogelijk last van mijn duiven hebben. Bovendien had mijn moeder onlangs een overtollig geworden linnenkast zo lang in het fietsenhok geparkeerd.

'Komt dat even goed uit,' zei Peter. 'Ik timmer er een plank in, deurtjes en gaas ervoor, en jij hebt je eigen til. Moet je ze wel goed verzorgen, en ze op z'n minst één keer per dag lossen. Zou dat lukken, denk je?'

Dat wist ik op zeker.

'Doen we dat toch?' zei Peter. 'Het is nu... even kijken... bijna halfzes, te laat om vandaag nog... wij eten altijd om zes uur... Wat dacht je van morgen? Loop ik uit school met je mee naar jullie fietsenschuur, de boel bezichtigen, dan weet ik wat ik nodig heb aan hout en gaas en troep, spijkers, schroeven, verf, en wat er kan in die kast, de mogelijkheden, een of twee of misschien zelfs drie duiven. Ik heb er genoeg, je kunt er zo een paar van me overnemen. Lijkt je dat wat?'

Hij kreeg de duiventil binnen het uur voor elkaar, zonder dat mijn moeder op het achterbalkon verscheen om uit te vinden waar het dichtbije gehamer vandaan kwam. Een dag later kwamen mijn twee duiven. Peter had een schoenendoos op de bagagedrager van zijn fiets gebonden, trok de snelbinders weg en tilde het deksel eraf; en de duiven kozen enthousiast het luchtruim. Zo enthousiast had ik ze zelden meegemaakt en ik vermoedde dat we ze nimmer zouden terugzien.

Maar dat viel mee. De duiven klapwiekten omhoog, tot boven de daken van de omringende flats, maar veel hoger dan dat vlogen ze niet: ze bleven in zicht. Tot ze genoeg hadden van hun vrijheid en terugkeerden naar Peter, die ze behendig beetpakte – 'Kijk Bart, achter hun kop, dan kunnen ze niks' – en ze voor het eerst in hun nieuwe behuizing zette. Mijn duiventil.

Wat onwennig sloeg ik het tafereel gade. Ik zag mezelf dat niet een-twee-drie doen, de vogels kordaat uit de lucht in hun nek grijpen. En zouden ze, eenmaal losgelaten, uit eigen vrije wil naar me terugkeren? Ook dat leek me onwaarschijnlijk.

Maar Peter stelde me gerust, het was allemaal goed te doen, ook door mij; en als het echt niet lukte kon ik naar zijn huis fietsen en zou hij me helpen. Maar nogmaals, zei Peter, het gaat vanzelf, dat zul je zien. Ik was maar half overtuigd, maar om praktische redenen besloot ik om geloof aan zijn woorden te hechten, twijfels konden we niet gebruiken.

'Goed voeren,' zei Peter, en hij gaf me een pak vogelvoer. 'Belangrijk. Je wilt ze niet op een middag kassiewijle op de bodemplaat vinden, toch? Dus goed voeren, een handvol zaden. Maar niet te veel, dat is ook niet goed. En hun water verversen, hè, elke dag vers water. Belangrijk. En hun hokken schoonhouden, één keer in de week.'

'Kan ik ze ook loslaten in de schuur, af en toe?' wilde ik weten. 'Dat lijkt me fijn voor die beessies, dat ze niet de godgeslagen dag in hun hok hoeven te zitten totdat ik eindelijk eens uit school kom.'

Dat kon, zei Peter, alleen scheten de duiven alles onder. Ze zindelijk maken zat er niet in.

Mocht het eigenlijk van mijn ouders? vroeg hij zich plotseling af.

'Laten we eerst zorgen,' zei ik, 'dat de duiven zich op hun gemak voelen. De rest komt later vanzelf.'

Peter stak een zelfgerolde sigaret op en nam de duiventil tevreden in ogenschouw.

'Mooi,' besloot hij en schoot de peuk op het dak van een van de fietsenschuurtjes. 'Ik moest maar eens op huis aan. Waar kan ik de rotzooi laten?'

Hij doelde op de schoenendoos, de afgezaagde restjes hout, een kromme spijker en wat houtwol. Ik wilde zeggen dat ik het afval zolang in de schuur zou bewaren, toen zijn oog op de fietsenschuur tegenover de onze viel, en de ruimte tussen die schuur en de muur die de achterkant vormde van een garage.

'Is dat wat?' zei Peter terwijl hij naar de nis wees. Hij hees zich op aan de rand van het recent gemetselde muurtje dat de smalle ruimte aan het oog onttrok.

'Jezus, wat ligt daar allemaal? Nou, daar kan die troep van mij met gemak bij', en hij kieperde alles de nis in: de ruimte waar ik zo vaak naar verlangde en die ik als mijn voorland beschouwde. Op een dag zou ik over de muur klimmen en mezelf te rusten leggen onder de afgezaagde en –geknapte takken, het tuinafval en de schillen en de dozen, met uitzicht – dwars door de takken en twijgen heen – op de nachthemel en de sterren boven Den Haag, om in te slapen, rust tegemoet, rust, rust, rust. Tegen de tijd dat ik zou worden gevonden, was ik er allang niet meer. Maar dat vertelde ik Peter niet. Hij zou het niet begrijpen en me in het ergste geval willen tegenhouden.

Wekenlang ging het goed. Na school fietste ik achterom naar ons hok, zette de deurtjes open en liet mijn twee duiven los. Die vlogen wat in het wilde weg en kwamen daarna weer op huis aan. Mijn moeder kreeg niets in de gaten, en geen buurvrouw maakte haar op de rondvliegende duiven attent. Na drie weken durfde ik de deurtjes van hun hokken overdag open te laten, zodat de duiven meer bewegingsvrijheid genoten. Van het schoonmaken van de schuur kwam het niet, al nam ik me steeds voor om het de volgende dag te zullen aanpakken. Geen onwil, het kwam er eenvoudig niet van. De noodzaak ervan zag ik wel: overal in de schuur prijkten grillige plakkaten en als je 's middags de schuurdeur opendeed rook je wat je niet ruiken wilde, zeker na een warme, zonnige dag. Ook mocht de schuur zich in een toenemende belangstelling van vliegen verheugen. Maar van een grote schoonmaak kwam het helaas niet.

Op een zondagmiddag vroeg ik mijn moeder of ik limonade mocht.

Waar was mijn vader?

'Papa? Die is naar het schuurtje, een doos schroeven halen, om het loszittende rooster in de badkamer vast te draaien.'

Zonder iets te zeggen zette ik mijn beker op het aanrecht en liep naar mijn kamer.

'Hé!' riep mijn moeder me achterna. 'Drink jij je limonade niet op?!'

Ik deed of ik haar niet hoorde en trok de deur achter me dicht. Hoe lang zou mijn vader wegblijven? In gedachte nam ik afscheid van de duiven.

Al te snel hoorde ik de sleutel in het slot knarsen en de voordeur hard dichtgaan.

'Gé?' klonk het vanuit de keuken.

Maar Gé antwoordde niet. In plaats daarvan smeet hij mijn kamerdeur open.

'Zijn die duiven van jou?'

'Ja, papa,' zei ik met een stemmetje dat dienst weigerde.

'Waar komen die beesten vandaan?'

Ik wilde niet, maar moest de naam van Peter noemen.

'Ben jij wel goed bij je hoofd?, waardeloze figuur dat je bent.'

'Wat is er, Gé?' Mijn moeder kwam door de gang aangesneld. 'Wat is er aan de hand?'

'Wat dénk je?' zei mijn vader zonder zijn blik van me af te wenden. 'Ik doe de deur van het schuurtje open... Vliegen er twee duiven rond! Meneer heeft een duiventil in de linnenkast getimmerd. De deuren van de kooien staan open... Eén grote zwijnenbende. Alles zit onder de vogelstront en de veren, alles. En het stikt er van de vliegen.'

'Moet je goed luisteren, jongeman,' vervolgde hij. 'Jij belt nu die Peter op en zegt hem dat hij die duiven ogenblikkelijk komt ophalen. Nú. Zijn die smerige beesten weg, dan maak jij twee emmers lauw sop, je pakt een spons en een zeem en dan ga jij de rest van de dag de schuur schoonmaken, net zo lang tot er geen vuiltje meer te bekennen valt, geen strontplek, geen veertje, niets. Dan pas kom je terug naar huis en hoor je van mij welke straf je krijgt. Om te beginnen sla je vandaag de avondmaaltijd over, dan blijven wij tenminste van je aanwezigheid aan tafel verstoken. Ik zal je een lesje leren dat je nog lang zal heugen. Laat dat goed tot die botte hersens van je doordringen, droevige figuur dat je bent.'

Ik belde Peter, die weinig uitleg nodig had.

De gebeurtenis kwam onze vriendschap niet ten goede. Van mijn vader mocht ik niet meer bij Peter over de vloer komen.

Peter had geen vader en ik wel, maar ik had zo met Peter willen ruilen.

Ik wist mijn cijfers wat op te krikken, op Duits na.

De middagen na schooltijd bracht ik overwegend door in de werkplaats van een fietsenmaker, schuin tegenover de schoolingang. Op een middag was ik er binnen gelopen en had gevraagd of ik me nuttig kon maken. Dat kon: ik mocht banden plakken en leerde een ketting of spaak te vervangen, zodat ik pas vlak voor etenstijd thuiskwam, wat voor alle partijen plezierig was.

Het werd juni, de overgangsrapporten naderden en daarmee de ouderavond, of de tafeltjesavond zoals het op de nieuwe school heette.

Ik wilde naar bed gaan, halfnegen, toen mijn moeder haar hoofd om de kamerdeur stak. 'Wat ga jij vroeg slapen?' zei ze achterdochtig. 'Ik ga zo naar die school van je... Is er iets dat ik moet weten? Dan kun je het maar beter nu vertellen, ik kom er toch achter.'

Nee, antwoordde ik naar eer en geweten, er was niets dat ik op de valreep diende op te biechten.

Terwijl ik via het laddertje het stapelbed in klom, vroeg ik me af of ik niet iets over het hoofd zag dat ik beter kon bekennen om straks geen grotere schade aan te richten.

De voordeur sloeg toe; mijn moeder was op weg. Ik trok de dekens over me heen – mijn zus in het onderste bed sliep al; die had haar slaap doorgaans harder nodig dan ik – en was vrij snel vertrokken.

'Uit je bed komen, jij! En snel!'

Mijn moeder had het niet tegen mijn zus. De plafondlamp spetterde aan. Het moest hard waaien buiten: ze had toevallig haar. Ik daalde de ladder af en stapte op het zeil.

'Mag het licht uit?' vroeg mijn zus. 'Ik probeer te slapen.'

Mijn moeder pakte me bij mijn pyjamakraag en trok me de

gang door naar de zitkamer, waar mijn vader met een boek over Winston Churchill zat, dat hij met een zucht opzijlegde.

'Wat is er nu weer aan de hand?'

Hij keek mij strak aan, maar dit keer moest hij toch echt bij mijn moeder zijn om het heuglijke nieuws te vernemen.

'Wat heb jij bij Duits uitgehaald?!' riep mijn moeder. 'Wat heb jij bij die man gedaan?!'

'Ik?' zei ik. 'Niks.'

'Dat lijkt me in jouw geval,' zei mijn vader, 'alleszins geloofwaardig.'

'Gé,' zei mijn moeder, 'je hebt geen idee wat ik vanavond op die school heb moeten doorstaan.'

'Nee,' zei mijn vader, 'en ik geloof ook niet dat ik het wil weten.'

Woedend trok mijn moeder haar jas uit.

'Gé, ik ben me rot geschrokken. Maar ik heb er werk van gemaakt. Wat dénkt-ie wel niet, die Hogenbijl of Hogenvest. Wie dacht-ie wel niet dat-ie voor zich had?!'

Ik begon een vermoeden te krijgen van wat zich tijdens de ouderavond kon hebben voorgedaan.

'Gé, toen ik de school binnenkwam was er nog niks aan de hand. Wat een gebouw trouwens, daar zou je voor je verdriet nog niet heen willen. Maar goed,' – nu keek ze beschuldigend naar mij – 'daar heb jij het zelf naar gemaakt.'

Ze aarzelde, en keek van mijn vader naar mij, en weer naar mijn vader, alsof het haar moeite kostte om te bepalen tegen wie ze haar relaas zou afsteken. 'De eerste paar leraren, dat ging nog, die waren vrij positief. Na een moeilijk begin,' – ze keek naar mij – 'waarbij ze het ergste voor je vreesden, ging je langzaamaan iets vooruit, en dat doe je tot op de dag van vandaag. Goed. Hou je vast. Toen liep ik het klaslokaal in waar jouw leraar Duits zetelt. Hoe heet-ie, Hogendijk?'

'Hogenelst,' zei ik.

'Wat een walgelijke... Die man komt overeind, zonder me gedag te zeggen, en begint me daar toch tekeer te gaan... "Bent u de moeder van die Bart Chabot?! Bent ú de moeder??" Hij zei het niet, hij schreeuwde tegen me. Ongehoord. Hij kwam achter zijn bureau vandaan, priemde met een vinger naar mij... "Dus ú bent de moeder van dat joch?!" Tierend. Schuim op zijn lippen.

Ik deinsde achteruit, tot ik zowat weer bij de deur van het klaslokaal uitkwam.

Ik zeg tegen hem, toen-ie eindelijk was uitgeraasd: "Nou moet u eens even heel goed naar mij luisteren. Want ik ben hier niet van gediend. Wat dénkt u wel niet?! Mij zo toe te spreken, en te blèren en tekeer te gaan tegen mij! Bent u wel goed bij uw hoofd?! Het is ronduit schofterig, zoals u zich gedraagt, schandalig. En ik laat het er niet bij zitten. Ik wens niet op een dergelijke manier en op een dergelijke toon te worden toegesproken, door niemand niet, en al helemaal niet door u. Ik wens nú de directeur te spreken, nú, dan zullen we eens zien wat hij ervan vindt. Wie denkt u dat u voor zich heeft? Bent u niet goed snik? Ik pik dit niet, zo'n vertoon van een gebrek aan het elementairste fatsoen... Waar is de directeur, de heer Mallée, waar kan ik hem vinden? Dit is werkelijk ongehoord. Ik ben nog nooit van mijn leven zó door iemand toegesproken."'

'Zo te horen,' merkte mijn vader droogjes op, 'was jij langer aan het woord dan hij.'

'Wat een misselijkmakend mannetje. Bart is erg, maar die leraar Duits kan er ook wat van. Die Hogenelst kan zo aan de slag als beul. Daar hoeft-ie geen opleiding voor te volgen.'

Het was scherp gezien van mijn moeder; en daarvoor had ze Hogenelst maar één keer hoeven te ontmoeten.

'Dus ik sta daar met die deur in mijn rug... Hogenelst briesend voor me... kwam er goddank een stel leraren aangehold, die op het getier en geschreeuw afkwamen, "Wat is híer aan de hand?!"

"Dat zal ik u eens even haarfijn uitleggen," zei ik. "Want de manier waarop híj... dat bevalt me hélemaal niet! Maar eerst... Waar is de heer Mallée?"

Gé, ik wist niet wat ik meemaakte. Werkelijk waar, ik wist niet wat me overkwam.'

Ze wendde zich tot mij. 'Die Hogenelst, die leraar Duits, die stormde en blies me zowat omver! Wat heb jij bij die man uitgespookt tijdens de les? Opletten in elk geval niet, want je gemiddelde is een 2, begreep ik van Mallée. Of een één zelfs. En dan kun je nog zulke goeie cijfers voor je andere vakken halen, maar met een één voor Duits ga je niet over; en je weet wat er dan gebeurt, dat hoeven we je niet meer uit te leggen, toch?'

'Dat was ik ook bepaald niet van plan,' zei mijn vader tegen me, 'om dat nog eens uit te leggen. Eén flauwekulletje en je bent hier weg.'

Ik knikte ten teken dat die boodschap tot me was doorgedrongen: op dat punt geen misverstanden.

'Gé, eerst werd ik op de gang door de leraren opgevangen, alleraardigst, ik-kan-niet-anders-zeggen. Er werd een glaasje water voor me gehaald om te bekomen van de schrik, en of ik een kopje koffie bliefde, en vervolgens werd ik naar Mallée begeleid, de directeur. Terwijl ik op de gang stond, met de leerkrachten in een kring om me heen, zag ik Hogenelst wegglippen, het klaslokaal uit, de gang door naar de trap. Die voelde de bui hangen. Nou, ik hoefde Mallée niks uit te leggen, hij had al van de woede-uitbarsting vernomen en bood zijn welgemeende excuses aan voor het onverkwikkelijke incident. Nee, het kon absoluut niet hoe de heer Hogenelst tegen me tekeer was gegaan, dat was hij volstrekt met me eens. Zo gingen we niet met elkaar om op school, en daarom had hij Hogenelst naar huis gestuurd, ook om verdere escalatie te voorkomen. Ja, hij betreurde het ten zeerste, nogmaals zijn oprechte excuses. Ik had de indruk dat-ie er nogal mee in zijn maag zat. Of hij iets voor me kon doen of betekenen.

Toen vroeg ik hem hoe het ervoor stond...' – ze keek kort naar mij – '... met jou. Nou, niet best. Daar kon-ie kort over zijn, de resultaten geven geen aanleiding tot gejuich. Sterker, als het niet snel bergopwaarts gaat, blijft hij zitten, of wordt teruggezet naar de ulo.'

'Wel verdomme,' zei mijn vader.

'Dus ik heb even stevig gepraat met de heer Mallée. Een hartig woordje. En hem aan zijn verstand gepeuterd dat Bart nieuw is op school, met alle aanpassingsproblemen van dien, en dat zijn rapportcijfers niet het hele verhaal vertellen en maar van beperkte waarde zijn. Nou, hij begreep me uitmuntend, Mallée. Hij snapte precies waar ik heen wilde. Kortom...' – ze keek opnieuw naar mij – '... als jij éindelijk een beetje je best gaat doen, kun je nog een end komen. En dat cijfer voor Duits moet opgekrikt, koste wat kost. Met een één of een 2 op je rapport...'

'Vertel,' zei ze op iets welwillender toon, 'wat heb je bij die man uitgevreten, bij die Hogenelst?'

'Dat is een lang verhaal, mam. En ik weet niet of je het wil horen.'

'Ga er maar gerust van uit van niet,' zei mijn vader. 'Je zult het er wel weer naar gemaakt hebben. Daar kennen we hier in huis genoegzaam de voorbeelden van. Bespaar me je praatjes. Daarbij, het is bijna halfelf, je had allang in bed moeten liggen. Wat doe je hier nog? Naar je slaapkamer, jij. En vlot. Anders help ik je een handje.'

Drie weken later was de rapportuitreiking. Voor Duits had ik louter enen en tweeën gehaald, maar er prijkte een vier op mijn eindlijst; ik ging voorwaardelijk over naar de derde klas. Mijn moeder mocht vaker op school langskomen.

Hogenelsts wraak volgde later pas.

Op een zonnige donderdagochtend was het zover.

Het tweede uur hadden we Duits. Ik kwam de klas binnen en ging op mijn vaste plek achterin zitten. Ik had het huiswerk dat Hogenelst gistermiddag had opgegeven – tien zinnen in het Duits vertalen, tien zinnen uit het Duits in het Nederlands omzetten – gemaakt. Niet dat ik het hoefde te maken; ik deed voor spek en bonen mee, ondanks mijn moeders bemoeienissen. Hogenelst keek mijn ingeleverde proefwerken zogenaamd na: hoger dan een drie gaf hij er nooit voor. Ik bestond eenvoudigweg niet voor hem.

Toen iedereen op zijn of haar plek zat, keek hij op zijn gemak het klaslokaal rond. Wie zou hij een beurt gunnen?

Ik had mijn werk voor me liggen, maar leunde ontspannen achterover en wilde ondanks de neergelaten luxaflex naar buiten kijken. Ik kreeg toch geen beurt. Tot Hogenelst zijn stem verhief.

'Chabot.'

Ik keek naar hem, en hij staarde mij aan, dus hij moest mij bedoelen.

'Ja, meneer?'

'Chabot, vertel ons eens... denk je dat het je zou lukken om je luie ledematen uit je zitting te verheffen en naar voren te lopen, het hele eind, tot vooraan in de klas?'

'Dat zou zomaar kunnen,' zei ik.

Het gezicht van Hogenelst veranderde in een tronie.

Het werd ijzig stil in de klas; en toen ik uit mijn bank kwam en met mijn schrift in de hand tussen de rijen banken door naar voren liep, tot aan het schoolbord, verdiepte de stilte zich tot een kilte die zich, niet gehinderd door deur of ramen of muren, tot buiten het klaslokaal kon uitbreiden.

Vlak voor het schoolbord draaide ik me een kwartslag, zodat ik Hogenelst aankeek. Wat verlangde hij van me?

'Zo, Chabot. Zo zo, kijk eens aan. Nou, dát is je alvast gelukt. En wat denk je, Chabot, nu je hier toch staat, voor het oog van de klas... Zou jij in staat zijn om een krijtje te pakken, als het niet te zwaar voor je is, en laten-we-zeggen de eerste vijf door jou in het Duits vertaalde zinnen op het bord te kalken? Of is dat te hooggegrepen en mogen wij, de klas en ik, zoiets niet in redelijkheid van je verwachten?'

'Als gezegd, dat zou zomaar kunnen.'

'"Meneer..." Je vergeet wat, Chabot...' Hij glimlachte met een zoetheid naar de klas die het glazuur op je tanden kon doen springen. 'Dat zou zomaar kunnen, "menéér".'

'Meneer.'

'Nee, Chabot. Ik wens de hele zin van je te horen. We zullen jou eens wat fatsoen bijbrengen. "Als gezegd, dat zou zomaar kunnen, menéér".'

'Als gezegd,' herhaalde ik, 'dat zou zomaar kunnen... meneer.'

'Kijk eens aan, dus je kúnt het wel, de allereenvoudigste vorm van boerenbeleefdheid opbrengen. Daar kijk ik van op. Wat ze bij jou thuis in al die jaren niet gelukt is, lukt mij in één les. Dus het is geen onwil van je, nee...'

Ik moest denken aan wat mijn moeder na de tafeltjesavond over hem had gezegd. Een beul. Het leek me verstandig om haar bevindingen niet hardop met de klas te delen.

'Goed, Chabot. Zullen we het er dan maar op wagen? Ga je gang, de eerste vijf zinnen. We zijn benieuwd.'

Ik pakte een krijtje, begon de eerste zin zo netjes mogelijk op het bord te schrijven zodat alle leerlingen het konden lezen en was halverwege de tweede zin toen Hogenelst opstond, zonder iets te zeggen langs me heen liep, met de handen op de rug het pad in wandelde, tussen de rijen schoolbanken door, tot achter in de klas.

Ik spiekte over mijn schouder om te zien wat hij achter mijn rug uitvoerde. Hij leunde tegen een kast, voeten uit elkaar, waarin schoolmaterialen werden bewaard.

'Ga rustig door, Chabot. Laat je door mij vooral niet afleiden.'

Ik schreef de derde zin op het bord, me bewust van de kilte om me heen, en de vierde zin, en ten slotte de vijfde en laatste zin.

'Dat is het?' hoorde ik Hogenelst van ver zeggen. 'Dat weet je zeker? Ja? Dan kun je nu teruglopen naar je plaats.'

Dat was wat ik deed. Niemand in de klas zei iets, ik had opeens opvallend weinig medestanders. Sommigen gaapten me aan, maar als onze blikken elkaar kruisten, wendden ze zich vlug af en staarden voor zich uit, wachtend op wat onherroepelijk komen ging: een showdown. Het kon nog alle kanten op, behalve de goeie.

'Goed,' zei Hogenelst nadat ik mijn plek had ingenomen. Hij was iets opgeschoven en leunde tegen de stalen kast waarin de Duitse leesboeken werden bewaard. Eens per week lazen we klassikaal hardop, waarbij je opeens de beurt kon krijgen, zodat Hogenelst kon vaststellen of je al dan niet oplette en de tekst volgde. Wist je niet waar we gebleven waren, dan mocht je de bewuste pagina vijf keer overschrijven, vaker tien keer of meer, en het resultaat de volgende dag voor aanvang van het lesuur inleveren. Verzaakte je, dan verdubbelde de straf.

Hogenelst maakte zich los van de kast en liep onder doodse stilte met langzame passen door de klas naar voren, tot hij voor het schoolbord stond.

Buiten verstomde het rumoer. Ik kon me voorstellen dat

zelfs de vissen in zee geen vin durfden te verroeren. Het wachten was op het laatste oordeel van de heer Hogenelst.

Hij blikte langdurig omhoog, naar de zinnen die ik zojuist had opgeschreven, alsof hij elk woord in zich wilde opnemen, ging naast het schoolbord staan en draaide zich om naar de klas. Iets in zijn houding en blik zei me dat het er niet goed voor me uitzag, een voorgevoel dat breed werd gedeeld: op een enkeling na keken de leerlingen mijn kant op, oogcontact vermijdend. Ze hadden me in hun midden opgenomen, maar ze konden me net zo gemakkelijk weer uit hun midden verstoten. Hogenelst had het opnieuw voor het zeggen, wat hij terdege besefte.

Hogenelsts arm ging omhoog en de rug van zijn rechterhand boog achterwaarts naar het bord. Ook al zat ik een eind van hem vandaan, toch kon ik zijn vlezige handpalm zien. Hij droeg een donkerblauw pak en had een wit overhemd aan dat spande bij zijn buik. 'O, wat een onappetijtelijke man,' had mijn moeder gezegd, en ik begreep waarom. Daar hoefde ik het opzettelijk laten vallen van de ballpoints niet eens voor in herinnering te roepen.

'Kijk goed, jongens en meisjes...'

Hij tikte met zijn trouwring tegen het bord. Tik tik tik.

'... kijk goed...'

Zijn ring sloeg hard tegen het bord, tik-tik-tik, vlak onder de vijfde en laatste zin die ik had opgeschreven.

'... goed kijken, jongens en meisjes...'

Tiktiktik.

'... dit nu... tiktiktik... Dit nu... is het handschrift van een psychopaat.'

Het was vernietigend bedoeld, en het was ook vernietigend, zowel voor de sfeer in de klas als voor mij. Ik was een 'psychopaat'. Weliswaar was het me onduidelijk wat dat inhield, de volle betekenis van het woord ontging me, maar dat het iets heel ergs was, daarover geen twijfel. Ik was een verachtelijk wezen, dat op geen enkele manier aanspraak kon maken op een menselijk bestaan.

In de klas bleef het stil. Tot Hogenelst de borstel pakte en mijn vijf zinnen uitveegde.

De borstel legde hij onzacht terug. Een wolkje krijt stoof op, een stil protest, maar dat ontging Hogenelst, die plaatsnam achter zijn lessenaar en zich met zijn ellebogen leunend op het bureaublad breed maakte.

De vingertoppen van zijn beide handen tikten elkaar tevreden aan. Ja, hij had indruk gemaakt, afgaande op de bleke gezichten in de klas. Het doelwit zelf staarde uit het raam naar buiten, de psychopaat, en hoorde er definitief niet meer bij.

'Goed,' zei Hogenelst, 'waar waren we gebleven... Willy... Willy, wil jij naar voren komen en de eerste vijf zinnen van het huiswerk voor ons op het bord schrijven, maar dan goed?'

Willy stond op, liep naar het schoolbord en pakte een krijtje. Dat nam ik haar niet kwalijk; ze had geen keus.

Ten slotte ging de bel, die vermoeid klonk, oud en der dagen zat. In stilte pakten de leerlingen hun schooltassen en in stilte verlieten ze het lokaal. Op de gang en in het trappenhuis, op weg naar buiten, de kleine pauze, begon het tot hen door te dringen dat er iets onherstelbaar was beschadigd.

Leerlingen kwamen naar me toe, klopten me bemoedigend op de schouder en zeiden dat ze vierkant achter me stonden. Wat ik waardeerde; maar in de klas had geen van hen een mond opengedaan. Eens te meer kwam het op mij aan, en op mij alleen.

'Zal ik met je meelopen?' vroeg Anneke na school. Om naar huis te gaan moest ze een andere kant op dan ik.

Tot haar opluchting zei ik dat ik het aanbod erg waardeerde, maar dat het niet hoefde, dat ik de weg naar huis in mijn eentje zou weten te vinden.

Ik zag Anneke wegfietsen, omkijken en zwaaien, en de hoek omslaan, de Louise de Colignystraat in.

De Van der Parrastraat was leeg. De deur van de werkplaats van de rijwielhandel was dicht: na vijven sloten winkel en werkplaats. Ik pakte mijn schooltas die tussen mijn voeten op de stoep stond en begaf me naar huis. Zou Hogenelst al thuis zijn, vroeg ik me af. En wat zou hij tegen zijn vrouw zeggen; of zou hij tijdens de avondmaaltijd zijn heldendaad van vanochtend onvermeld laten?

Ik liep de straat uit, sloeg rechtsaf de hoek om en kwam bij het zebrapad aan de Juliana van Stolberglaan. Nog even en ik was terug in de Wilhelminastraat, bijna thuis; maar tegelijkertijd was mijn straat nog mijlenver weg.

Ik dagdroomde dat Anneke me vergezelde.

Mijn wereld stortte niet in. Dat had ik eerder meegemaakt.

'Mam,' vroeg ik toen ik thuiskwam, 'wat is een psychopaat?'

Mijn moeder was druk in de keuken met de voorbereidingen voor het avondeten bezig, rijst, sperziebonen, pindasaus en een gekookt ei, en bovendien moest ze met spoed een dierbare vriendin bellen die slecht nieuws had gekregen, baarmoederhalskanker, en ze wuifde me weg.

Ik liep naar mijn kamer, waar een Nederlands Woordenboek stond; maar voor alle zekerheid zocht ik het woord 'psychopaat' niet op.

Je kon niet weten.

30

IK WAS VEERTIEN toen ik haar voor het eerst ontmoette en vijftien toen we het voor het eerst deden.

Tot die avond behoorden de eerste borsten die ik zag toe aan tante Wies, die een paar portieken verderop in de Wilhelminastraat woonde en helemaal onze tante niet was maar de moeder van een vriend van me, Fons, met wie ik na school veel optrok. Toch noemden mijn zus en ik haar 'tante' op aandringen van onze ouders.

Daarvoor, voor tante Wies, waren de borsten die ik zag beperkt gebleven tot de foto's in het tijdschrift *De Lach*. Een kleurenfoto van een vrouw in bikini onder de douche, waarbij het nat geworden textiel aan haar lichaam plakte, gold in die jaren in de fietsenstalling na school als het summum van sexy.

Later, op de hbs, raakte ik bevriend met Leo, wiens vader wethouder was. Leo pikte genoeg geld uit zijn moeders portemonnee om samen met mij bij een kiosk de nieuwe *Chick* of *Candy* te kopen, seksblaadjes waarin je 'alles' zag, en die ik als tegenprestatie voor Leo's zakgeld onder in de bij ons in onbruik geraakte Grundig-koffergrammofoon bewaarde, die zo lang in onze schuur was gestald dat mijn vader het bestaan van de platenspeler moest zijn vergeten.

Bij Leo kon de opslag van de blaadjes niet. 'Mijn vader is een hoge pief, als het uitkomt dat zijn zoon...'

De hoeveelheid seksboekjes groeide aan tot een stapel die Leo en ik na school geestdriftig bekeken, tot de kerkklok aan de Bezuidenhoutseweg vijf uur sloeg en ik de blaadjes opborg, de vier schroeven weer in het deck vastdraaide en de grammofoonkoffer sloot.

Tot mijn vader ons goed bewaarde geheim ontdekte. Toen hij de grammofoon wilde verplaatsen om iets te pakken wat eronder lag, woog deze ongewoon zwaar. Hij hield hem op zijn kant, hoorde binnenin iets verschuiven en schroefde hem open. Met de aangetroffen *Chicks* en *Candy's* toog hij naar onze benedenbuurman, Lex, een kantonrechter, die hij aantrof in diens schuur in de achtertuin. Lex was zo dol op zijn vrouw Meta dat hij zijn doordeweekse vrije tijd en de weekends zo veel mogelijk in zijn schuur doorbracht. Hij repareerde er meubels; tafels, stoelen, een houten ledikant.

'Wat voert-ie toch uit in die schuur?' zei mijn moeder geregeld. 'Hele dagen brengt-ie erin door, timmerend, kloppend en borend, maar er komt nooit eens iets uit dat hok tevoorschijn. Dat Meta dat pikt.'

'En,' zei mijn moeder toen mijn vader haar van de verzameling *Chicks* en *Candy's* op de hoogte bracht, 'wat vond Lex er-van?'

Het was het enige moment van de middag dat mijn vader te-leurgesteld keek.

'Lex,' vertelde mijn vader, 'bladerde enthousiast door die vunzigheid heen terwijl hij "O Gé, wat erg!" uitriep, en "O Gé, wat is dít dan, zeg?!" Dus ik heb het uit zijn handen getrokken en weggegooid, de vuilnisbak in, toen hij me vroeg of hij die troep mocht houden om het aan Meta te laten zien.

"Geen sprake van, Lex," heb ik gezegd.'

Vervolgens wendde mijn vader zich tot mij. 'Moet ik het soms uit je trekken hoe je aan die rotzooi komt?'

Ik noemde Leo's naam niet. Ook niet de dag erop of de da-gen die volgden, in weerwil van de druk die op me werd uitgeoe-fend.

Op een late vakantieochtend wilde ik Fons van huis ophalen om buiten te spelen. Ik belde vergeefs aan, er werd niet opengedaan en ook herhaald aanbellen bood geen soelaas. Terwijl we toch dui-delijk genoeg hadden afgesproken. Was er bij hem thuis iets aan de hand? Er was maar één manier om dat uit te vinden en ik klom op de houten trapleuning in het portiek zodat ik door het boven-raam in de voordeur naar binnen kon kijken.

De gangdeur stond open: ik kon de zitkamer zien, die aan de straatkant lag.

Fons zag ik niet, wel kwam na een poosje wachten zijn moe-der in beeld.

Ze had niets aan.

Wat ik alleen van papier kende, zag ik nu in het echt.

Tante Wies was gebruind, ook haar borsten, al kleurden die een tint lichter dan de rest van haar lichaam.

'Mijn moeder,' had ik Fons met verwijt in zijn stem horen zeggen, 'ligt de hele dag te zonnen, op het achterbalkon.'

Nu zag ik de plezierige gevolgen van zijn moeders gewoonte. Vergeleken met haar bruine tint was mijn moeder melkfleswit, op het ziekelijke af. Misschien, dacht ik, had tante Wies dat vanochtend liggen doen: zonnen, en liep ze daarom naakt door het huis.

Het was niet in de haak wat ik deed, tante Wies bespieden, dat wilde ik best toegeven, maar ik gaf mijn hoge positie op de trapleuning niet zonder slag of stoot op. Dat zou Leo ook niet hebben gedaan.

Tante Wies liep in een rechte lijn de voorkamer in: ze had een specifiek doel voor ogen. Ik hoefde niet lang te wachten voor ze opnieuw verscheen. Ze liep rokend terug met in haar hand een pakje sigaretten van het merk Miss Blanche, en was waarschijnlijk op weg naar het balkon om zich in haar ligstoel neer te vlijen.

Zonder me op te merken blies ze de rook routineus uit en liep door de blauwige wolk heen, die uiteen waaide.

Ik ving een laatste glimp van haar billen op, en weg was tante Wies.

Ademloos was ik, en tegelijk was ik me ervan bewust dat wat ik deed ongepast was en dat mijn gegluur - mocht ik door een portiekbewoner worden betrapt - als bespioneren zou worden uitgelegd. Als het mijn vader ter ore kwam had je de poppen aan het dansen.

Zo vlug ik kon klauterde ik van de trapleuning af. Springen kon niet, een dreun zou opvallen.

Ik belde aan, en belde nadat er niet werd opengedaan opnieuw aan, en nog eens en nog eens, en toen nog eens.

Ik wilde al onverrichter zake weggaan toen de voordeur openging.

'Wie hebben we daar?' zei tante Wies. Ze leek oprecht verheugd me te zien. 'Wat is er aan de hand, jongen? Is er iets, dat je de bel onophoudelijk laat overgaan, nee toch?'

Ja, waarom had ik zo vasthoudend aangebeld, bij het hardnekkige af? Hoopte ik dat tante Wies zou opendoen?

Ze had een kamerjas aan die slordig was dichtgeknoopt, in alle haast; al maakte ze zelf geen erg gehaaste indruk.

'Kom binnen, jongen,' zei ze vriendelijk. 'Kom je voor Fons? Die is even de deur uit, maar ik verwacht hem zo terug, hoor. Kom verder, jongen.'

Ik hoopte dat Fons nog een poosje zou wegblijven.

'Vertel eens,' zei tante Wies, 'wat waren jullie van plan te doen, vissen in het Haagse Bos?'

Dat deed ik geregeld, vissen op voorntjes, paling en baars, 's woensdags na school en op zaterdagmiddag, maar dan met Ronnie. Nee, we gingen niet vissen, Fons en ik. We zouden cowboy en indiaantje spelen, of Ivanhoe. Of Rawhide. Met zijn cowboy- en indianenoutfits en zijn ridderpak.

'Zo,' zei tante Wies, 'dus jullie gaan straks een arme eenzame jonkvrouw redden die met een witte zakdoek uit een kasteelraam wappert; en dan komen Fons en jij, twee knappe prinsen, haar bevrijden en nemen haar mee op een paard.'

'Ja, zo ongeveer,' zei ik om haar ter wille te zijn.

'Het lijkt me heerlijk,' zei tante Wies, 'om door jullie te worden gered.'

De gang vulde zich met riddergeluiden.

'En mag ik dan bij jou achter op het paard?'

'Tuurlijk, tante Wies,' zei ik. 'Altijd.'

Om dat antwoord moest tante Wies glimlachen.

Haar kamerjas kwam wat losser te zitten en de knoop die haar peignoir bijeen moest houden was misschien niet volledig tegen deze taak opgewassen.

'Nou, waar wachten we nog op? Ik ben er klaar voor, klaar om te worden gered.'

'Ik wil u best redden,' zei ik, 'maar dat kan alleen als u eerst uit het raam van een kasteeltoren met uw zakdoek zwaait.'

Ze lachte en kneep zachtjes in mijn linkerwang. 'Afgesproken, jongen. Zodra ik een kasteelraam heb gevonden en een zakdoek...'

'... kom ik u redden op mijn paard,' zei ik.

'Daar hou ik je aan,' zei tante Wies. 'Daar reken ik dan op, hè.'

Ze deed geen poging haar kamerjas vaster om zich heen te trekken en de ceintuur opnieuw te knopen.

Het begon aangenaam warm te worden en ik hoopte dat de knoop uit zichzelf losraakte, zonder mijn toedoen: op dit mij onbekende terrein golden spelregels die me niet waren meegedeeld. Ik bad dat ik niet zou gaan zweten; en anders dat tante Wies de okselplekken in mijn shirt niet in de gaten kreeg, evenmin als de druppels op mijn voorhoofd.

Waar bleef Fons?

'Goed,' zei tante Wies, 'je wilde Fons' spullen alvast bij elkaar zoeken?'

Ik knikte.

'Nou, ik zou zeggen, loop maar mee.'

Ze ging me voor naar Fons' kamer en nam de boel in ogenschouw.

'Ziet jouw kamer thuis er ook zo uit? Ik mag toch hopen van niet, hè.'

Ze staarde naar een lesboek en een schrift op het bureau van haar zoon.

'O jongen,' zei ze, 'misschien kun jij me hiermee helpen.'

Ik zei dat ik dat met alle plezier deed, haar helpen. In gedachte voelde ik hoe ze bij me achter op het paard zat en we over toendra's en steppes galoppeerden, en dat ze haar armen om mijn middel sloeg en me stevig vasthield terwijl ik mijn paard tot nog grotere spoed maande. We moesten tijdig de drinkplaats bereiken, waar we zouden overnachten. Straks was het donker en waren we verloren: het weinige licht dat de maan gaf was niet toereikend om ons op ons pad bij te lichten.

'Kom,' zei ze, 'ga zitten, dan zie je waar het over gaat.'

Het ging om een rekensom, eentje van het soort waar ikzelf ook de grootste moeite mee had. Op school viel ik bij zulk soort sommen meestal in slaap. Maar vanochtend, in Fons' kamer, bleef ik klaarwakker, daar zorgde tante Wies' aanwezigheid voor.

'Ik had Fons beloofd hem ermee te zullen helpen,' zei tante Wies, 'nu zijn vader een weekje in het buitenland zit. Maar het is er nog niet van gekomen. Weet je, aan mij is het niet erg besteed, redactiesommen.'

Ze leunde voorover. 'Weet jij er raad mee?'

Zo losjes zat haar kamerjas dichtgeknoopt, dat deze openviel. De warmte in huis bleef niet beperkt tot de gang maar bereikte nu ook Fons' kamer.

'Ik zal mijn best doen,' zei ik. 'Maar ik kan niets beloven.'

Voor de tweede keer vanochtend moest ze glimlachen om een antwoord dat ik gaf.

'Jouw vader, hè...' vertrouwde ze me toe, '... jouw vader vind ik een leuke man. Aantrekkelijk.'

Ik wist niet wat te zeggen. Voor het eerst van mijn leven noemde iemand mijn vader 'leuk' en 'aantrekkelijk'. Ik wilde hem niet afvallen, maar mijn moeder had ik zoiets nooit over hem horen beweren en zij was al een niet te tellen aantal jaren met hem getrouwd.

Ik geloofde niet dat mijn ouders 'het' nog deden. Ze gingen

op verschillende tijdstippen naar bed en stonden op verschillende tijdstippen op, en als ik 's avonds laat of 's nachts onverwachts naar de wc moest, drong geen geluid uit hun slaapkamer tot op de gang door, nog niet het minste gerucht dat duidde op een andere slaapkameractiviteit dan slapen. Ook mijn zus meende dat onze ouders het niet meer met elkaar deden. Ze vielen zelden te betrappen op een teder gebaar of een liefdevolle blik naar elkaar. Zelden of nooit.

Had tante Wies de goeie voor ogen? Of was door de buitenlandse reizen van Fons' vader de nood zo hoog gestegen?

Dan was er voor mij, een schele, zowaar enige hoop.

'We hadden laatst een etentje, waar je vader ook was,' vervolgde tante Wies. 'Bijna twee weken terug, bij kennissen hier in de buurt. We dronken wat, gelachen, en... Zo leuk.'

Ze leunde verder naar me toe.

De kamerjas viel open. Ik kon haar tepels zien.

Vanbinnen duimde ik dat Fons onze afspraak glad vergeten was.

De tepels van tante Wies waren dieprood en neigden naar bruin; maar dat kon door de gebrekkige lichtval komen dankzij de luxaflex voor het raam.

Ik wilde ze graag aanraken, tante Wies' borsten, ze in mijn handen nemen en vasthouden, en licht wiegen; en tegelijkertijd schrok ik van mijn verlangen. Deed ik dat, dan zou ik ongetwijfeld alsnog op kostschool belanden en bekend komen te staan als 'de viezerik' die met zijn 'gore tengels' ongevraagd aan de moeder van Fons had gezeten. Ik moest me doodschamen dat ik de borsten van Fons' moeder wilde beroeren en haar tepels een kusje geven. Wat haalde ik me in het hoofd? Op de televisie, in een aflevering van *Bonanza* of de *Thunderbirds*, waren de dingen nooit zo ingewikkeld, maar juist helder en wist je wat je te doen stond

en wat er van je werd verlangd. Kon ik de gebeurtenissen maar te-
rugdraaien en opnieuw het portiek betreden en aanbellen; en dat
er dan niemand thuis was en er niet werd opengedaan.

Hoe kon ik Fons' huis zonder kleerscheuren verlaten?

Ik zei dat ik weliswaar iets van de rekensom begreep, maar
niet genoeg om de opgave tot een goed einde te brengen.

De rechterhand van tante Wies streek over mijn haar, een
zeewind die over het Noordzeewater ging; en ik wilde niets liever
dan dat haar hand opnieuw over mijn haar zou strijken, en door
mijn haren heen zou gaan, tot het water brak, en dat ze me ook op
andere plekken wilde aanraken.

Het was zo warm in Fons' kamer dat ik met plezier mijn shirt
had uitgedaan.

'Vertel eens,' zei tante Wies op vertrouwelijke toon, 'je bent
al zo'n grote vent, en zo lang ook... Hoe oud ben je eigenlijk?'

Mijn slapen bonsden. Zo'n verrukking had ik zelfs bij tante
Laura in Haarlem niet beleefd, al kwam Noortje dicht in de buurt.

'Negen, tante Wies,' zei ik. 'Maar ik ben bijna tien.'

Ik probeerde te klinken alsof ik al heel groot was en wist wat
er in de wereld te koop was, maar slaagde daar niet erg in. Tante
Wies althans, leek niet overtuigd. Ik kreeg de indruk dat ze zich
de tijd gunde om de betekenis van dat 'negen' en 'tien' tot haar te
laten doordringen. Wat zat er allemaal aan zo'n getal vast?

'Mooi, hoor,' zei ze. 'Je wordt al een hele vent, hè. Tien jaar.
Nou, ik zou zeggen, neem de cowboyspullen en het ridderpak
van Fons mee, dan lopen jullie elkaar op straat zo ongetwijfeld
tegen het lijf.'

Ze begeleidde me door de gang naar de voordeur.

'Doe je de hartelijke groeten aan je vader?' zei tante Wies
toen ik op de drempel stond. 'Niet vergeten, hè?'

—

Het tweede paar borsten behoorde toe aan mijn moeder. Ik zag ze toen zij op een ochtend witheet mijn kamer binnenstormde.

Waarom kon ik uit haar getier niet opmaken, maar ze was zo ziedend dat ze naakt uit de badkamer over de gang naar mijn kamer stoof en ik haar borsten zag. Liever had ik ze niet gezien. Haar woede bleef me langer bij, en mijn verwondering om haar op niets gebaseerde uitval.

Mijn moeder was ooit een knappe vrouw geweest, te oordelen naar de ingelijste foto die het bureaublad van mijn vader sierde; maar die tijd lag achter haar.

Toch ben ik ze nooit vergeten. Niet de borsten van tante Wies, en niet die van mijn moeder, die bozig heen en weer schommelden.

31

DE EERSTE BORSTEN die ik mocht vasthouden en waar ik mijn handen langere tijd omheen vouwde, waren de borsten van Marion. Een Engelse, die met haar broer Peter en haar ouders in Sanderstead woonde, een rustiek dorp ten zuidwesten van Croydon: een voorstad van Londen.

Ik ontmoette Marion op een camping, hoogzomer, op zo'n drie kwartier rijden van Avignon. De camping hoorde bij een kasteel, Château-Chinon, dat verschillende bijgebouwen telde, waaronder een ruimte waar de campinggasten in geval van slecht weer konden tafeltennissen. Ik was mee met de ouders van een klasgenoot, Derk, die als enig kind elk jaar een vriendje mocht uitnodigen. Derks keus was voor het tweede achtereenvolgende jaar op mij gevallen, iets waar ik hem erg dankbaar voor was. Bovendien verhinderde het de jaarlijkse logeerpartij bij tante Laura in Haarlem, en daarmee bij mijn nicht Noortje, niet.

Op een avond besloten we ondanks de drukkende warmte met z'n vieren een potje te tafeltennissen: Derks ouders hadden daartoe voldoende batjes en pingpongballen van huis meegenomen. We waren druk bezig, Derk en ik – ik stond achter, of Derk stond voor – toen ze het bijgebouw binnenwandelde.

Ik was op slag weg van haar. Of ze Hollywoodmooi was durf ik niet te zeggen; maar ik vond haar erg knap, en dat was wat ertoe deed.

Ze was een paar jaar ouder dan ik. En ze was verder dan ik was, al deed ze haar best me dat niet te laten merken. Ik voelde me opeens al erg vijftien en probeerde uit alle macht mijn leeftijd nog wat op te krikken.

Derk kende geen plotselinge zorgen. Hij wilde vooral ons potje winnen en te veel afleiding tijdens de match was ongewenst.

Het was Marion die voorstelde – nadat ze me van Derk had zien verliezen – om samen een wedstrijdje te spelen, zij en ik. Haar broer Peter kon het dan tegen Derk opnemen. De ouders van Derk onderbraken hun potje tafeltennis en maakten kennis met Marions ouders, wat beide partijen dusdanig beviel dat ze besloten een glas wijn te gaan drinken. Beter kon niet. Van de ouders waren we op elegante wijze af.

Marion wilde eerst rustig inslaan, rally's, een suggestie die ik van harte onderschreef. Ik schatte in dat zij een stuk beter kon tafeltennissen dan ik.

'Sorry,' zei ik als ik een bal te hard of zo geplaatst sloeg dat ze hem miste, of als ik een bal van haar niet goed retourneerde.

'You don't have to say "sorry",' zei ze. 'There's nothing to be sorry about.'

Haar stem klonk diep en donker.

'Do I see you again tomorrow?' vroeg ze toen we afscheid namen. 'I'd love to meet you again, you know.'

Ik beloofde dat ik alles op alles zou zetten, bij Derk en zijn ouders, om ervoor te zorgen dat we morgen opnieuw zouden tafeltennissen: dan konden we elkaar niet missen.

'I'm missing you already,' zei Marion, zo zacht dat het haar ouders en broer in het tumult van de pingpongende kampeerders ontging. Ik voelde me alsof ik op een uiterst aangename manier in lichterlaaie stond.

'Zeg,' zei Derk toen we in onze slaapzakken in de tent lagen, 'je gaat me toch niet wijsmaken dat je morgen weer wilt tafeltennissen, hè, alleen om bij haar...'

Ik wilde hem zijn onbegrip niet inwrijven; dan zocht ik het zelf wel uit.

De volgende dag besloten de gezamenlijke ouders te zwemmen bij het meer dat op loopafstand van de camping lag. Vanaf de oever zag ik Marion voor het eerst in bijna volle glorie.

Na het eten, terwijl we bij de spoelbakken op de camping de vuile borden, het bestek en de pannen afwasten, volgde een kus die me in extase bracht, en mij niet alleen, merkte ik aan hoe Marion me omhelsde en me uiteindelijk – haar moeder riep vanuit de voortent van hun Travel Sleeper waar ze bleef, en dat ze nu beslist moest komen – met tegenzin losliet. Aan dit alles kwam geen paard of witte zakdoek te pas, ook al kampeerden we in de directe nabijheid van een laatmiddeleeuws kasteel.

's Avonds kusten we elkaar opnieuw, tussen de platanen die iets verder weg van het tafeltennisbijgebouw samenschoolden.

De volgende ochtend, nadat we adressen hadden uitgewisseld, vertrok de familie Phillips in alle vroegte: ze moesten in Calais de boot naar Dover halen. Marion en ik beloofden elkaar te zullen schrijven en bellen. Daarmee was de tijd op: haar vader zat al achter het stuur en toeterde; als zijn dochter niet opschoot misten ze straks die boot nog. Marion omhelsde me, gaf me een kus en kroop achter in de auto naast haar broer.

'Zo,' zei Derks moeder nadat de Cortina toeterend om een bocht in de weg was verdwenen, 'ben je verliefd, jongen? Ik dacht 't wel, hè? Geeft niks hoor, trek het je niet aan. Een leuk meisje, Marion. Dat is nou wat-je-noemt een vakantieliefde. Hebben we allemaal meegemaakt. Goed jongens, het is tien over halfzeven, de hele dag ligt voor ons... Wat zullen we doen vandaag? Weet jij iets, Derk? Jij mag het zeggen.'

'Ach, wat leuk,' zei mijn moeder toen ik haar over Marion vertelde, 'een vakantieliefde. Zeg, geef me je tas met wasgoed even aan, dan doe ik dat als eerste, anders zitten we straks met die zweetspullen. Leuk voor je, een Engelse. Vertel me straks hoe het gegaan is, maar ik doe eerst je was, als je het niet erg vindt.'

Half augustus togen we naar school, de vakantie was voorbij; maar de liefde voor Marion niet, en voor haar gold hetzelfde. Ze vond me nog steeds 'very sweet', zoals ze me schreef.

Eind november nodigde ze me per brief uit om de kerst bij haar en haar familie door te brengen, dat zou 'wonderful' zijn. Kort daarop belde mijn vader 's avonds met Marions vader en kregen we groen licht. Ik zou de kerstdagen voor het eerst niet thuis doorbrengen, maar in Sanderstead.

—

In Harwich aangekomen nam ik de trein naar Londen. Het naargeestige landschap waar we doorheen ploegden, was bedekt met een dun laagje roet. Had dit land de oorlog gewonnen? Dat kon je je haast niet voorstellen.

Op Liverpool Street Station werd ik opgehaald door Marion, en haar vader en moeder. Tijdens de autorit naar Sanderstead – Marion en ik zaten achterin – viel het gesprek af en toe stil. We hadden elkaar maandenlang niet gezien en nauwelijks gesproken, logisch dat het even aan elkaar wennen was.

Ik sliep in de logeerkamer aan het einde van de overloop. Naast me bevond zich de slaapkamer van Marions ouders, verderop die van Peter, van elkaar gescheiden door een ruime badkamer. Aan het andere eind van de gang lag Marions slaapkamer. Het leek niet raadzaam om 's nachts, als iedereen sliep en het huis in diepe rust verkeerde, een sluiptocht over de krakende planken te ondernemen.

De momenten samen bleken schaars. Als haar vader of moeder niet in onze nabijheid vertoefde, nam haar broer de honneurs waar, zodat we het van een gestolen kus op de gang of in het trappenhuis moesten hebben. Het bed met elkaar delen zat er niet in, dat kon ik op mijn buik schrijven.

De weinige keren dat we Sanderstead verlieten, reisde Peter 'voor de gezelligheid' met ons mee. Wilder dan een bezoekje aan The Rocky Horror Show werd het niet.

Engeland raakte in verval, dat merkte je aan alles op straat. Toen we op een zaterdagnamiddag een wedstrijd bijwoonden van Marions favoriete voetbalclub, Crystal Palace, viel halverwege de tweede helft de veldverlichting uit, om niet meer aan te gaan.

Veel roestte, rotte, liep stroef of was vastgelopen in het eiland-rijk, hing uit elkaar, was rijp voor de sloop of lag al in losse onderdelen ongesorteerd uiteen. Het wachten was op de punk, met de Sex Pistols, The Clash en The Fall; maar dat zou nog zo'n acht jaar duren.

Kerst kwam – met stuffed turkey, funny hats en plumpudding – en kerst ging. De dag erna vertrok ik, uitgezwaaid door Marion en haar familie. We spraken af dat ze in de zomer naar Den Haag zou komen.

Op weg naar Harwich staarde ik uit het raam van de coupé. Het laagje roet op de velden, bossen en dorpen leek in die paar dagen nog iets dikker te zijn geworden.

De afspraak werd in juli ingelost. Marion zou een kleine week blijven.

'O, tussen haakjes,' zei mijn moeder op een avond, 'voor ik het vergeet...'

Ik spitste mijn oren. Het aftellen was begonnen. Nog vijf dagen te gaan voordat Marion met de boot naar Hoek van Holland zou varen. Wat wilde mijn moeder aan me kwijt?

'Marion slaapt op jouw kamer.'

De verleiding om mezelf in de arm te knijpen was groot. Ik had er zelf niet over willen beginnen. Het jaar daarvoor waren we verhuisd en kregen mijn zus en ik ieder een eigen kamer. Kwam dat even goed uit. Ik sliep in een eenpersoonsbed dat, o Voorzienigheid, aan de krappe kant was. Koud zouden we het niet krijgen.

'Jij logeert een verdieping lager,' vervolgde mijn moeder, 'bij mevrouw Popken.'

Rachel Popken was de bejaarde benedenbuurvrouw met wie mijn ouders, en ik, het goed konden vinden.

'O?' zei ik.

'Wat dacht je dan, dat jullie met z'n tweeën op één kamer zouden slapen? Dat geloof je toch zelf ook niet?'

Mijn moeder keek langs me heen alsof ze elders in huis wat beters te doen wist.

'Dat hoef ik je toch niet uit te leggen, is 't wel? Je bent net vijftien. Straks... Je vader belde gisteravond Marions vader; we zitten op één lijn. Ik heb geen zin dat jij op je vijftiende vader wordt, dank je de koekoek. Ik moet er niet aan denken, zeg.'

Het was een zomerse dag toen mijn moeder en ik Marion van de boot ophaalden, en warm zou het blijven.

De eerste avond verliep vlekkeloos.

Het was even wennen, ons gezin met een min of meer uit de lucht gevallen Engelse aan tafel en tegen halfelf gaven mijn ouders te kennen naar bed te willen. Uit hun houding sprak met zoveel woorden dat ze vonden dat goed voorbeeld deed volgen. Ik vergezelde Marion naar mijn kamer, die nu de hare was, wees haar waar de handdoeken lagen, de zeep, hoe de verlichting werkte, kuste haar en nam afscheid.

'Sleep well, Bart,' zei ze toen ik op de drempel stond. 'Love you.'

De tweede avond togen we al eerder op de avond naar Marions kamer, na mijn ouders een goede nachtrust te hebben gewenst. Voor de zekerheid nam ik een fles wijn en twee glazen mee.

Na binnenkomst in Marions slaapkamer deed ik de deur achter me dicht, ervoor zorg dragend dat deze ook daadwerkelijk dicht was en niet onverhoeds op een kier kon springen. Ik zag mijn zus al om de hoek van de deur koekeloeren.

We gingen naast elkaar op bed zitten. Ik schonk de glazen in en we proostten.

'To you,' zei Marion. 'To you, darling.'

Ze nam een slokje, zette haar glas op de vensterbank en kuste me. Niet veel later lagen we naast elkaar.

Ik wist niet goed waar ik me bevond, maar de zevende hemel kon niet veraf zijn. Bij het bereiken van dat stadium zat de kleding die we droegen – meenden we beiden zonder dat er een woord aan te pas kwam – ons danig in de weg. De oplossing om nog hoger te stijgen, de ijlere luchtlagen tegemoet, lag voor de hand.

Ik was zelden zo stil geweest als deze avond, uit angst met een enkel verkeerd gekozen woord het ragfijne tussen ons te beschadigen. Met een beetje geluk kon ik morgenochtend links houden in het verkeer, welja, en zou ik me, niet gehinderd door grenscontroles of papierwerk, op termijn in het Verenigd Koninkrijk kunnen vestigen.

Marion beduidde me haar te helpen haar slipje uit te trekken, dat oranjerood was en uit dunne stof vervaardigd.

Niet lang daarna raakten alle gedachten zoek, wat verre van spijtig was.

Ze vond me zo leuk dat ze zich voor me opende.

Hoewel ik niet wist wat me te doen stond, wist ik wat me te doen stond; en voor zover ik daarover in onzekerheid verkeerde, hielp Marion me behoedzaam verder. In rap tempo schoot mijn leeftijd omhoog, en bleef mijn vijftienjarige lichaam als een karkas in de berm achter.

Toen, een fractie van een seconde, kon ik in de waan verkeren dat ik via haar golfsgewijs terugreisde naar waar ik vandaan kwam, enkele reis, een gebied tegemoet waar ruimte en tijd niet aan de orde waren; en waar het donker was terwijl er toch licht scheen: licht dat warmte afgaf. Ik was op een plek beland waar je de strijdbijl kon begraven, en ik hoefde nooit meer terug. Ik kwam opnieuw op de wereld, maar dan buiten de tijd.

Ik hoorde een kreetje, ergens boven of achter me; en terwijl Marion zich kort daarop zacht en geruisloos sloot, besefte ik opnieuw: ik was ontkomen. Ontsnapt. En nee, ik hoefde nooit meer terug naar een hier en nu. Ik hoefde niet terug.

Ik sloop de gang door naar de voordeur, opende en sloot deze en bevond me in het trappenhuis. Ik moest een verdieping lager zijn, op de begane grond. De traptreden leken me te willen dragen.

'Wat ben je laat,' zei mevrouw Popken slaperig toen ik beneden kwam en de voordeur openmaakte met haar reservehuissleutel.

'Het is bij halfdrie. Hadden jullie het zo naar je zin? Nou, laten we hopen dat je ouders het ook zo'n feest vonden.'

In afwachting van mijn komst was ze opgebleven, maar ze was in pyjama en had haar kimono aan.

'Moet-je-eens-luisteren, Bart... Waren jullie van plan om het elke avond zo laat te maken? Ik mag toch hopen van niet, hè. Voor de goeie orde, ik gun je je pleziertjes van harte, en dat vriendinnetje van je ook. Een Engelse, hè? Maar als het elke dag nachtwerk wordt, nee, daar pas ik voor, daar ben ik echt te oud voor. Dan zoek je maar een andere slaapplaats.'

32

DE VOLGENDE OCHTEND belde ik tegen halfelf bij mijn eigen voordeur aan. Marion had zolang de beschikking over mijn sleutels gekregen.

Niet Marion maar mijn moeder deed open. Ze leek niet erg verheugd me op de welkomstmat te kunnen begroeten.

'Waar is Marion?' vroeg ik.

'Waar denk je dat ze is?' zei ze. 'Waar zou die nou kunnen zijn? In je kamer misschien?'

Ik wilde een stap naar voren doen, de drempel over, maar mijn moeder week niet en leek zich breed te maken.

'Jíj...' bracht ze uit. 'Jíj... Ben jij helemaal gek geworden? Wat denk je zelf, ben jij wel helemaal goed snik?'

Ik had geen idee waar ze het over had of wat ze kon bedoelen en kreeg de indruk dat er eerder bij haar een steekje loszat dan bij mij, en dat vertelde ik haar ook.

Dat kwam haar humeur niet ten goede.

Of ik nou werkelijk te stom was, vroeg ze in alle staten, om voor de duvel te dansen. Hoe ik het in mijn hoofd haalde om met Marion het bed te delen. Had ik iets gebruikt, een condoom? Nee? Het was toch bij de wilde spinnen af ook, hè. En dat allemaal hier in Den Haag, onder hun neus, terwijl zij en mijn vader de volle verantwoording droegen. Ging ik het Marions ouders zelf vertellen als hun dochter straks zwanger bleek, na aankomst thuis in Engeland? 'Nee, daar denk jij allemaal niet aan. Nee, stel je voor, rund dat je bent. Waar denk jij eigenlijk wel aan,' zei ze buiten zichzelf, 'zou je me dat eens kunnen uitleggen?'

Dat was nog niet alles: zo gemakkelijk kwam ik er niet vanaf. Dat mocht ik willen. Los van de gilzenuwen waarin ik haar vannacht had gestort, had ik haar ook nog eens van een gezonde nachtrust beroofd; en ook mijn vader had dankzij mijn strapatsen maar enkele uren slaap gekregen. Ik werd bedankt.

'Maar daar denk jij niet aan,' vervolgde mijn moeder. 'Nee, natuurlijk niet. Meneer denkt uitsluitend aan zijn eigen lolletjes en pleziertjes. Wat hij daarmee aanricht? Wat kan hem dat schelen? Dat zal hem een rotzorg zijn. Zo is meneer, als híj het maar naar zijn zin heeft. Wat zijn doen en laten voor een ander kan betekenen komt niet bij hem op, en daar heeft-ie ook geen boodschap aan. Welnee zeg, stel je voor, rekening houden met een ander, dat komt niet in meneers kraam te pas. Ik heb geen oog dichtgedaan en moest pillen innemen om geen zenuwinzinking... Maar wat kan jou het schelen? Niks niemendal. Nee, zolang jíj je zin maar krijgt en aan je trekken komt, hè, dan kan de rest dood neervallen.'

Ik vroeg of ze nog van plan was me vandaag binnen te laten, of niet; al met al stond ik een aardige poos voor de voordeur.

'Moet je goed luisteren, jongeman... Na dat gebonk en gebons van dat bed van je tegen onze slaapkamermuur...'

Dat was waar ook: mijn bed stond tegen een dunne tussenmuur, die onze slaapkamers van elkaar scheidde. Geen wonder dat mijn ouders nauwelijks een oog hadden dichtgedaan.

Ze was buiten adem geraakt van haar tirade, hoestte – 'Steek nog een Caballero op, mam. Daar kikker je van op' – en ik deed opnieuw een stap naar voren. Met tegenzin ging ze iets opzij, naar adem snakkend, en maakte zo net genoeg ruimte om me door te laten, maar ook geen centimeter meer.

'Voor alle zekerheid,' zei ik, 'je hebt je klachten toch niet aan Marion kenbaar gemaakt, hè?'

Daarmee gooide ik olie op het vuur, dat vurig oplaaide.

'Wat denk je zelf? Kun je mij één reden geven om haar niet op haar gedrag van gisteravond en vannacht aan te spreken? Nou, geef eens één reden? Dat dacht ik ook. Of ik haar op haar gedrag heb aangesproken? Wat dacht je! Zodra je vader en ik vanmorgen opstonden, om zeven uur, heb ik op haar kamerdeur geklopt om haar eens goed de waarheid te zeggen...'

Ik kon niet alles verstaan van wat ze vervolgens zei. Ik schoot de gang in, op weg naar mijn kamer, en naar Marion.

'Als jij...' hoorde ik mijn moeder tegen mijn rug roepen, 'als jullie... als jij... als jullie "het" willen doen, dan... dan huur je... dan huren jullie maar een kamer in... Hotel Bel Air!'

Bel Air, ja, daar had mijn moeder een punt. Wat frisse lucht kon dit huis goed gebruiken.

Ik klopte, wachtte, hoorde geen reactie, klopte en wachtte opnieuw, en deed de deur open.

Marion zat op bed. Ja, antwoordde ze op mijn vraag, ze had

ontbeten, zij het kort, om niet ongemakkelijk lang met mijn moeder in een en dezelfde ruimte te hoeven verkeren.

Ik deed de slaapkamerdeur achter me dicht.

Ze oogde stukken minder vrolijk dan vannacht en wekte de indruk dat ze het liefst haar koffer en rugzak zou pakken om met de eerstvolgende boot terug naar huis te gaan. Daar kon ik me iets bij voorstellen.

'Wacht maar, tot je vader vanavond thuiskomt,' hoorde ik mijn moeder op de gang roepen. 'Dan zal je d'r van lusten. Waar Marion bij is.'

We gingen die dag naar het strand, aten 's avonds niet bij mij thuis maar in een strandpaviljoen, en naarmate de uren verstreken heelden onze wonden.

Tegen halftwaalf kwamen we thuis. Ik stak Marions sleutel in het sleutelgat en opende de voordeur.

Ik was op het ergste voorbereid, dan kon het alleen maar meevallen. Alleen de schemerlamp op het kastje in de gang brandde. Het huis was in diepe rust, de bewoners moesten al uren naar bed zijn. Terwijl Marion zich naar haar kamer spoedde – ze had plotseling haast gekregen – liep ik naar de keuken om de kop rooibosthee te zetten waar ze om had gevraagd.

De slaapkamerdeur van mijn ouders ging op een kier en mijn vader deed een stap de gang in. Het was zover. Hoe zou hij het akkefietje aanpakken?

'Zo,' zei hij, met zijn streepjespyjama aan, 'ben je daar?'

Ik wist niet wat te zeggen, en dat hoefde ook niet.

'Ging je lekker?' zei mijn vader.

Ik staarde hem niet-begrijpend aan. Waar had hij het over?

'Ging je lekker,' herhaalde hij, 'gisteravond?'

—

Voorbij het Zwarte Pad klommen we over de afrastering en vlijden ons neer in een duinpan.

De confrontatie met mijn moeder had goddank steeds schimmiger contouren gekregen.

Marion zei dat ze het liefst op het continent wilde blijven, om in Nederland te gaan studeren en hier een leven op te bouwen – ze draaide zich op haar zij en keek me aan – met mij.

Ik zei dat ze niet aan haar vertrek moest denken; dat het nog jaren duurde voordat het overmorgen was, dat we nog zeeën van tijd hadden en dat ze moest genieten van hoe we hier lagen, in de duinen, onder een Scheveningse zon, met – terwijl we de branding konden horen – wuivend helmgras om ons heen.

Ze glimlachte en zei dat ze het met me eens was, al vermoedde ik dat ze het minder met me eens was dan ze me wilde doen geloven: overmorgen was overmorgen, en de krijtrotsen – Engels bleek om de neus – wachtten op haar terugkeer. Harwich, waar de veerboot zou afmeren, liep zich al warm om haar, een van de laatste opvarenden die van boord ging, in de armen te sluiten. Zo makkelijk liet het eilandrijk zijn dochters niet gaan.

Terwijl we naast elkaar lagen kwamen de meeuwen af en toe een kijkje nemen, ook toen we onze kleren uittrokken en niet meer naast elkaar lagen.

Nadat ik in Marion opging en verdween, met huid en haar en zonder een spoor achter te laten, kon ik nog lang de zee horen; tot de golven tot bedaren kwamen en de zee stilviel.

Een laatste gerucht drong tot me door toen Marion, wetend dat ik niet terug zou komen, achter me dichtging. Kort daarop voelde ik een lichte schommeling. Een been bewoog, werd opgetild en landde in het buigzame gras, zodat haar benen naast elkaar kwamen te liggen. Niet veel later voelde ik een forsere schommeling toen Marion zich uitrekte; maar misschien viel op mijn besef van tijd en ruimte iets af te dingen: zo reëel moest ik zijn.

Toen we uren later overeind kwamen veerde het gras waarop Marion had gelegen in een oogwenk terug. Hetzelfde gebeurde toen ze naar de afrastering liep, naar haar fiets. Waar ze haar voeten zo-even had neergezet, kwam het gras vrijwel ogenblikkelijk op en oogde alsof er maandenlang niemand op had gelopen, overeenkomstig de verordening die op de bordjes op het hekwerk was aangebracht: dat het verboden was het duinterrein te betreden; een verbod dat Marion, het Nederlands niet machtig, niet kon lezen. Toen ze het prikkeldraad voorzichtig naar beneden duwde om eroverheen te stappen, stak en prikte het prikkeldraad niet, maar gaf juist mee.

Twee dagen later zwaaide ik haar uit vanaf de kade op de Hoek; al stond ik niet zelf op de kade maar iemand die sterk op me leek. Ikzelf voer, afgesplitst, met haar mee, iets waar Marion terwijl ze naar me zwaaide zich van bewust leek: er hoefde geen traan te worden vergoten. Wie ik tot voor kort was geweest, keerde korte tijd na het vertrek van de ferry per trein terug naar Den Haag. Wie ik was, scheepte zich met Marion in voor de oversteek van Het Kanaal. Toen Marion de volgende ochtend in haar hut door een lid van het cabinepersoneel met een kop thee werd gewekt omdat de veerpont in de haven van Harwich was aangekomen en afmeerde – een lichte trilling voer door het schip – kwamen we samen in Harwich aan en namen de trein naar Londen, waar Marions moeder haar van Liverpool Street Station afhaalde en zonder het te weten ook mij: de verstekeling.

Het kon niet goed blijven gaan, een dergelijk sprookje, en dat deed het dan ook niet.

De dag na Marions vertrek – de schoolvakantie duurde nog

een week – fietste ik naar een plek in de duinen waar ik bramen-struiken wist en plukte bramen tot mijn handen bloedden, de pijn deerde me niet.

'Waar heb jíj gezeten?!' riep mijn moeder bij thuiskomst uit. 'Je zit onder het bloed! En moet je je kleren zien! Je broek zit he-lemaal onder, die kan ik weggooien!'

In de weken en maanden die volgden op Marions vertrek verminderde ons contact. De computer moest nog worden uit-gevonden, evenals de mobiele telefoon. Marion en ik waren aan-gewezen op de vaste telefoon, die bij ons in de eetkamer op een antieke houten dekenkist stond. Aan telefoneren naar het buiten-land, maakte mijn moeder me duidelijk, waren torenhoge kos-ten verbonden, vandaar dat we elkaar maar één keer per maand mochten bellen, en dan nog kort. Verder waren we aangewezen op brieven schrijven. De telefoontjes werden allengs schaarser en de brievenstroom droogde op.

De Noordzee bleek te breed, evenals Het Kanaal – er golfde te veel water tussen ons door – en onze liefde verpieterde en ging uit.

Toch begon ik dankzij Marion langzaam wat te helen.

Maar heel zou ik nooit worden, en het hardnekkige verlan-gen er niet meer te zijn bleef en groeide soms uit tot een hun-keren. De smalle, overwoekerde en onder tuinafval bedolven nis tegenover onze oude fietsenschuur bleef binnen handbereik, ook nadat we waren verhuisd. In elf, twaalf minuten kon ik op de fiets bij de nis zijn.

In latere jaren kon ik er met de auto heen, in zes, zeven mi-nuten, in weerwil van het drukke stadsverkeer; naar de nis met tuinafval, die in rustige afwachting was van mijn komst. Mede daardoor kon ik het leven beter aan. De tijd dat ik me in een fiet-senschuur schuilhield was voorbij.

Vele jaren later was ik dankzij mijn werk vaak van huis en leefde in hotels. Als ik al eens in Den Haag kwam, kende ik de stad bijna niet terug; en de stad, op zijn beurt, mij niet.

Maar de nis met tuinafval vergat ik nooit; en de nis mij niet. Die wachtte met engelengeduld op mijn komst, en nam dezer dagen de gedaante aan van een ziekenhuiskamer.

33

WAS ER OP het Aloysiuscollege sprake van een 'beschermd mili-
eu', op de mulo lag dat anders. In de levens van nogal wat leerlingen was de lucht aanhoudend bewolkt. Op wintersport gaan was
een sprookje, iets wat anderen overkwam.

Zo was er Irene, uit de derde, die 'in het leven zat'.

Regelmatig haalde een man in een roomkleurige Jaguar haar
van school op. Hij kwam nooit zijn auto uit.

Had Irene tot 's avonds laat of 's nachts gewerkt, dan mocht
ze de volgende ochtend later op school verschijnen. Dát ze naar
school kwam, vonden de leerkrachten belangrijker dan haar resultaten: zo behield Irene zicht op een toekomst.

Op een dag, tegen Pasen, kwam Irene niet opdagen en ze
zou ook de weken erna niet meer op school verschijnen.

Ik raakte bevriend met Henk, die zomers in de bouw werkte en na de mulo bij het Korps Mariniers zou gaan. Als een onverlaat het waagde een vinger naar me uit te steken, kreeg hij met Henk te maken: daarna liet-ie het me lastigvallen wijselijk uit zijn hoofd.

Op een ochtend, vlak voor aanvang van de les, begroette een van de plaaggeesten van de klas me met: 'Hé, wie hebben we daar? De brillenjood!'

Henk schoot uit zijn bank en gaf hem zo'n dreun dat de jongen over een lessenaar heen klapte en lang genoeg op de grond bleef liggen om te worden uitgeteld. Daar had Henk geen geduld voor. Hij sprong over de lessenaar en sleurde de jongen overeind.

'Zeg het nou nog eens tegen Bart, wat je daarnet zei.'

Dat waagstuk durfde mijn kwelgeest niet aan.

Henk verkocht hem een tweede kaakslag en besloot zijn ingrijpen met de woorden: 'En mocht je buiten school één vinger naar hem uitsteken, dan weet ik je te vinden.'

Het was de eerste en de laatste keer dat ik op de mulo werd gepest.

Henks vader dronk, en had met een slok op losse handjes. Vooral Henks moeder moest het dan ontgelden. Tot Henk op een dag zo sterk was dat de rollen werden omgedraaid en hij zijn vader alle hoeken van de kamer liet zien.

Op een ochtend kwam Henk later op school. Op zijn gezicht en handen prijkten de nodige pleisters.

'Jongen,' zei hij na enig aandringen, 'ik ging gisteravond naar bed, pa zat in zijn stamkroeg op de hoek, ik hoor die ouwe tegen een uur of twee thuiskomen en dronken door het huis stommelen, ruzie zoekend met ma, dat ik spring uit bed... Liep ik 'm effe tegen het lijf. Daar ging-ie, gestrekt. Ik zeg: "Ma, ga lekker slapen jij, die ouwe komt voorlopig niet overeind, die moet bijkomen van de paar tikkies die ik 'm gaf en slaapt zijn roes uit. Welterusten."

241

Ik schrik wakker, tien over halfvier zie ik op de wekker. Maar waarvan? Ik draai me op mijn rug, staat pa met een mes boven me te zwaaien. En geen aardappelschilmesje, hè. Nee, een slagersmes, een joekel van een ding.

Je weet, ik slaap eenhoog naast het raam, frisse lucht, dat ik rol me in enen op mijn andere zij, de vensterbank op, en dóór, dwars door het raam heen, om een verdieping lager in de tuin te belanden. Nog een geluk dat de tuinstoelen waren opgeruimd en we gras en geen terrastegels hebben liggen, anders had ik het met een paar pleistertjes niet afgekund. Jongen, maak je over mij geen zorgen. Je had die ouwe moeten zien toen ik met hem uitgesproken was. Nee, van hem hebben we de komende weken geen last.'

Misschien, overpeinsde ik, moest ik eens iets uitvoeren op school en er werk van maken: dit schoot zo niet op. Ik sprokkelde mijn dromen bij elkaar en deed ze in een leeg Mac Baren-tabaksblik van mijn vader om ze tot nader order te bewaren.

In weerwil van mijn goede voornemens zou mijn vader me opnieuw betrappen op het onreglementair gebruik van de fietsenschuur.

'Zeg, jij daar,' zei hij op een zondagmiddag tegen me, 'ik ga zo naar het schuurtje... Heb je iets op te biechten? Dan kun je het maar beter nu vertellen voordat ik er straks zelf achter kom, anders ben je nog niet jarig, dat beloof ik je.'

Dolgraag wilde ik bekennen dat er een brommer in de schuur stond, een groene Berini; maar die biecht durfde ik niet aan uit vrees voor de gevolgen.

Toen mijn vader terugkwam verkeerde hij niet in opperbeste stemming.

'Godverdomme,' zei hij. 'Altijd en eeuwig hetzelfde gelazer met jou.'

Hij klonk alsof hij de wanhoop nabij was, terwijl het toch om niet meer dan een kapotte Berini ging.

'Nooit nooit nooit kun jij eens normaal doen. Altijd moet er weer... Neem een voorbeeld aan je zus. Die doet het goed op school, weet zich overal te gedragen...'

'Daar heb je geen kind aan, wou je zeggen, pap?'

Hij trok me aan mijn haren de kamer door. Mijn moeder verscheen al op de drempel om in te grijpen mocht het te ver gaan.

'Van wie is die brommer?'

'Van Jop Rijsbergen.'

'Hoe kom je eraan?'

'Geruild.'

'Tegen wat? Of zeg je dat maar en heb je weer eens een greep gedaan in je moeders portemonnee?'

'Nee, geruild. Tegen twee singles, eentje van The Beatles en een van The Beach Boys, "Good Vibrations".'

'Jij gaat nú naar de schuur, die Berini ophalen, en je brengt hem terug naar Jop, kan me niet schelen hoe ver lopen het is, en je komt met allebei die plaatjes terug. Heb je dat goed begrepen? Wee je gebeente!'

Ik leverde de Berini bij Jop af en keerde goedgemutst huiswaarts. Ik had de singles gemist en was opgetogen dat ik ze weer in mijn bezit had.

Het was de laatste keer dat het fietsenhok voor opschudding in het gezin zorgde. Daar kwamen andere zaken voor in de plaats.

Het einde van de vierde klas naderde, en daarmee de mondelinge eindexamens die ik samen met Anneke, Marja en Paul in Delft zou doen. De schriftelijke examens waren achter de rug, ik stond er niet te beroerd voor. Alleen met Duits bleef het aanmodderen, al had ik voor mijn landelijk schriftelijk wonder boven wonder een vijf, een verdubbeling van de cijfers die ik doorgaans van Hogenelst kreeg.

Het was de leraar Duits niet ontgaan. Twee dagen voor we gevieren naar Delft zouden treinen, nam Hogenelst in de klas de leerlingen een voor een onder de loep en sprak de verwachtingen uit die hij van hen koesterde. Als laatste kwam hij bij mij uit.

'Tja, en dan die nog, Chabot. Die hebben we ook nog.'

Zijn armen hingen slap langs zijn lijf en ik zag zijn worstvingers, die zo dik waren dat ze met elkaar vergroeid leken.

'Kijk 'm nou onderuitgezakt in zijn bank hangen.'

De klas ging er eens goed voor zitten.

'Tja, jouw kansen... Te midden van alle hardwerkende leerlingen in deze klas zit ik met jou opgescheept. Jij, die nooit een spat uitvoert. En dan zul je zien dat jij, Chabot, zowaar met een voldoende thuiskomt. Ze trappen er nog in ook, de mensen, in die praatjes van je. Met open ogen. Terwijl we weten dat jij er niets van terechtbrengt, niets. Dat heb je al die jaren niet gedaan, en dan nu...'

Hogenelst zuchtte alsof hij de strijd had gewonnen, en toch had verloren.

'Jij een voldoende voor Duits. Ik vrees dat ik dat nog moet meemaken ook.'

De schoolbel ging, het laatste lesuur Duits zat erop, Delft kwam eraan. Mijn langste tijd in de Van der Parrastraat lag achter me. Nog even, en wat Hogenelst vond deed er niet meer toe.

Bovendien had zich iets voorgedaan in de klas wat van oneindig groter belang was.

Het mooiste meisje van de Willibrord-mulo zat bij mij in de klas. Marieke. In de bijna drie jaar die ik op school had doorgebracht, zaten alle jongens achter haar aan; en daarom ik niet. Ik had weinig behoefte om achter aan te sluiten in een rij bewonderaars.

Zo leefden we jaren langs elkaar heen. We zeiden elkaar gedag, en dat was het. Marieke sprak mij niet aan, en ik haar niet. Ik durfde haar niet aan te spreken uit angst daarmee wat er kón ontvlammen tussen ons te bederven. Dat ik met haar in dezelfde ruimte mocht vertoeven, was genoeg. Meer verlangen was overvragen.

Op een middag sprak Marieke me alsnog aan en vroeg of ik haar wilde vergezellen naar het schoolfeest dat in de parochiezaal werd gehouden.

Van het feest herinner ik me weinig, behalve dat we dansten op 'Lola' van The Kinks: de rest van de avond ging in een roes voorbij. Aan het plafond hing een visnet met lampions; op de tafels brandden druipkaarsen in oude chiantiflessen. Ook was er bruut glasgerinkel toen enkele jongens, vechtlustigen die niet op onze school zaten, wisten binnen te dringen en door leerkrachten met harde hand uit de zaal werden verwijderd.

Na afloop bracht ik Marieke naar huis in Mariahoeve en liep met haar de trap op. We zoenden in het portiek, tot haar vader de voordeur opendeed.

Sindsdien scheen de zon, zelfs als de zon niet scheen.

We moesten vroeg aantreden in Delft – het eerste mondelinge examen begon om halfnegen – en Paul, Anneke, Marja en ik treinden samen.

De dag begon voorspoedig, voor mij met Nederlands; en de ochtend verliep voorspoedig, voorspoed die na de lunchpauze aanhield.

Om halfdrie had ik mondeling Duits, dat werd afgenomen door twee aardige oudere dames die, op mijn vraag waar ze vandaan kwamen, in Gouda en Boskoop woonachtig bleken. We hadden een klik en ik wist door in vlot tempo te praten de Duitse naamvalsvormen te verdoezelen, zodat de dames zich na afloop tevreden toonden over mijn beheersing van de Duitse taal.

Had Hogenelst maar aan tafel gezeten en hun oordeel gehoord.

Om vier uur moesten alle kandidaten, een honderdtal, zich verzamelen in de centrale hal waar de eindexamens waren afgenomen, en werd een lijst namen opgelezen.

'Degenen die zijn genoemd,' schalde het uit de luidsprekers, 'gaan bij deur 2 naar binnen.'

'Die zijn gezakt,' wist Anneke.

'Alle gezakten?' vroeg ik zekerheidshalve.

'Alle gezakten,' bevestigde Anneke.

Ik luisterde ingespannen, maar hoorde mijn naam niet omgeroepen.

Behoorde ik tot de geslaagden? Dat kon ik me nauwelijks voorstellen. Ik zag de gezakte kandidaten met hangende schouders op de voor hen bestemde deur aflopen. Er moest sprake zijn van een misverstand. Ik hoorde bij de gebogen hoofden en diende me alsnog bij hen te voegen. Bij wie moest ik de vergissing melden?

'Dames en heren,' galmde het uit de speakers, 'dan noem ik nu steeds tien namen op. Die gaan bij deur 1 naar binnen.'

Terwijl de eerste namen door de hal suisden, begroette Marja haar ouders, op de voet gevolgd door de ouders van Paul.

'Zijn jullie geslaagd?' vroeg de vader van Paul.

'Ja,' zei Anneke bij ontstentenis van Paul, die van de zenuwen naar de wc was. 'Ook Paul.'

'Hoe bestaat het?' liet Pauls vader zich ontvallen. 'Hoe is het in godsnaam mogelijk?'

Het herinnerde me aan mijn vaders bestaan, dat zich gelukkig op grote afstand van Delft afspeelde.

De eerste geslaagden kwamen de hal in. Her en der vloog men elkaar om de hals. Opgetogen wapperden de behaalde diploma's boven de menigte.

'Komen jouw ouders?' vroeg Anneke.

'Nee,' zei ik. 'En die van jou?'

'Nee,' zei Anneke, 'die kunnen niet, die moeten werken. Ik bel ze straks op.'

Ik dacht aan mijn moeder die thuis het nodige aan het avondeten deed. 'Je zorgt maar dat je vanavond met dat diploma thuiskomt,' had ze me vanochtend bij het ontbijt te verstaan gegeven. 'Anders hoef je niet eens naar huis te komen.' Mijn vader had zich bij vertrek naar kantoor in soortgelijke bewoordingen uitgelaten. Nee, de kans dat ik een van hen alsnog in de centrale hal mocht begroeten was nihil.

Wel kwam een plukje klasgenoten uit Den Haag aangewaaid. Zij hadden hun mondeling eerder die week gedaan en wisten zich geslaagd. Marieke was er ook bij. Ze zoende me, nadat ze me tussen de feestvierders had opgespoord.

Na de vijfde groep waren wij aan de beurt, Anneke, Marja, Paul en ik. Deur 1 gaf toegang tot een kleine aula. Als vanzelf gingen we naast elkaar staan, tegenover een jurytafel op een hoog podium. Het voelde alsof we terechtstonden voor een tribunaal. Je kreeg niet het idee dat de vlag uit kon. Toen de deur dichtging, stond de juryvoorzitter op. Ik zette me schrap.

'Dames en heren,' begon hij, 'voordat we starten met de procedure, moet me iets van het hart. Ik spreek in dit verband namens het voltallige comité.'

Zie je wel, dacht ik, daar hebben we het gelazer al.

'Wat ik vandaag heb beleefd, heb ik nog nooit in mijn loopbaan meegemaakt, en ik doe dit werk toch al zo'n kleine dertig jaar.'

Zie je, dacht ik, toch gezakt. Het berust alles op een misverstand. Hoe ga je dit thuis uitleggen?

'Aanvankelijk konden we het niet geloven,' zei de juryvoorzitter, 'het kon niet waar zijn. Maar het wás waar.'

Ik zag de van woede en teleurstelling vertrokken gezichten van mijn ouders voor me. Het kon aan mij liggen, maar het werd opeens wurgend benauwd in de aula. Kon er een raam open?

'Een van jullie, hier voor ons, is niet alleen geslaagd, dat zijn jullie allemaal, maak je daarover geen zorgen...'

Geslaagd! Dat betekende geen woede-uitbarstingen thuis, geen bittere verwijten.

'... maar wij hechten eraan om stil te staan bij de prestaties van...' De voorzitter kuchte en nam een slokje water... 'Een van jullie krijgt vandaag een diploma uitgereikt met daarop niet één, niet twee, geen drie, maar liefst vier tienen.'

Ik ontspande en schuifelde een half stapje achteruit. Ge-slaagd. Wie had dat gedacht. Weinigen. Ik niet in elk geval. De wereld zag er opeens rooskleuriger uit. Ik ging naar de hbs, die ten gevolge van de Mammoetwet was omgedoopt tot havo. Pater Hoogma had beloofd dat ik me mocht rehabiliteren op het AC, en al viel er wat mij betreft niks te rehabiliteren, toch lokte die school. Wie nooit vertrouwen in me had, piepte straks anders. Te beginnen met mijn ouders. En Holleman. Ik nam me voor om op de eerste schooldag een doos sigaren voor pater Hoogma mee te nemen. Ik kende zijn favoriete merk.

'We hebben deze unieke score meermalen bekeken... Een van jullie neemt vandaag een diploma met vier tienen mee naar huis. Bij ons weten is dat niet eerder in de historie van de mulo voorgevallen. Alvorens de diploma's aan jullie uit te reiken, wil ik eerst de leerling die deze prestatie leverde vragen een stap naar voren te doen. Wil naar voren komen...'

Mijn naam viel. Dat kon best zijn, maar daar had ik niets mee te maken, toevallig. Ik was tegen alle verwachting in geslaagd en verkeerde nog in hoger sferen. Vier tienen, dat was de ver-vanmijn-bed-show en ik zette dan ook geen stap naar voren.

Mijn naam viel opnieuw. Het was nog steeds snikheet in de aula, maar een hitte en een benauwenis die beter te verteren vielen dan toen ik nog niet was geslaagd.

Voor de derde keer viel mijn naam.

Anneke stootte me aan. 'Wakker worden! Je moet een stap naar voren doen!'

'Jij bent...?' zei de voorzitter van de examencommissie.

Ik knikte, ten teken dat ik degene was die hij zojuist driemaal had genoemd. Meer lovende woorden vielen me ten deel, die me alle ontgingen, evenals het applaus van mijn klasgenoten voor de jurytafel en korte tijd later in de hal. Marieke omhelsde me; dat ontging me niet.

'Zeg,' opperde Anneke toen het tumult iets afnam, 'moet jij je ouders niet bellen?'

Daar had ik geen seconde aan gedacht, ervan uitgaande dat ik zou zakken.

'Dat ga ik nu doen,' zei Anneke. 'Een paar deuren verderop, aan de overkant, is een café met telefoon. Loop je mee?'

Alle klasgenoten liepen mee, ook Marieke, behalve de geslaagde kandidaten van wie de ouders naar Delft waren gekomen: die gingen met de auto terug naar Den Haag om de feestelijkheden daar voort te zetten. Ik zag Paul langs de gracht lopen met twee enorme bossen bloemen.

'Loop een beetje door, Bart,' zei Anneke. 'Anders zitten mijn ouders voor niks ongerust te wezen. Of kan het je niet schelen?'

Boven het cafégeroezemoes uit kon je het enthousiasme van Annekes ouders horen. Ze leken door het dolle heen.

'Nou,' zei Anneke nadat ze had opgehangen, 'nu jij.'

Ze pakte de hoorn en wilde 'm aan mij geven.

Van een afstandje keek Marieke toe; ze was lang en stak als een baken overal bovenuit.

'Ik heb geen kleingeld.'

'Zeg dat dan meteen. Hier, twee kwartjes. Ik heb er nog zes. Bel ze nu, die mensen zijn hartstikke nerveus.'

Dat waagde ik te betwijfelen, maar ik nam de hoorn van Anneke over en draaide het nummer.

Ik kreeg mijn moeder aan de lijn.

'En?' zei ze. Ze klonk alsof ze duizend andere dingen te doen had.

'Geslaagd,' zei ik.

'Mooi zo,' zei ze.

'Met vier tienen.'

'Ja,' zei ze. 'Ik zal je je vader even geven.'

'En?' zei mijn vader.

In gedachte zag ik hem thuis de krant wegleggen.

'Geslaagd,' zei ik. Ik was blij dat ik nog in Delft was en niet in Den Haag.

'Nou,' zei mijn vader, 'het mocht wat. Als dat geen tijd werd. Zonder diploma had je ook niet naar huis hoeven komen. Goed, geslaagd. Dat we dat nog mogen meemaken, na alle ellende die je over je moeder en mij hebt uitgestort.'

Op de achtergrond hoorde ik mijn moeder de kamer in komen.

'Dat valt me alles mee,' zei hij tegen haar.

'En,' wilde hij weten, 'is het een beetje een fatsoenlijke lijst, of is het een zee van vijven en zesjes?'

'Vier tienen,' zei ik.

'Wat zeg je?'

'Vier tienen.'

'Ik geloof dat ik je niet helemaal goed begrijp.'

'Ik heb vier tienen gehaald.'

Ik hoorde mijn vader zwaar ademen. Een ogenblik kreeg ik

de indruk dat een regenfront over Delft schoof, dat het oude centrum verduisterde en zich watervlug in alle richtingen uitbreidde. In het café gingen de lichten aan.

'Nou moet jij eens even goed naar me luisteren, jongen...'

'Vier. Tienen,' zei ik voor alle duidelijkheid. Per slot van rekening had ik het zelf in eerste instantie ook niet geloofd.

'... jij neemt zo de trein naar Den Haag, dan haal ik je met de auto op van het station en als blijkt dat je hebt staan liegen, krijg je toch zo'n ongenadig pak op je lazerij van me, zo'n pak rammel, dat je... Wee je gebeente. Dus... als ik straks merk dat je... Maak je borst maar nat.'

'Ik lieg niet.'

'Dat hoop ik voor je,' zei hij. 'Dat hoop ik vurig voor je. Want anders... God helpe je de brug over.'

Nu ik op zoveel ongeloof en onbegrip stuitte, kreeg ik de neiging om mijn prestatie te benadrukken.

'Uniek, pap. Dat vond de voorzitter van de examencommissie. Vier tienen. Had-ie nog nooit meegemaakt.'

'Waar bel je vandaan?'

'Uit een café.'

'Goed naar me luisteren, jongen. Ik zeg het nog één keer. Als straks blijkt dat je ons hebt belazerd, dan breek ik je beide benen. Hoor je me?'

Marieke had zich door de cafédrukte heen gewerkt en was bijna bij me.

'Hoor je wat ik zeg?' zei mijn vader. 'Begrijp je dat goed?!'

'Ja, pap.'

'Je komt nú naar huis. Ik sta over drie kwartier voor station Laan van Nieuw Oost-Indië. En wee je gebeente als... Ik breek je beide benen.'

'En?' vroeg Anneke nadat ik had opgehangen. Marieke bevond zich nog net buiten gehoorsafstand.

'Als die vier tienen niet op mijn diploma staan,' zei mijn vader, 'breekt-ie mijn beide benen.'

'Wat?!'

'Beide benen,' zei ik. 'Niet één. Allebei.'

'Godallemachtig,' zei Anneke.

Ik reisde alleen met de trein terug. Marieke en Anneke reden met Marja's ouders naar Den Haag. Waar de anderen waren gebleven, wist ik niet. Ik had met Marja mee gekund, haar vader had een stationcar, maar ik zou van het station worden opgehaald en het leek me onverstandig die afspraak met mijn vader niet na te komen.

De spits was voorbij, het was stil in de trein. Na alle commotie vond ik het niet erg een poosje in de luwte te verkeren. Op het station stapte op mij na niemand uit.

Mijn vader wachtte niet op het perron, maar in zijn auto in een van de parkeervakken voor het station. Toen hij me zag naderen draaide hij zijn raam open. Zonder iets te zeggen overhandigde ik hem mijn diploma en de bijbehorende cijferlijst, die hij zonder er een woord aan vuil te maken in ontvangst nam.

'Stap in,' zei hij.

Het begon zachtjes te regenen.

We zaten nog twee weken op school, maar les kregen we niet of nauwelijks. We liepen elkaars feestjes af en bespraken wat we in de grote vakantie zouden doen, en vooral wat daarna. De meeste klasgenoten hadden een baan gevonden en togen in augustus aan het werk. Ik was de enige die naar de havo ging. Marieke wilde verpleegster worden en zou een opleiding volgen die begin september in een ziekenhuis in Gouda aanving.

Op de laatste dag van het schooljaar, na het laatste lesuur, omhelsden we elkaar voor de school, in de Van der Parrastraat, en bezwoeren elkaar dat we zodra we terug waren van vakantie zouden bellen.

Ik liep niet meteen terug naar huis maar bleef bij de fietsenstalling hangen, met Paul en Peter, die een sigaretje opstak. We hadden weinig te bespreken.

Ten slotte begaf ik me op weg naar huis, zwaaide aan het einde van de straat gekomen nog één keer naar niemand in het bijzonder en sloeg de hoek om. Het was laat in de middag, de protestantse school was uit, ik hoefde niet om te lopen.

Van Marieke zou ik niet meer horen, noch van een van de andere klasgenoten. Sterker, ik zou het schoolgebouw en de Van der Parrastraat nooit meer terugzien.

We zwierven uit over stad en land, binnen- en buitengewesten, een andere toekomst en andere levens tegemoet.

34

TOT MIJN VERBAZING werd ik eenmaal terug op het AC, waar ik in vier havo belandde, aan het eind van de eerste schoolweek met ruime meerderheid van stemmen tot klassenvertegenwoordiger gekozen. Waar had ik het aan verdiend?

Thuis vonden ze het een slecht idee. 'Toon eerst maar eens dat je het aankunt,' meende mijn vader, 'het niveau, en dat het niet te hooggegrepen is. Alsof we nog niet genoeg doffe ellende met je achter de rug hebben. Eerst presteren, klinkende resultaten, dan de lolletjes. Niet andersom.'

Maar ik was gekozen en die keuze wenste de klas niet terug te draaien. Daarbij, zo veeleisend was mijn functie niet, daar hoefden de schoolresultaten niet onder te lijden.

Tot op een herfstige dag alles veranderde.

's Ochtends liep ik na mijn fiets in de stalling te hebben gezet de cour op, toen enkele klasgenoten me tegemoetkwamen. Ze waren aan verwarring ten prooi.

'Bart! Je moet je ogenblikkelijk bij pater Hoogma melden!'

Had ik iets op mijn kerfstok? Nee, dit keer niet, ik wist zo gauw niets te bedenken waarvoor ik ter verantwoording kon worden geroepen.

'Sorry?' zei ik.

'Stef is dood!'

'Wie? Over wie hebben jullie het?'

'Stef Valenbreder is dood!'

De onheilstijding drong maar half tot me door. Stef was dood, maar Stef kon ook elk ogenblik op het schoolplein verschijnen, fietsend, met zijn tas en broodtrommel onder de snelbinders.

Stef was van Indonesische komaf, zoals velen in Den Haag: een 'blauwe' of 'pinda' werden ze soms genoemd. Hij zat een paar rijen voor me in de klas, aan de kant van de ramen en het zonlicht. Ik zat bij de deur en de donkerte en de koelte van de gang.

Stef was een goedlachse jongen; net zestien. Vijanden kende hij niet. Stefs vader was op jonge leeftijd overleden, een jaar na aankomst in Nederland. Sindsdien stond Stefs moeder er alleen voor, met haar zeven kinderen. Nu dus zes.

'Hij is vannacht aangereden, door een dronken automobilist op de Landscheidingsweg, toen hij op zijn fiets van babysitten terugkwam. Meer weten we niet. Stef is dood, en de bestuurder is doorgereden!'

Ik meldde me bij pater Hoogma, dit keer zonder dat ik uit de klas was gestuurd.

Pater Hoogma bevestigde het nieuws. Het bleef een poos stil

in de kamer waar ik zo vaak had gewacht om te vernemen welke straf me boven het hoofd hing.

'Jongeman,' verbrak pater Hoogma de stilte, 'ik aarzel om het je te vragen, maar... Jij bent klassenvertegenwoordiger. Wil jij vanmiddag na schooltijd bij Stefs moeder langsgaan en haar namens de klasgenoten condoleren met het verlies van haar zoon? Daar zul je haar een ontzaglijk... troostvol... We hebben een hoop op je aan te merken gehad, in vroeger jaren, maar ik weet dat je het kunt, deze zware gang. Daar ben ik heilig van overtuigd.'

Na school fietste ik naar een bloemenkiosk en kocht van mijn zakgeld een bosje narcissen.

Stef woonde in een flat in Mariahoeve, elfhoog. Op mijn aanbellen deed Francisca, Stefs oudere zus, open. Achter haar in de gang verscheen Stefs moeder. Ik zag de tranen lopen, het begin van een beekje, en wist niet wat te zeggen.

Ik overhandigde Stefs moeder de bloemen en bracht de condoleances over namens de klas.

'O jongen, wat lief,' zei Stefs moeder. 'Wat lief.' Ze omhelsde me en vroeg me binnen te komen.

Ik stapte de drempel over en liep het schilderij *De schreeuw* binnen, van Edvard Munch. Alleen was dit geen schilderij, maar werkelijkheid.

Het huis liep over van een niet te peilen verdriet. Ik moest op mijn onderlip bijten om de tranen tegen te houden. In de zitkamer kreeg ik een stoel en wat te drinken aangeboden. Francisca vertelde wat er vannacht had plaatsgevonden, terwijl ze met een zakdoek haar gezicht depte.

'Gisteravond zat ik te blokken,' zei ze, 'voor een examen, toen mijn vaste oppasadres belde. Of ik kon babysitten, op Saskia en Arthur. "Nee," zei ik, "ik kan echt niet. Het spijt me, maar..."

Toen zei Stef: "Ach Cis, ik heb net die fiets van mama gekregen, ik moet toch controleren of het voor- en achterlicht het doen. Zal ik in jouw plaats gaan, ben je daarmee geholpen?"

Om een uur of elf was ik klaar met leren en ging naar bed. Ik lag al half te slapen toen ik in de verte sirenes hoorde. Ik deed het gordijn open. Omdat we zo hoog wonen kan ik vanuit mijn raam de Landscheidingsweg zien. Ik zag zwaailichten bij de brug over de Rijksstraatweg. Akelig, maar ik kroop terug in bed. Er gebeuren om de haverklap ongelukken op de Landscheidingsweg, zo vaak dat je er nauwelijks nog bij stilstaat.'

Er werd aangebeld. Stefs moeder liep de kamer uit om open te doen. We waren alleen.

'Mijn slaapkamerdeur werd opengegooid,' vervolgde Francisca. 'Mijn moeder stond in de deuropening, met achter haar twee politieagenten en onze huisarts. Ze hield een portretfoto van mijn vader en Steffie tegen haar borst geklemd.

"Wat heb je gedaan?" zei ze. "Wat heb je gedaan? Stef is dood!"'

Het bleef stil in de huiskamer. Op de gang hoorde ik niet alleen Stefs moeder huilen, maar ook het nieuw aangekomen bezoek.

'"Wat heb je gedaan?!"' riep ze uit. "Wat heb je gedaan?! Stef is dood!"

Ik begon keihard te gillen. Te gillen en te gillen en te gillen. Toen heb ik van onze dokter een injectie gekregen, valium.

"Wat heb je gedaan? Stef is dood!" Ik hoor het mijn moeder nog zeggen.'

Ze nam een slokje van haar koffie.

'Waarom is het uitgerekend hém overkomen, en niet mij? Dat verdriet... Ik zag ma ter plekke wegkwijnen. Ik ben de rebel in huis, weet je, terwijl Stef, de zachtaardige, een steun en toeverlaat voor mijn moeder was. Aan hem had ze wat. Dat zal ze van mij niet altijd hebben gedacht.'

Zo jong als ik was, begreep ik een flintertje van Francisca's verdriet, maar ik was niet bij machte haar te troosten.

Ik verliet Stefs huis niet ongeschonden.

Sinds het bezoek aan zijn ouderlijk huis en aan Francisca en zijn moeder kleefden er stukjes dood aan me. Stukjes dood die, eenmaal aan je vastgehaakt, niet loslieten. En die niet onderhevig waren aan slijtage of roest. Eens te meer besefte ik dat de dood om me heen en in me was en aan me vastgeklonken zat, in plaats van op afstand, ver weg.

—

De resultaten die ik op school behaalde waren verre van bedroevend. Dat viel een klasgenoot van me op, René, die eveneens van een mulo kwam.

'Bart,' zei hij nadat de paasrapporten waren uitgereikt, 'mag ik dat rapport van jou eens zien?'

Hij floot zachtjes tussen zijn tanden. 'Jongen,' zei hij, 'dit is een dijk van een lijst. Wat een rapport, nog beter dan het mijne.'

Hij staarde voor zich uit alsof hij op iets broedde. Kwam er een onzalig plan bij hem op?

'Weet je,' zei René, 'dat rapport van jou… zulke cijfers, bijna een acht gemiddeld… Mijn gemiddelde is lager dan dat van jou en ik mag na dit schooljaar van vier havo naar vijf atheneum en sla zodoende een klas over. Tel uit je winst. Maar als jij ook een jaar overslaat en meeverhuist, belanden we samen op het atheneum en hebben we steun aan elkaar. Het is best een forse overstap, die niet altijd goed uitpakt. Wat zeg je ervan?'

'Met wat ik thuis achter de rug heb? Ze zien me aankomen, die ouders van me. Alsof de poorten van de hel opengaan. Nee, daar begin ik niet aan, daar krijg ik geheid gesodemieter mee. Doe me een lol en laat mij er lekker buiten.'

René sputterde wat tegen, maar gaf het na een poosje op. 'Dan niet, even goeie vrienden.'

Waarmee de kous af was, dacht ik.

Op een doordeweekse avond schoof mijn vader plotseling zijn bord van zich af – het tafelkleed krulde ervan op – en legde zijn bestek neer.

'Wat heb ik gehoord over jou?'

Alle alarmbellen begonnen te rinkelen en een bijster vrolijk stemmend geluid maakten ze niet. Daar gingen we weer.

'Over mij?' zei ik. 'Ik zou het niet weten, geen idee.'

'Nee, jij weet nooit wat. Jij weet nooit ergens van.'

'Dat zeg ik niet,' zei ik, 'maar...'

Zijn rechtervuist landde op het tafelblad en deed het bestek en de kopjes opspringen en de schalen trillen.

'Wil je je mond houden als ik aan het woord ben? Jij doet je mond pas open als ik ben uitgesproken en je wat gevraagd wordt. Is dat duidelijk?'

Mijn zus keek me aan met een blik die beduidde dat het wijs zou zijn om de boel niet uit de hand te laten lopen, niet weer.

'Ja, papa,' zei ik.

'Dat dacht ik ook,' zei hij, tevredener. 'Op die praatjes van jou zit niemand te wachten. Ik niet, in elk geval. Besef dat goed.'

Ik hield mijn mond, wat mijn vader deugd deed.

'Ik wilde je vragen, voordat je me onderbrak, of het klopt wat ik over je heb gehoord...'

'Dat zou ik niet weten, pap,' onderbrak ik hem. 'Ik heb geen idee wat je over me gehoord hebt...'

Mijn moeder en zus staarden me aan: daar ging een harmonieus verloop van de avond.

'... maar ga er voor de zekerheid maar van uit, pap, dat het niet klopt.'

De zwaarste schaal, die met de gekookte aardappelen, wiebelde en neigde er heel even toe als een helikopter van tafel op te stijgen, en de juskom leek dat voorbeeld te willen volgen. Zo werd het toch nog gezellig aan tafel. Ik ging er eens goed voor zitten. Met het paasrapport op zak kon ik me best een frivoliteit permitteren. Eens uitvinden hoe stevig het lijntje was en waar het lijntje knapte. Dan hielp zelfs het paasrapport er niet meer aan en kon ik het schudden. Wat vond de kom ervan, of de jus?

'Ik begreep,' zei mijn vader, 'dat na alles wat we met jou hebben beleefd en doorgemaakt, na alle rampspoed en na alles wat we met jou hebben moeten doorstaan... dat jij het in je zotte kop hebt gekregen om... ja, je gelooft 't niet, je verstand staat erbij stil... dat jij het in je hoofd hebt gehaald om een jaar op school te willen overslaan. Klopt dat? Nee toch zeker mag ik aannemen, hè?'

'Nou,' zei ik, 'dat wil zeggen...'

'Hoe kóm je erbij?! Hoe haal je het in je hoofd?!'

Het werd tijd voor de reddingsboeien. Waar lag mijn zwemvest en waar lagen de peddels?

'Pap, als je me laat uitpraten, kan ik ook iets zeggen.'

Hij keek me aan alsof hij de indruk had dat ik hem in de maling nam, wat ergens klopte.

'René, je-weet-wel,' zei ik, 'gaat naar het atheneum en slaat een jaar over. En hij vroeg mij of ik ook... Omdat ik er beter voorsta dan hij. Dan zouden we elkaar kunnen helpen, rugwind. Maar ik heb meteen gezegd dat het feest mooi niet doorging. Dat ik bij jullie niet met een dergelijk verzoek aan boord hoefde te komen. Dat begreep hij, zei René. Ik wist op voorhand dat het idee bij jullie tot ophef zou leiden...'

Wát zegt hij daar, zag ik mijn vader denken, verstond hij

het goed, 'ophef', en dat tegen een buitenstaander? Daar zou hij straks op terugkomen.

'Dat is alles,' besloot ik.

Mijn vader ontspande en er verscheen zowaar iets van een glimlach op zijn gelaat.

'Ik maakte een grapje,' zei hij. 'Jij gaat dat doen, naar het atheneum, een jaar overslaan. Natuurlijk ga je dat doen. Het zou toch van de zotte zijn om dat niet... Kun je tenminste nog íets van de verloren jaren inhalen en íets goedmaken van wat er fout is gegaan, alle schade. En dat is het laatste wat ik erover te zeggen heb. Je slaat een klas over en gaat naar het atheneum, of je wil of niet. Klaar.'

Over tafel keek hij mijn moeder aan. 'Stel je voor. Krijgt-ie de kans om eindelijk... Bedankt meneer voor de eer. Dat geloof je toch niet? Echt iets voor hem. Dat zou er nog eens bij moeten komen ook, het níet doen, en geen jaar inlopen. Ik dácht 't niet.'

'René,' zei ik de volgende ochtend voor aanvang van het eerste uur, 'heb jij met mijn ouders gesproken?'

'Nee, natuurlijk niet. Hoezo?'

'Ze wisten het, van het atheneum, en een jaar overslaan. Bijna was het weer hommeles gisteravond. Het scheelde een haar.'

'Wat is het toch altijd een gezellige boel bij jullie thuis, hè?' zei René.

'Praat me er niet van,' zei ik.

'Ga je met mij mee vanmiddag?' zei René. 'Ik heb de nieuwe plaat van The Steve Miller Band.'

'Nee,' zei ik, 'dat zal niet gaan, hoe graag ik ook zou willen. Ik moet aan het huiswerk. Anders dalen straks mijn cijfers. Zul je net zien, dan mag ik geen jaar overslaan en zit jij straks in de vijfde zonder steuntje in de rug. Dat wil ik niet op mijn geweten hebben.'

'Lul,' zei René.

35

'HOE IS 'T met je studie?'

We zaten in mijn vaders Buick. Hij was trots op zijn Amerikaanse slee, dat kon je aan alles merken.

We zoefden door een zondagstil Vancouver – ik was kort daarvoor geland – op weg naar mijn ouders' huis in een buitenwijk van de stad.

Na het atheneum, toen ik in militaire dienst moest en me daartoe diende te melden op de vliegbasis Gilze-Rijen, werd mijn vader door het ministerie van Buitenlandse Zaken tot consul in Vancouver benoemd en vertrok hij met mijn moeder voor onbepaalde tijd naar Canada.

Mijn zus begon aan haar eindexamenjaar en werd zolang bij een oom en tante in Delft ondergebracht.

Het gezin viel uit elkaar.

Voorin vroeg mijn moeder hoe het met mijn zus in Delft ging, en met mijn opa in Maarn en mijn oma in Scheveningen, vragen die ik naar tevredenheid beantwoordde.

Het was de eerste keer dat ik mijn ouders bezocht sinds mijn vaders benoeming in Vancouver. Ze zaten er nu twee jaar, en niet tot hun chagrijn. Mijn moeder blies haar partijtje dapper mee: beiden gingen op in mijn vaders ambt en genoten van hun nieuwverworven status. Zelf was ik, na eenentwintig maanden bij de Koninklijke Luchtmacht te hebben gediend, in Leiden begonnen aan de studie Nederlandse Taal- en Letterkunde.

'Vertel,' herhaalde mijn vader, 'hoe gaat het met je studie?'

Vergiste ik me of proefde ik een toenemend ongeduld in zijn stem?

'Kan beter,' zei ik.

Mijn moeder had gevraagd hoe de vlucht was geweest en of ik niet moe was na de zestien uur durende vliegreis en of ik eerst iets wilde eten of drinken op de luchthaven voordat we naar huis reden; maar mijn vader wenste bij ons weerzien – leuk en aardig allemaal, die plichtplegingen; die liet hij met genoegen aan mijn moeder over – ter zake te komen.

'Zoiets vermoedde ik al,' zei mijn vader. Hij wekte niet de indruk verrast te zijn door mijn antwoord en er eerder een bevestiging in te horen van wat hij al wist.

'Ik ben de laatste tijd veel naar concerten geweest,' zei ik, 'vooral in Rotterdam Ahoy, naar Jethro Tull, Genesis, Emerson, Lake and Palmer, Yes... Met Hans en Ben. Zij roken Cubaanse sigaren, bolknakken. Hans rijdt in een aftandse Ford Taunus, slooprijp, die keer op keer instort. Dan koopt-ie voor een prikkie een nieuwe. Soms verbruikt-ie twee Taunussen per week. Zitten we dan, in de autocabine, blauw van de rook, geen hand voor ogen te zien, op weg naar...'

'Ik informeerde naar je studie,' onderbrak mijn vader me.

'Dat zeg ik,' zei ik. 'Hans en Ben studeren ook Nederlands.'

Daarop bleef het een poosje stil voorin.

Het 'internationale' gevoel dat vlucht en luchthaven me hadden bezorgd, ebde uit me weg. Vancouver International Airport lag krap een halfuurtje rijden achter ons, maar het was alsof we terug waren in Den Haag: de spanning viel te snijden. Ik zou drie weken in Vancouver logeren, zomervakantie, maar als het zo doorging kon die periode aanzienlijk langer aanvoelen. Wat had me bewogen hierheen te vliegen? Was ik er toch weer met open ogen ingestonken. Viel het te overwegen om mijn terugvlucht naar Schiphol met één of twee weken te vervroegen?

'We hebben vorige week,' zei mijn vader, 'een brief ontvangen, je moeder en ik, uit Nederland.'

Het klonk dreigend; maar was het ook zo bedoeld?

'Gé, hou erover op,' zei mijn moeder. 'Dat kind is koud geland of jij begint meteen al over... Wat hadden we nou afgesproken? Je zou een paar dagen wachten en eerst eens aanzien hoe het ging met dat kind. En wat doe je? Je begint er gelijk over, binnen het halfuur. Wat ís dat toch met jou?'

Mijn vader verkoos die vraag niet te beantwoorden, maar aan zijn zware ademen hoorde ik dat zijn geduld opraakte.

'Ik mag aannemen,' zei ik, 'dat zoiets vaker gebeurt, pap, een brief uit Nederland ontvangen, toch?'

'We hebben een brief uit Haarlem gekregen,' zei mijn vader, 'van je tante Laura, waar jij altijd zo dik mee was.'

Dat 'was' deed een alarmbelletje rinkelen.

'Daar hoor ik van op,' zei ik.

'Is dat zo?' zei mijn vader.

'Ja, nogal,' zei ik.

'En mogen we misschien vernemen, je moeder en ik, waarom je zo verbaasd bent, of is dat te veel gevraagd?'

'Dat mag je gerust weten,' zei ik. 'Ik had haar al maanden niet gezien of gesproken, tante Laura, en omdat ik naar jullie vloog ging ik twee weken geleden bij haar langs om te vragen of ze misschien iets voor jullie aan me wilde meegeven. Dat was niet het geval, bleek. Dus in die zin keerde ik onverrichter zake terug naar Den Haag. Evengoed was het plezierig haar weer eens op te zoeken.'

'Zo zo,' zei mijn vader. 'Dus het was, zoals jij het noemt, een "plezierig" bezoekje?'

'Ja,' bevestigde ik. 'Tenzij... ik zou niet weten wat, maar...'

'Laura kijkt heel anders tegen jouw bezoekje aan, héél anders. Die is verre van gecharmeerd van hoe jij je gedraagt en van wat jij allemaal uitspookt.'

Die tante Laura.

'Dat verbaast me in hoge mate,' zei ik. 'Daar heeft ze niets over gezegd toen ik bij haar op bezoek was.'

Het bleef stil voorin, op een zucht van mijn moeder na.

Voor het eerst tijdens de autorit keek ik naar buiten.

'Mooie stad, Vancouver,' zei ik.

We reden al een poosje door buitenwijken, die steeds groener van karakter werden.

'We zijn er bijna,' zei mijn moeder. 'Wacht maar tot je ons huis ziet.'

Even later stuurde mijn vader een korte oprijlaan op die naar een dubbele garagedeur leidde.

'Shalimar Place,' zei mijn moeder. 'Welcome home.'

Terwijl ik uitstapte viel de stilte om ons heen me op: je hoorde wat vogels, en dat was het dan.

Tot ik 'plokk' hoorde, vlakbij, achter een bomenrij.

'Dat is de golfbaan,' zei mijn moeder. 'Die loopt achter de bomen en de heggen, pal voor ons huis. Er gaat geen dag voorbij of we vinden een golfballetje in de tuin. Zo goed slaan ze niet, die Canadezen. Binnenkort golfen wij ook, je vader en ik. Op uitnodiging van een bevriende bankier en de directeur van de haven van Vancouver, een Hollander. Zo leuk.'

Mijn vader reed de Buick de garage in.

'Nooit geweten,' zei ik, 'dat jullie dat ambieerden, golfen. In Nederland heb ik jullie er nooit over gehoord.'

'Het hoort bij ons nieuwe leven, hè. Al je vaders relaties golfen. Heerlijk, de hele dag in de buitenlucht. En je schijnt er voortreffelijk te kunnen lunchen, in het clubhuis.'

We liepen het huis in, dat een aanmerkelijke vooruitgang was ten opzichte van de twee woningen waarin mijn zus en ik waren opgegroeid.

'Wat wil je drinken?' vroeg mijn vader nadat we de ronde door het huis hadden gemaakt en ze me mijn kamer hadden gewezen. 'Ik begreep van Laura dat drinken hoog in je vaandel staat, en dat het je goed afgaat, innemen.'

'Beter dan studeren, pap.'

De dagen verstreken zonder noemenswaardige incidenten. Mijn vader vertrok 's ochtends naar het consulaat, dat was gevestigd in een wolkenkrabber in downtown Vancouver en kwam tegen etenstijd thuis. Zoveel tijd voor incidenten restte er niet.

Op een dinsdagmiddag – mijn vader was vroeger thuis dan gewoonlijk – wilde hij een borrel inschenken. Sherry voor mijn moeder, whisky on the rocks voor hemzelf.

Hij deed de deur van het drankkabinet open en wilde de glazen pakken.

Die waren er niet. De planken in de kast waren alle leeg.

'Wat krijgen we nou?!' zei hij. 'Waar zijn de glazen gebleven?'

Ik verschoof iets in de fauteuil waarin ik zat.

'Daar vraag je me wat,' zei mijn moeder.

Ze keken me beiden vorsend aan. Als zij de glazen niet hadden laten verdwijnen, bleef er één mogelijkheid over. Hun logé. En daar konden ze weleens gelijk in hebben. Als zij 's avonds naar bed gingen, dronk ik meestal een geducht afzakkertje: op een glaasje meer of minder keek ik niet. In militaire dienst had ik leren drinken, een verworvenheid die me in de kringen waarin ik me bewoog, de rock-'n-roll-scene, uitstekend van pas kwam. Ik vermoedde waar mijn moeders glasservies een veilig heenkomen had gevonden, liep naar mijn kamer en keek onder het bed.

'Verdomme,' zei mijn vader, die met me was meegelopen. 'Wat is hier aan de hand?'

Onder mijn bed stond het volledige glasservies in slagorde opgesteld, met hier en daar nog een bodempje drank in de glazen.

'Je glazen, pap. Te kust en te keur.'

'Wat is er in godsnaam...'

'Doet er niet toe, pap. Jij hebt je glazen terug, kijk hier...' – ik bukte me en haalde een whiskyglas dat vrij vooraan stond onder het bed vandaan – '... even omspoelen onder de kraan en... Er is er niet eentje gebroken, alles heel. Ja, er is zelfs geen stukje of scherfje van een glas af.'

Zwaar hijgend pakte mijn vader een stel glazen onder het bed vandaan, zoveel als hij kon dragen.

'Wat is er aan de hand?' vroeg mijn moeder, die in de keuken de pitten van het fornuis had laag gezet en nu pas de logeerkamer betrad.

'Moet jij voor de aardigheid eens onder het bed kijken,' zei mijn vader, 'dan weet je niet wat je ziet.'

'O pap,' zei ik toen hij aanstalten maakte de logeerkamer te verlaten, 'je moet ze eerst omspoelen, hoor. Niet vergeten. Sommige glazen hebben een week of twee onder het bed doorgebracht.'

'Jij zou die brief van je tante Laura eens moeten lezen,' zei mijn vader. 'Dan ontdek je wat anderen van je vinden. Dat zou weleens een ontluisterende maar verhelderende ervaring voor je kunnen zijn.'

'Je bedoelt de brief waarin ik een "stuk verdriet" word genoemd, pap?'

'Bleef het daar maar bij,' zei hij. 'Een "stuk verdriet"? Dat mocht je willen.'

Bij de drempel draaide hij zich om.

'Ontsporen,' zei hij, 'daar ben je altijd goed in geweest. Een kei.'

'Zeg Gé,' zei mijn moeder, 'hou eens op. Zo is het genoeg geweest. Zullen we het een beetje gezellig houden, zo'n opgave is dat toch niet?'

'Ik weet niet,' zei mijn vader het verzoek van mijn moeder negerend, 'hoe het met je retourticket zit, maar wat mij betreft...'

Vier dagen later vloog ik tot ieders opluchting, ook de mijne, terug naar Schiphol.

36

ALS IK MIJN ogen opendoe staan er twee verpleegkundigen aan mijn bed, en een mij onbekende uroloog. Ze zeggen iets tegen me, maar wat ontgaat me.

Waar gaat het gesprek over, en over wie? Ben ik nog niet genoeg besproken; en waarom knap ik maar niet op? De bloemen hoeven toch nog niet besteld?

Ik zeg dat ik het begrijp: dat lijkt me het door hen gewenste antwoord, doe mijn ogen dicht en schiet terug in de tijd.

Na vijf jaar Vancouver – 'Verreweg de beste jaren van ons leven,' zou mijn moeder later zeggen – werd mijn vader benoemd in Karachi, Pakistan. Tot zijn teleurstelling werd hij ondanks goede beoordelingen in Vancouver niet bevorderd tot consul-generaal.

Dat was niet de enige teleurstelling die hem wachtte.

'Nee, jongen, doe maar niet,' zei mijn moeder tijdens een van de schaarse telefoongesprekken die we gedurende hun verblijf in Karachi voerden. 'Blijf lekker daar. Dat zeg ik ook tegen onze Nederlandse vrienden die ons willen opzoeken. "Doe jezelf een plezier en kom vooral niet deze kant op."'

Ik vroeg haar naar de reden van het afhouden van ieders overkomst.

'Jongen, ik moet je zeggen, je vader vindt het verschrikkelijk hier. Ver-schrik-ke-lijk. Je weet, hij kan niet tegen hitte. Nou, als het hier een dag onder de achtendertig graden blijft, beleef je een frisse dag. Herfst. Hij hééft 't niet meer, it's killing him, en wil zo snel mogelijk weg. Tropenjaren. Hij is zo afgevallen. Broodmager is-ie. Dat heeft-ie ook aan Buitenlandse Zaken laten weten, dat-ie weg wil, liefst morgen. Maar ja, Den Haag, ambtelijke molens... De laatste weken klaagt hij ook over zijn hart... Nee, het is zwaar afzien voor hem hier.'

Ze zuchtte.

'Weet je, hij houdt zich kranig, je vader, maar... Bek- en bek-af is-ie als-ie 's middags van kantoor komt. Je schrikt gewoon als je hem ziet. Hij lijdt er echt onder en moet hier zo snel mogelijk vandaan.

En als dat alles was... Ik heb net een stel bedienden moeten ontslaan. Ja, ik ben niet helemaal op mijn achterhoofd gevallen, al dachten zij van wel. Het viel me op dat ik de laatste tijd erg vlot door mijn levensmiddelenvoorraad schoot. De ijskast leek zelf mee te eten, zo rap ging het. Vervolgens miste ik serviesgoed: borden, kop-en-schotels, en verdween allerlei bestek uit huis. Dus ik heb eens goed opgelet, en ja hoor, binnen de kortste keren had ik ze te pakken, mijn charmante bedienden. Een en al glimlach en buigingen, maar ze stalen als de raven en verhandelden de buitgemaakte goederen bij helers in de stad. Kijk, als er nu en dan een pak volle melk wordt achterovergedrukt dat tegen de houdbaarheidsdatum aan zit, of noem-eens-wat, alla, daar hoor je me niet over. Maar ik ben gekke Gerritje niet. Dat heb ik ze ook duidelijk gemaakt toen ik ze aannam, de nieuwe ploeg, eergisteren, in ronde bewoordingen. En ze gezegd: wie het niet bevalt, kan meteen vertrekken. Nu. Die mag zijn of haar vingertje opsteken, en dan is dáár het gat van de deur. Nou, daar meldde zich geen kandidaat voor, voor een stante pede aftocht. Je moet weten, het is hier een eer om te werken op een ambassade of een consulaat, of in een ambtswoning, daar zijn ze reuzetrots op. Houen zo. Dus dat laten ze voorlopig uit hun hoofd, iets achteroverdrukken. Anders vliegen ze er subiet uit.

Nee, jongen, dat soort dingen los ik zelf op, daar belast ik je vader niet mee, dat hoort erbij, hè, bij werkzaam zijn in de buitenlandse dienst.'

Het bleef een ogenblik stil aan de andere kant van de lijn.

'Weet je, ik sta er hier min of meer alleen voor. Dus blijf lekker thuis en kom hier niet naartoe, Karachi, liever niet. Daar doe je ons, en jezelf, een groot plezier mee.'

Opnieuw viel er een stilte, die iets langer aanhield. Was ons gesprek beëindigd?

'En dan nog wat, iets heel anders...'

Ze zuchtte opnieuw, alsof wat ze me wilde vertellen haar meer dwarszat dan de stelende bedienden.

'... de kakkerlakken.'

'Kakkerlakken?' herhaalde ik verbaasd.

'O jongen, het is zo vies hier. Ze zitten overal, echt óveral. Achter de muren, de buizen en leidingen, in de plafonds, tussen de vloeren, in alle kasten en kastjes... Ik laat het hele huis om de drie, vier dagen schoonmaken, van de kelder en bijkelders tot de zolders, met inzet van het voltallige personeel... O, het is zo vies hier. Van de week moest ik in een van de keukens zijn, de hoofd- keuken; niet de bijkeukens, die zijn nog erger. Ik trek nietsver- moedend een la open, een besteklade onder het aanrecht... Jon- gen, de kakkerlakken sprongen me tegemoet. Het krioelde ervan in die la, en in alle andere keukenlades die ik vervolgens opentrok. Eén grote wriemelende... Hebben we het gemakshalve maar niet eens over de vuilnis overal op straat, in een miljoenenstad, en de vliegenplagen die er het gevolg van zijn. Te smerig voor woorden. Dus ik wil maar zeggen, je bent altijd welkom, dat je niet denkt dat... Maar evengoed... Blijf lekker thuis, jij.'

Ruim anderhalf jaar na hun aankomst vertrokken mijn ouders uit Karachi nadat mijn vader was overgeplaatst naar Chicago.

The Windy City was een verademing. Maar mijn vader werd opnieuw niet bevorderd tot consul-generaal, wat hij als een ver- kapte degradatie ervoer.

Na twee jaar Chicago hield mijn vader het voor gezien en ging met vervroegd pensioen.

'Mijn ouders,' zei ik tegen mevrouw Van der Valk, bij wie ik sinds een aantal jaren op kamers woonde, 'komen terug uit Amerika.'

'O jee,' zei ze. 'Daar ben je lekker mee, dan begint het gedu- vel weer van voren af aan.'

Bij haar voelde ik me welkom. Thuis. Als ik ooit een moeder had, dan was het mijn hospita.

Ze nam een slokje van haar sherry en stak een sigaret op. We zaten in de tv-kamer, eenhoog, van haar huis aan de Van Alkema- delaan. De spits was begonnen, zag ik uit het raam, het verkeer liep vast.

'Ach jongen,' zei ze. 'Bereid je er maar vast op voor.'

Ik wilde naar mijn kamer lopen om een plaat op te zetten, iets van Joy Division.

'Als je toch naar beneden gaat,' riep ze me na, 'neem dan een fles sherry uit de gangkast mee, wil je? Deze' – ze schudde met de buikfles die naast haar op de grond stond – 'is leeg.'

Ze was slecht ter been de laatste tijd en in plaats van naar mijn kamer te lopen, ook op eenhoog, liep ik naar de trap.

'Kan ik nog iets anders meenemen?' zei ik, blij dat ik iets voor haar kon betekenen.

'Nee,' riep ze lachend, 'de sherry is genoeg.'

Beneden pakte ik de sherryfles en schonk mezelf een dubbele rum-cola in.

'Je bent een held,' zei ze toen ik met de sherry in het trapgat verscheen. 'Je mag blijven.'

Vanuit hotel 't Kerkebosch in Zeist zochten mijn ouders na mijn vaders vervroegde uittreding naar geschikte woonruimte. Niet veel te koop staande woningen konden op hun goedkeuring rekenen. Pas na maanden vonden ze een vrijstaand huis niet ver van Maarn, waar mijn opa woonde.

'Ja, ik bel je even,' zei mijn moeder. 'Kind, ik moet je zeggen, we hebben een huis in Doorn gevonden. Vlak bij je opa. Je weet, ik ben dol op hem, en hij is zo oud geworden en heeft verzorging nodig. Nee, kom voorlopig nog maar niet langs. Ik wil eerst de boel een beetje op orde hebben.'

'Doorn?' zei ik. 'Wat moet je in Doorn?'

Mijn moeder wuifde mijn twijfels weg; het werd Doorn, en het zou Doorn blijven. Na een eenvoudige verbouwing konden ze het huis betrekken, een 'enig huis', volgens mijn moeder.

Ze waren terug, in Doorn of all places. Het bloeden kon beginnen.

'Als we eenmaal gesetteld zijn, moet je beslist langskomen,' voegde mijn moeder eraan toe. 'Moeten jullie beslist eens langskomen,' verbeterde ze zichzelf, 'Yolanda en jij.'

Nadat ik de telefoon had neergelegd, bleef 'Doorn' door mijn hoofd spoken. Wat was er met Doorn, waar deed het me aan denken?

Doornen.

Op een middag verliet ik het klaslokaal zo laat dat mijn klasgenoten al naar huis waren. Ik had moeten nablijven. Waarom weet ik niet, waarschijnlijk vanwege de uitstekende resultaten die ik niet behaalde. Logisch dat de meester daar meer van wilde weten.

Mijn klasgenoten mochten dan naar huis zijn, dat gold niet voor alle leerlingen van de Sint Nicolaasschool. Bij de fietsenstalling was een ruzie gaande. Twee zesdeklassers hadden het met elkaar aan de stok. Wilde ik naar huis, dan moest ik de ruziemakers passeren, en de elf of twaalf jongens die in een halve kring om de kemphanen heen stonden en hen aanmoedigden.

Het schoolplein had een gazon, omzoomd door een rozenperk.

Terwijl ik langs de joelende groep liep – hoe maakte ik me zo onzichtbaar mogelijk? Straks kregen ze me in de smiezen en was ik de pineut. Ze waren stuk voor stuk stukken sterker dan ik – week de groep uiteen. Een van de vechtersbazen vloog door een vuistslag naar achteren; een tweede rake vuistslag volgde en de ouderejaars weken verder terug om ruimte te maken voor de jongen die de klappen kreeg.

De jongen die de vuistslagen incasseerde wankelde, maar bleef vraag-niet-hoe op de been.

Dat zinde een van de toeschouwers niet. Hij liep naar de jongen, die om zich heen tastte op zoek naar houvast, en gaf hem van achteren zo'n harde trap tegen het standbeen dat het slachtoffer alsnog ten val kwam en met zijn hoofd onzacht de pleintegels raakte.

De aanval in de rug mocht op luide bijval rekenen, en de jongen – Van Oirschot, een vijfdeklasser – mengde zich tevreden onder de omstanders.

De sterkste van de vechtersbazen liet zich dit buitenkansje niet ontgaan en dook op zijn prooi. De twee rolden om en om – er zat nog leven in de zwakste – en belandden in het rozenperk.

Al vlug lag de jongen die hard in het gezicht was geraakt weerloos op zijn rug in het perk. Hij was simpelweg geen partij. Een regen van slagen daalde op hem neer, afwisselend met een vuist of met de vlakke hand.

'Maak 'm af!' klonk het uit de kelen van de jongens eromheen.

De sterkste zat nu te paard op zijn slachtoffer en raakte hem waar hij hem raken wilde.

Daar bleef het niet bij.

Moe van het met volle kracht uitdelen van de slagen, maar nog niet tevreden over de vermorzeling van zijn prooi, veranderde de sterkste van aanpak.

'Kom op, Cor! Maak 'm af!'

Met zijn linkerhand drukte de jongen die Cor heette de keel en daarmee het hoofd van zijn slachtoffer tegen de grond, woelde met zijn vrije rechterhand wat aarde in het perk los en probeerde een handvol ervan in de mond van de jongen onder hem te proppen. Toen dat niet naar tevredenheid verliep, smeerde en veegde hij de aarde uit over diens gezicht. Opnieuw deed hij een greep in de aarde. De jongen onder hem hapte naar adem, maar moest dat voorzichtig doen, anders kreeg hij alsnog een lading aarde naar binnen. Het slachtoffer kronkelde en stootte geluiden uit die duidden op verstikking.

'Je hebt 'm, Cor! Afmaken!'

Het staaltje machtsvertoon was Cor nog niet genoeg. Ze waren in het rozenperk beland en dat rozenperk lag er niet voor niets. Doornen, daar kon de sterkste van de twee wat mee. Je kon aan Cors gezicht aflezen dat-ie er lol in kreeg.

Hij pakte een paar takken van de dichtstbijzijnde rozenstruik en probeerde ze af te breken, wat niet lukte, en rukte ze los uit de grond, met een kluitje aarde er nog aan.

Met zijn voeten hield Cor de benen van de jongen onder hem in bedwang en zijn linkerhand hield het hoofd nog altijd op zijn plaats, hoezeer de jongen ook kronkelde: een bokkend paard dat zijn berijder wil afwerpen. Cors hand bloedde en misschien was dat wat zijn woede opzweepte tot razernij. Hij schoof iets naar voren, zodat hij bijna op de borstkas van de jongen kwam te zitten, en haalde de doornentakken over diens gezicht. Het slachtoffer kermde.

Een tweede keer veegde Cor de doornentakken over het gezicht van de jongen – dat nu openlag – en een derde en een vierde keer, alsof hij met een borstel het krijt op een schoolbord moest uitwissen.

Het gejuich van de omstanders nam af en verstomde. Vonden ze de afstraffing te ver gaan?

Opeens was het ongelijke gevecht afgelopen. De sterkste stopte en de razernij die zich zo-even van hem had meester gemaakt leek uit hem te wijken. Hij kwam overeind, moe van alle inspanning, sloeg de aarde van zijn kleren, pakte zijn fiets uit het rek en fietste zonder zich om zijn slachtoffer te bekommeren de poort uit.

De jongen die het onderspit had gedolven hoestte, spuugde

aarde uit, hoestte opnieuw, krabbelde moeizaam overeind en probeerde te staan, wat hem – groggy – lastig afging.

Het bloed liep over zijn gezicht. Alsof een ruwe hand hem een doornenkroon had opgezet, die hem kort daarna op last van een hogere autoriteit weer werd ontnomen en op hardhandige wijze was afgezet. Het bloed zocht zigzaggend een weg omlaag, zonder goed te weten waarheen.

Een stilte daalde over de kring neer; een stilte die zich over het schoolplein en tot aan de kerk uitstrekte. Het kwam bij niemand op om de jongen opnieuw aan te vallen, ook niet bij Van Oirschot. Niet één scholier in de kring had tijdens de voorgaande minuten 'Maak 'm af' geroepen: dat moesten anderen zijn geweest.

De jongen richtte zich op en zijn lichaam leek hem hierin tegemoet te willen komen. Hij klopte de aarde van zich af, stram en houterig, en terwijl hij dat deed vielen twee afgebroken twijgen van de rozenstruik op de grond en bleven losjes in het perk liggen: die kenden hun plaats.

De jongen staarde voor zich uit naar een voor ons niet waarneembare plek in de verre verte.

Hij bracht zijn rechterhand omhoog – de mouw van zijn jas was op meerdere plekken gescheurd en hing er zo'n beetje bij – en hield hem voor zijn mond alsof hij welopgevoed een visgraatje wilde uitspugen dat hem dwarszat. Ging hij met zijn tong na hoeveel tanden en kiezen los- of vastzaten? Bij een vechtpartij in de Helenastraat had ik laatst gezien hoe een jongen, nadat een leraar van school tussenbeide was gekomen, drie tanden op straat had uitgespuugd. Beleefde ik een herhaling van die gebeurtenis en kletterden straks de tanden op de schoolpleintegels, melkwit, waarna het rapen begon?

'Hé, wat doe jíj hier?' riep een jongen die ik niet kende. 'Jij bent hier veel te jong voor, kneus. Opsodemieteren, jij. Opgerot, en gauw!'

De omstanders keerden zich van het slachtoffer naar mij. Wat deed een blaag als ik hier, en wat had ik gezien; en zou ik daar mogelijk thuis of morgen op school iets tegen anderen over zeggen?

Ze zaten niet op pottenkijkers te wachten: ik moest maken dat ik wegkwam. Maar er nu opeens vandoor gaan had geen zin; ze waren zoveel ouder en groter dan ik dat ze me binnen de kortste keren zouden achterhalen, en wat dan?

'Ga gauw naar huis, joh,' zei een jongen die ik evenmin kende op zachtere toon tegen me. 'Loop maar door, jij. Dit is niks voor jou.'

Met die woorden gaf hij me een duw in de rug en stuurde me de goeie kant op, richting de schoolpoort.

Ter hoogte van de Koningin Marialaan moest ik mijn best doen om niet over te geven.

'Wat ben jíj laat?!' zei mijn moeder toen ik tegen vijven thuiskwam. 'Waar kom jíj vandaan, waar heb je gezeten?'

Ze keek me onderzoekend aan, alsof ze iets aan me merkte wat haar niet beviel, maar wat ze niet kon benoemen.

'Wat is er aan de hand? Je ziet lijkbleek. Is er iets?'

'Nee,' zei ik, 'er is niks, mam. Ik heb na school een halfuurtje bijles gehad, dat is alles. Wat zou er moeten zijn?'

Ik zat nog niet zo lang in mijn kamer met mijn agenda en de schoolboeken opengeslagen op het bureau toen ik me niet goed voelde worden – het duizelde me – en ik stond op en liep naar de keuken.

'Mag ik een boterham, mam?'

De keuken rook naar soep die al een poos op stond.

'Ben je betoeterd? We gaan zo eten, over een halfuurtje. Zodra je vader thuiskomt, gaan we aan tafel. Niks te boterham. Je wacht maar rustig af tot ik jullie aan tafel roep. Stel je voor zeg, een boterham nemen vlak voordat we aan tafel gaan; en dan straks je eten laten staan zeker? Hoe haal je het in je hoofd. En nou opgehoepeld, ik ben bezig en kan je even niet gebruiken. Ik roep jullie zo.'

Na het bidden had ik opeens geen trek meer.

In het bord tomatensoep voor me op tafel, waarin drie door mijn moeder zelfgemaakte gehaktballetjes rondzwierven, zag ik het gezicht van de jongen die op zijn rug lag – terwijl ik met mijn lepel door de soep roerde om deze te laten afkoelen – en de doornentakken die zijn gezicht openhaalden; en ik schoof het bord van me af, naar het midden van de eetkamertafel.

'Wat krijgen we nou?!' zei mijn moeder. 'Wat is er met jou aan de hand? Eerst in de keuken bij me bedelen om een boterham en dan nu je soep niet lusten?'

'Nou ga je eten,' zei mijn vader terwijl hij zijn gezicht dicht bij het mijne bracht, 'en héél gauw, anders zal ik je eventjes helpen, begrijp je dat?'

37

EEN PAAR WEKEN later belde mijn moeder opnieuw.

'Kom je langs?' zei ze. 'We hebben allerlei huisraad uit Ka-rachi in verhuisdozen in de garage staan. Die boel is eindelijk verscheept en nu pas aangekomen. Ja, praat-me-d'r-niet-van, die dozen waren in opslag in de haven, maar door allerlei formalitei-ten en bureaucratisch geneuzel heeft het eindeloos lang geduurd voordat die loods werd vrijgegeven. Pakistan. Daarbij, wij vertrok-ken naar Chicago en hadden wat anders aan ons hoofd. Maar goed, het is er nu eindelijk, en ik wil ervan af, liefst vlot, het kan hier niet eeuwig zo blijven staan. Waar moet ik het laten? Je vader en ik, wij doen er niks mee, ons nieuwe huis in Doorn is veel te klein om die spullen in kwijt te kunnen, maar voor jou en Yolanda... Er zit van alles tussen, handige dingen, kunstdingen... Een stuk of twintig verhuisboxen vol. Nee, dat begrijp ik, ik zeg ook niet dat jullie alles mogen meenemen, welnee. Je zus is er ook nog, hè. Maar kom binnenkort eens langs met de auto, dan zie je het en weet je waar ik het over heb, en kun je wat dozen uitkiezen. Overigens, we gaan de boel hier niet uitpakken, hoor. Ik zie het al voor me, al die spullen die over de oprijlaan slingeren. Dat is geen postzegel in deze buurt. En vervolgens mag ik het zeker opruimen? Dank je de koekoek. In Pakistan had ik een sloot bedienden tot mijn beschikking, maar dit is Doorn. Uitpakken doe je maar in Den Haag, bij jou voor de deur. En wat je niet bevalt of wat je niet kunt gebruiken, geef je weg, of je brengt het naar de kringloopwinkel, dat is aan jou, aan jullie, daar ga ik niet over, dat zoeken jullie maar mooi zelf uit.

Goed, dat is dan afgesproken. Bel je me als jullie komen? Dan hou ik daar rekening mee, kunnen jullie mee-eten, een soepje of zo. Laat me niet weken wachten, hè?'

Op een zaterdagse namiddag bekeken we het nieuwe huis in Doorn – 'Ja, vinden jullie het wat? Doorn. Nooit gedacht dat we ooit nog eens in Doorn zouden terechtkomen. Ik moet je zeggen, in Chicago gaat het er anders aan toe...' –, waarna de bezichtiging zich naar de tuin verplaatste. De garagedeuren zwaaiden open.

'Jezus, mam, hoeveel dozen zijn dat? Heel wat meer dan twintig.'

'Geen idee, jongen. Ik heb ze niet geteld. Dat moet je je vader vragen, misschien dat die het weet. Ik zou zeggen, kies er een paar uit en zet ze meteen in de kofferbak, dan ben ik ervan af. Op sommige dozen staat wat erin zit. Ga je gang. Ik geef vanzelf een gil als ik het welletjes vind. Je zus, hè.'

We kozen lukraak wat dozen uit, daarna dronken we wat,

kregen een kop soep en reden tegen zessen op huis aan. Het schemerde toen we in Den Haag aankwamen. In het laatste licht sjouwden we de verhuisdozen de achterkamer in en stapelden ze op tegen de muur; zo stonden ze het minst in de weg. Uitpakken was van later zorg. We hadden ons eerste kind, Sebastiaan, en Yolanda en ik hadden ons werk. We kwamen handen en voeten tekort om ons leven in goede banen te leiden; de stapel dozen naast de radiator ging bij wijze van spreken op in het behang en was ons niet tot last. Wie zat er op afgedankte spullen en prullaria uit Pakistan te wachten? Wij niet. Drie weken na onze terugkeer uit Doorn waren we de verhuisdozen en hun inhoud bijkans vergeten.

Maar iets in een van de verhuisdozen ons niet.

Op een zonnige zondagmiddag zetten we de tuindeuren open, namen plaats op de schommelbank en kwamen pas binnen toen het koeler werd.

In de keuken schonk ik een glas wijn voor ons in. Yolanda zat in de voorkamer aan tafel om haar werk voor de volgende dag voor te bereiden.

'Proost,' zei ik, 'op je gezondheid.'

Ze hief haar glas, maar nam geen slokje: dat zou ze pas doen als ze haar voorbereidingen naar tevredenheid had afgerond. 'Op jou, schat.'

Sebastiaan sliep in zijn bedje. Bij de tussendeuren stond zijn box, leeg, op wat knuffels en vrolijke speelgoeddieren na.

Wat kon ik doen, behalve mijn wijn vlot opdrinken? Straks verdween ik naar de keuken om iets aan het eten te doen. Het liep tegen halfzeven, *Studio Sport* zat er niet in vanavond, daarvoor was het al te laat. Tenzij we na het voetbal aten.

Ik wilde mijn glas pakken toen ik meende iets te zien bewegen in de achterkamer. Ik liet de wijn de wijn. Had ik me maar vergist. Er bewoog iets in de achterkamer, op de gele hoogpolige vloerbedekking die zo hoogpolig niet meer was en door een vorige huurder was achtergelaten: hij had het tapijt niet de moeite van het oprollen waard geoordeeld.

Het bewoog versuft, viel me op; alsof het kruipen moeite kostte en een grote inspanning vergde.

Ik keek naar Sebastiaan, die sliep. Zijn bedje stond op veilige afstand van wat over de vloer rondkroop.

Rustig kwam ik uit mijn stoel. Het had geen zin Yolanda in haar werk te storen, dat kon altijd nog.

Er kroop iets zwarts over de grond, bijna zo groot als een kleine muis. Of was het een reusachtige kakkerlak?

'Wat doe je?' vroeg Yolanda vanachter haar bureau.

'O, niks.'

Terwijl ik naar het ongedierte toe liep, hoorde ik Yolanda's stoel verschuiven.

'Wat is dát?!'

'Ik vrees,' zei ik, 'dat het is wat jij denkt dat het is.'

'We moeten 'm vangen, dat beest, voordat er ellende van komt.'

We liepen de keuken in, op zoek naar een emmer die we omgekeerd over de kakkerlak konden zetten.

In elke keukenemmer zat iets: schuursponsjes, vaatdoeken, groene zeep, vaatwastabletten, een flacon afwasmiddel, en toen we eindelijk de achterkamer in kwamen kroop er niets over de vloer. Versuft? Ja, maar niet zo versuft dat het kleine monster geen goed heenkomen had weten te vinden. Waar zat het beest?

Dat ging-ie ons niet aan onze neus hangen. Mooi dat-ie weg was en weg bleef. Eerst keken we onder Sebastiaans bed, toen onder de houten bodem van de box, daarna trokken we verschillende meubels van de muur: de bank, een slaapbankje voor een logé, een kastje, nog een kastje.

'Niet dat ik de handdoek in de ring wil gooien,' zei ik, 'maar die gaan we niet vinden, al zoeken we tot we een ons wegen.'

'De vraag is,' zei Yolanda, 'waar komt-ie vandaan?'

Zonder iets te zeggen keken we allebei naar de verhuisdozen uit Pakistan.

'Het zou kunnen,' opperde ik, 'dat die kakkerlak...'

'Die dozen,' zei Yolanda, 'blijven dicht. Weet jij veel wat erin zit. Met een beetje pech open je er eentje en springen de kakkerlakken in het rond. Mij niet gezien.'

Voor de tweede keer dachten we hetzelfde.

'Je zou je moeder kunnen bellen,' opperde Yolanda.

'En haar vragen of zij last hebben van kakkerlakken, uit een van de vele verhuisdozen in hun garage.'

Yolanda zei niets, maar ik had sterk het idee dat we voor de derde keer hetzelfde dachten.

'Vind je het heel erg,' zei ik, 'als ik daarmee wacht, met Doorn bellen? Dat kan altijd nog, ze bedanken voor hun goede gaven.'

Ik pakte de fles en schonk nog eens in.

'Op ons, schat,' zei Yolanda.

De volgende ochtend belde Yolanda van haar werk.

'Ze komen eraan, hoor. De ongediertebestrijding. Om tien uur staan ze bij je op de stoep. Vergeet je niet open te doen?'

Om tien uur stipt ging de bel.

'Hoe zag-ie eruit, de kakkerlak?' vroeg de man van de gemeente.

Ik beschreef wat we meenden te hebben gezien.

'Klinkt als een oosterse kakkerlak. Die zijn zwart en worden zo groot. Wij hebben vooral last van de Duitse kakkerlak, en de

Surinaamse. Die laatste kan niet vliegen.'

Dat was ons zowaar bespaard gebleven, een kakkerlak die door de kamer vloog.

Hij ging de kamermuren langs, opende de kasten en tilde hier en daar de vloerbedekking op.

'Enig idee waar-ie vandaan kwam?'

Nee, antwoordde ik, wat me prompt het gevoel bezorgde dat ik tekortschoot. Ook kwam onze huisraad me plotseling erg schamel voor.

Hij wees naar de stapel verhuisdozen tegen de muur. 'Hoe komt u daaraan?'

'Uit Pakistan,' zei ik. Het voelde alsof ik zelf de strop om mijn nek legde.

'Tja,' zei hij, 'Pakistan... Allicht dat er daar wat in kruipt. Hoe zijn die dozen hier terechtgekomen?'

'Per schip,' zei ik. 'Na een scheepsreis die zo'n zes weken duurde, en nadat ze eerst anderhalf jaar lang in een havenloods waren opgeslagen.'

'Dan verbaast 't me niks. Eerst in opslag, en dan... Vind je 't gek dat zo'n beest na al die weken in een scheepsruim suffig uit een verhuisdoos kruipt. Nogal wiedes.'

Met moeite onderdrukte ik de neiging om me te verontschuldigen. Zomaar een cadeau van je ouders uit Pakistan aannemen was vragen om moeilijkheden, dat begreep een kind. Onvergeeflijk dat ik dat niet had beseft. Bij welk loket kon ik de mij van overheidswege opgelegde boete voldoen?

'Goed,' besloot de man, 'we gaan het als volgt aanpakken...'

Ik veerde iets op. 'We' gingen het aanpakken. Ik had zowaar nog wat te vertellen in mijn eigen huis.

'... Morgenochtend, negen uur, staan we voor de deur. U zorgt dat alle etenswaar in plastic folie is verpakt, en dat alle eetgerei, pannen, borden en bekers, bestek, is afgedekt. Ook de bananen in de fruitschaal. Het huis dient ontruimd, inclusief de hoger gelegen etages.'

Ik had een paar vragen, maar het leek me voor ons beider gemoedsrust beter ze niet te stellen.

'Voorts,' vervolgde hij, 'alle buitenramen en -deuren zijn dicht, helder? Dan komen wij, voor een laatste check, en vergassen de boel. Daar zijn kakkerlakken niet dol op. Tegen de avond mag u het pand weer betreden, tegen zessen. Niet eerder. Wat u dan doet is alle ramen en deuren wijd openzetten, voor de frisse lucht. Duimen dat het niet stormt of stortregent morgen.

Voor alle duidelijkheid,' zei hij terwijl hij zich richting de voordeur begaf – hij had meer te doen vandaag – 'die verhuisdozen blijven gewoon in de kamer staan, dicht. Die vergassen we mee. Zet ze daarna pas in de tuin of in de schuur, niet eerder. Dicht. Afgesproken? Zie ik u morgen om negen uur sharp.'

Een halfuurtje later belde Yolanda van haar werk. Ik vertelde haar hoe 'we' het morgen zouden aanpakken.

'Lieverd, dan gaan we een nachtje uit logeren,' zei ze. 'Je dacht toch niet dat ik Sebastiaan blootstel aan... Of wilde je hem in zijn bedje leggen terwijl de frisse lucht de laatste restjes gas uit huis verdrijft? Ik dacht 't niet. Dank je de koekoek. We slapen morgenavond elders.'

'Zeg,' zei mijn moeder een paar weken nadat ons huis kakkerlakvrij was opgeleverd, 'hebben jullie die dozen die je van ons cadeau hebt gekregen nou al eens uitgepakt? Ja, ik begin er zelf maar over, want van jou hoor ik niks. Nog geen bedankje of iets. Het staat je fraai.'

Ik kon haar in Doorn horen zuchten.

'Ach,' besloot ze, 'ik ben van jou ook niet anders gewend.'

38

NA MIJN VADERS vervroegde uittreding uit de buitenlandse dienst zag ik mijn ouders zelden, en de rest van mijn familie nog minder: een situatie waar we allen mee uit de voeten konden. Daar kwam verandering in toen mijn moeder jarig werd: een kroonjaar. Ze gaf te kennen haar eerste verjaardag sinds hun terugkeer uit het buitenland te willen vieren in het bijzijn van familie en vrienden. Zo belandden Yolanda en ik met Sebastiaan in Doorn voor een aangeklede borrel die om drie uur begon, maar eerder komen mocht ook.

Het was druk in de zit-eetkamer, erg druk: ik stond versteld hoeveel familie ik had. Maar hoewel we veel praatten, hadden we elkaar niet veel te vertellen. Onze wegen liepen zo ver uiteen dat je kon bijbuigen wat je wilde, maar de boel aan elkaar lassen zat er niet in. Na een uurtje wilde ik zoetjesaan eens op huis aan, maar Yolanda fluisterde me terecht toe dat ik dat niet kon maken; bovendien, een verdieping hoger sliep Sebastiaan zijn middagslaapje, zonde om hem te wekken.

Mijn moeder ging rond met een schaal hapjes en zette deze op tafel. 'Zo, verder moeten jullie zelf maar pakken,' kondigde ze aan. 'Jullie weten waar het staat. En als je iets te drinken wilt, de keuken is jullie bekend, help yourself. Straks komen de sandwiches.'

Ze was guller van hun buitenlandse omzwervingen teruggekomen dan ik me haar van mijn jeugd herinnerde. Als ze vroeger van visite een doos chocolaatjes of bonbons cadeau kreeg, verstopte ze die in de servies- of bestekkast. In de weken daarna nam ze er 's avonds stiekem eentje. Een bonbondoos zagen we pas terug als-ie leeg bij de vuilnisbak lag.

Over een plak cake bij de koffie had mijn oma uit Scheveningen, terwijl ze het plakje demonstratief in de lucht hield, ooit gezegd: 'Noets, dit plakje is zo dun, daar kun je de krant doorheen lezen.'

'Heb je dat kastje nog?' zei ik tegen mijn moeder toen ik haar in de gang tegen het lijf liep.

'Welk kastje?'

'Dat donkerhouten kastje in de gang, dat vroeger...'

'O, dát kastje, bedoel je. Ja, natuurlijk hebben we dat nog, op zolder, wat-dacht-je. Dat is antiek, dat wordt steeds meer waard, we zouden gek zijn als we dat wegdeden... Sorry, ik moet de hapjes... de gasten...'

Ze wilde doorlopen, tot ze zich iets realiseerde.

'Ja, dat kastje kun jij je nog terdege herinneren, hè? Dat wil ik geloven, ja. Sorry, maar ik moet nu echt door. Ik kan de gasten niet langer laten wachten.'

Ze verdween naar de keuken om een schaal zalmsandwiches te halen.

Het kastje stond ook haar dus nog levendig voor de geest. Daar kon ik me alles bij voorstellen.

Op een zaterdagmiddag – ik zat nog op de Sint Nicolaasschool – wilden mijn ouders de stad in. 'Boodschappen doen,' zei mijn moeder. 'Kleren voor je moeder kopen,' zei mijn vader. 'Haar kledingkast hangt vol, maar je moeder heeft naar eigen zeggen "niks meer om aan te trekken".'

'Denk erom dat jullie je gedragen,' zei mijn vader voordat hij de deur achter zich dichttrok. Vooral jij,' voegde hij me toe. 'Jullie blijven op je kamer tot we terug zijn, begrepen? Jullie gaan niet buiten spelen en de televisie blijft uit. Ik wens bij thuiskomst niet dát te merken. Is dat voldoende duidelijk? Tot straks dan.'

De middag verliep rustig. Mijn zus was met weet-ik-veel-wat bezig en ging daar erg in op. Tot ik me begon te vervelen. Op bed liggen wachten tot het overwaaide had geen zin. Ik moest iets doen. Maar wat?

Ondanks het verbod daartoe kwam ik mijn kamer uit. Wat leven in de brouwerij kon nooit kwaad. Ik speurde de gang af op zoek naar iets wat me van pas kwam. Mijn speelgoed kende ik van haver tot gort, daar redde ik het niet mee, ik was toe aan iets nieuws.

Ik stuitte op de paraplubak bij de voordeur. Tussen de handvatten prijkte de hockeystick van mijn zus. Was dat iets? Zeker, daar kon je wat mee, maar echt warm vanbinnen werd ik er niet van. Van wat dan wel? Van mijn voetbal, die mijn vader had afgepakt en die ik achter het woud van geparkeerde paraplu's aantrof.

Hebbes. Ik had mijn voetbal terug. Als beloning mocht ik er best iets mee doen, vond ik, met de heroverde bal. Welke mogelijkheden dienden zich aan? In een van de kamers voetballen leek me geen goed plan: daar was geen ruimte, de meubels stonden te dicht opeen, daar kon je niks. Nee, ik moest het met de gang doen.

De gang was kaarsrecht en lang en smal. Als ik bij de voordeur stond kon ik naar de overkant van de gang schieten, die door een kamerdeur werd afgesloten. En als ik die deur op een kier zette, kon deze als doel dienstdoen. Schoot ik hard genoeg en raakte ik de deur vol, dan zou deze openzwaaien, goal.

Het beloofde op de valreep een aardige middag te worden.

Ik legde de bal op de denkbeeldige penaltystip, nam een korte aanloop en schoot. De bal zwenkte naar rechts en schampte de onderkant van de deur bij de onderste scharnier. Niet slecht voor een eerste doelpoging, en ik legde de bal voor de tweede keer op de stip. De bal schoot tegen de muur halverwege de gang, ketste tegen de linkermuur en raakte de deur bij de drempel, maar te zacht.

Dat kon en moest beter en de bal ging opnieuw op de stip.

In het kwartiertje dat volgde knalde ik er lustig op los. Niet zonder resultaat. Meermalen haastte ik me door de gang om de opengeschoten kamerdeur opnieuw op een kier te zetten. Ik begon er steeds meer lol in te krijgen.

'Wat ben jij aan het doen?' vroeg mijn zus, die op het gedreun de kamer uit kwam.

'Voetballen,' zei ik. Wie voetbalde er nou niet in de gang als je ouders hun hielen hadden gelicht?

'Dit kan echt niet, hoor,' zei mijn zus, 'dat weet je best. Het lawaai dendert het hele huis door, en het portiek. Dacht je dat de buren het niet horen? Je kent de bovenburen. Zodra die pa en ma zien thuiskomen, hang je.'

'Wil je keepen?' vroeg ik. 'Dat is voor jou ook leuk, en dan hoef ik niet elke keer heen en weer te rennen om die deur op een kier te zetten.'

'Waar zie je me voor aan?' zei mijn zus.

Bij wijze van antwoord schopte ik de bal weg en raakte de deur midscheeps, die daarop openvloog.

'Ik heb er zelf ook last van,' zei mijn zus, 'van het gedreun. Als-je-het-even-weten-wil.'

'Zet je toch je koptelefoon op?' zei ik.

'Dan moet je het zelf weten. Maar zeg straks niet dat ik je niet gewaarschuwd heb.'

Ze wilde de kamer in gaan, maar bedacht zich.

'Doe me één lol,' zei ze. 'Als je mij er maar niet in betrekt, oké? Laat mij erbuiten, asjeblieft.'

De zitkamerdeur sloeg dicht. Ik legde de bal op de stip.

Tot nu toe had ik de bal vlak over de vloerbedekking naar de overkant getrapt. Maar als ik iets hoger schoot, kon ik de deur in het midden raken: goeie kans dat-ie dan fraaier openvloog. Het was het proberen waard. Wie hield me tegen? En ik legde de bal opnieuw op de stip, zorgvuldig, en schepte 'm, waardoor-ie van het vloerkleed loskwam, het luchtruim koos en hoger tegen de deur plofte, die week, maar niet openvloog. Ik diende harder te schieten.

Het vierde schot kwam al meer in de buurt. Met het negende schot was het pas echt goed raak: een daverende knal die, een meter boven de grond vliegend, midden op het houtwerk uiteenspatte en de kamerdeur open blies; alsof stervoetballer Johan Neeskens of Willem van Hanegem in de gang bezig was. Half en half verwachtte ik het verontruste gezicht van mijn zus om de hoek te zien verschijnen, maar ze bleef in de zitkamer en vertoonde zich niet.

De scheidsrechter die ik in het leven had geroepen, legde de bal, na een grove charge op mijn enkels, doof voor de protesten van de tegenstander, onverbiddelijk op de stip. Aan mij de taak om mijn kalmte te bewaren, ondanks het striemende fluit-concert dat in het stadion opging, bedoeld om me uit mijn concentratie te halen.

Ik treuzelde met de aanloop, vergewiste me ervan hoe de keeper stond opgesteld – naar welke hoek zou-ie duiken? –, trok een sprintje en schoot keihard op doel. Het was een schot dat Johan en Willem plezier zou hebben gedaan. Wie weet belandde ik met een beetje geluk nog eens bij een profclub in het betaalde voetbal. De bal schoot van de stip, klom de lucht in tot bijna twee meter hoogte, daalde halverwege de gang en leek recht op het midden van de deur af te gaan, alsof een schietschijf op het hout-werk zat gespijkerd, maar dankzij het door mij meegegeven effect week de bal zonder vaart te verliezen een fractie naar links, om in de linkerbovenhoek van de deur te ontploffen, buiten bereik van de grabbelende doelman.

Na een elleboogstoot tijdens een kopduel ging de bal op-nieuw op de stip. Zestigduizend toeschouwers hielden de adem in. De bal maakte een curve die ook door de tegenstander alleen maar kon worden bewonderd, en spatte uiteen.

Helaas niet op het houtwerk van de deur.

Vlak voor de deur, in de linkerhoek van de gang, stond een donkerbruine kast waarin mijn moeder tafellakens en het zondag-se bestek bewaarde. De kast ging bijna nooit open, ook niet op zondag. Op de kast stond een schemerlamp die altijd brandde, zelfs 's zomers overdag, 'omdat het zo donker in de gang is', vond mijn moeder. De doodenkele keer dat we kort op vakantie gingen – een tweedaagse trip – bleef de schemerlamp ook aan.

De glazen schemerlamp, met een stoffen kap waar fanta-siebloemen en -planten over woekerden, raakte ik niet. De lamp wankelde een ogenblik, maar bleef op de been en verspreidde als vanouds een warme gloed, niet gehinderd door wat zich een fractie eerder pal voor haar neus had afgespeeld. Nee, de lamp raakte ik niet.

Wel het antieke Chinese paardje, daterend uit de Tangdynastie, dat mijn vader onlangs voor een schijntje bij een antiekzaak in Montfoort op de kop had getikt en dat volgens hem de komende jaren alleen maar in waarde zou stijgen, en dat in rap tempo.

'Die antiquair,' zei mijn vader toen hij met de aanwinst thuiskwam, 'had geen benul van de werkelijke waarde. Ik heb zelfs nog wat van de prijs af gekregen.'

Het Chinese paardje keepte en ontfermde zich over de bal, in een dappere poging deze te stuiten. Dat had het diertje beter kunnen nalaten.

Eerlijk gezegd, ik vond het nogal overmoedig van het Tangpaard. Die dacht vermoedelijk: ik ga al eeuwen mee, heb allerhande veldslagen en oorlogen min of meer zonder kleerscheuren overleefd, dat schot van die snotneus tik ik met mijn ogen dicht uit de hoek.

Dat had het Chinese Tangpaard dan verkeerd gedacht en daar plukte het nu de wrange vruchten van. In zijn plaats had ik niet gedacht van: O, daar heb je Atilla de Hun, die til ik wel even op mijn schouders en galoppeer met hem naar het Westen om daar eens geducht huis te houden. Nee, ik zou hebben geredeneerd: daar heb je Atilla de Verschrikkelijke, duiken, maak je zo klein mogelijk, die zal zijn bijnaam 'de Verschrikkelijke' niet voor niets hebben verworven, met een beetje mazzel plukt-ie een ander paard van de steppe. Zodoende zaten we nu met de gruzelementen. Hier kletste ik me straks niet een-twee-drie uit. Het paardje werd bedankt. Mijn schot was het kostbare Chinese dier te machtig. In een wolk van puin en gruis spatte het antieke aardewerk uit elkaar. De scherven vlogen alle kanten op, aan reparatie voorgoed voorbij.

293

Van de volle tribunes daalde geen gejuich neer.

Ik moest aan mijn vader denken en aan zijn reactie als hij over de teloorgang hoorde van zijn geliefde Chinese paard. Hij zou me willen wurgen. Maar zou hij het ook doen? Dat leek me met mijn moeder en zus in de buurt niet erg waarschijnlijk. Toch viel die mogelijkheid niet helemaal uit te sluiten.

In de verte hoorde ik een kamerdeur opengaan.

'Wat is híer... Dat méén je niet, hè?!' zei mijn zus. 'Jezus! Dat paard!! Een van papa's favoriete snuisterijen... Hoe krijg je het voor elkaar?!'

Ik deed uit de doeken hoe mijn prestatie tot stand was gekomen.

'Er is helemaal niets van over?!' zei mijn zus. 'Dat hele paard is naar de filistijnen. Het is toch ook wel erg, hè, met jou.'

Ze keek naar de stoffer en blik die ik uit de gangkast tevoorschijn had getoverd; en naar de lege schoenendoos, een van de vele die mijn moeder bewaarde omdat ze het zonde vond zo'n doos weg te gooien.

'Wilde je die gruzelementen opvegen?' zei mijn zus. 'Waarom? Zodat pa dat paard kan lijmen? Nou, die moeite kun je je gerust besparen. Dat paard kan zo de vuilnisbak in. Scherven brengen geluk, maar deze niet. Godbewaarme als ze straks thuiskomen. Ma gaat nog, maar pa... Hoe vaak heeft-ie niet tegen je gezegd dat je niet in de gang mag voetballen, onder geen voorwaarde. Daarom pakte hij vorige maand je bal af, toen-ie je betrapte terwijl je met die bal tegen hun slaapkamermuur stond te gooien. Of was je dat vergeten? En nu dit... Nou, daar ben je lekker mee. Jij liever dan ik. Er zwaait straks wat voor je. En ik had je nog zo gewaarschuwd. Jij bent onverbeterlijk, hè? Dus je wilt de stoffelijke resten toch opvegen? Nou, sterkte ermee. Voor alle duidelijkheid, ik zeg het je nog maar eens... Ik heb hier dus niets maar dan ook helemaal niets mee te maken. Als je dat maar weet. Als ze straks thuiskomen, pa en ma, en de hel breekt los... Ik wist nergens van, en ik weet nergens van. Afgesproken?'

Ze wilde zich omdraaien en weglopen maar bedacht zich.

'En die kostbare schemerlamp,' zei ze, 'heb je heel weten te houden? Hoe is 't mogelijk. Nou, dan mag je nog van geluk spreken, want als die er ook aan was gegaan...'

'... dan had pa mijn beide benen gebroken.'

'Beide benen?' zei mijn zus. 'Dat mocht je willen, dat je er zo genadig van afkwam. Nee, als je die peperdure lamp ook aan flarden had geschoten, Jezus...'

Ik hoorde hoe een sleutel in het slot van de voordeur knarsend ronddraaide.

'En, hoe was het?' vroeg mijn zus, die op het gerucht de gang in kwam. Mijn vader deed de voordeur achter zich dicht.

'O,' zei mijn moeder opgetogen, 'ik ben zo goed geslaagd.'

Ze wilde met twee rijk gevulde plastic tassen doorlopen naar hun slaapkamer, waar haar linnenkast stond en een wandkast waarin ze haar kleding bewaarde. Ik was klaar met opruimen: stoffer en blik stonden op hun vertrouwde plek in de gangkast en de lege maar nu gevulde schoenendoos had ik erbij gezet. Waar moest ik de bijeengeharkte resten van het paard anders laten?

'En,' wilde mijn vader weten, 'hoe is 't hier gegaan?'

Hij klonk alsof-ie al op voorhand zo zijn twijfels had over de gok die hij had genomen door ons vanmiddag alleen te laten.

Mijn zus liet het woord aan mij, wat niet hielp; maar ik kon het billijken en nam haar niets kwalijk. In haar positie had ik ongetwijfeld hetzelfde gedaan. Ik schraapte mijn keel. Het hoge woord moest eruit, er was geen ontkomen aan, ik kon moeilijk in de muur verdwijnen of ontstoffelijken en opgaan in de dampkring. Het ogenblik van de waarheid naderde, onafwendbaar, en nu was het zover.

'Pap, mam,' zei ik met trillende stem, 'ik moet jullie wat vertellen. Slecht nieuws.'

Mijn vader keek langs me heen de gang in.

'Er is iets niet helemaal goed gegaan vanmiddag,' zei ik, 'terwijl jullie van huis waren...'

Mijn moeder zuchtte.

'... de stad in,' rekte ik wat extra tijd, ook al wist ik dat het uitstel van executie was, 'om boodschappen te doen.'

Opnieuw keek mijn vader langs me heen de gang in om te zien of hij sporen kon ontdekken van de door mij aangekondigde catastrofe. Wat had ik aangericht? Dat ik de oorzaak was en niet mijn zus, was voor hem een uitgemaakte zaak.

'Wel verdomme,' begon hij tegen mijn moeder. 'Zei ik het je niet? Je kunt hem werkelijk geen seconde alleen laten.'

Hij passeerde mijn moeder, schoof met een zachte duw mijn zus opzij en verscheen vlak voor me. 'Voor de draad ermee. Zeg op, wat is er hier gebeurd?'

Opnieuw speurde hij de gang af. Dit keer met meer succes.

'Verdómme!' riep hij uit. 'Waar is het Tangpaardje gebleven dat op het kastje stond?!'

'Dat bedoel ik,' zei ik. 'Maar het goeie nieuws is, ik heb alle scherven nog. Ik heb alles netjes bij elkaar geharkt en opgeveegd, en bewaard, zodat jullie het beeldje kunnen lijmen...'

Ik hoefde mijn zin niet af te maken.

'Gé, als je het niet erg vindt,' zei mijn moeder, 'ik heb hier geen zin in, ik heb wel wat anders te doen. Handel jij het met hem af? Dan ga ik uitpakken, daar had ik me zo op verheugd', en ze liep met de tassen hun slaapkamer in, maar liet tot mijn opluchting de slaapkamerdeur openstaan. Zo kon ze horen wat er gaande was en eventueel ingrijpen mocht dat nodig zijn.

Mijn vader richtte zich tot de open slaapkamerdeur. 'Ik zéi het je toch?! Je kunt dat stuk verdriet niet alleen laten!'

Vanuit de slaapkamer bereikte ons geen ander geluid dan het geritsel van plastic tassen en botsende kleerhangers in een kast.

'Ga jij eens heel gauw naar je kamer,' zei hij tegen mijn zus, 'en laat mij met dit "heerschap" alleen, wil je.'

Mijn zus had geen verdere aansporing nodig en verdween schielijk uit de gang. De deur van deze kamer ging wel dicht en ik vermoedde dat-ie voorlopig niet meer zou opengaan, ook niet als mijn zus dringend naar de wc moest.

'Zo,' zei mijn vader, 'en nu ga je mij eens haarfijn uitleggen hoe het komt, dat "ongelukje", en vlot een beetje. Of moet ik het soms uit je trekken?'

Hij boog zich voorover en trok me aan mijn oor naar zich toe.

'Of moet ik met het laatste vast een beginnetje maken om je tong wat losser te krijgen? Je zegt 't maar.'

Terwijl hij me bij mijn oor vasthield – en stevig ook; de kans op ontsnappen was nihil – vertelde ik zo goed en zo kwaad als het ging wat er was voorgevallen.

Toen ik was uitverteld bleef het een tijdje stil in de gang. Het huis hield de adem in.

'Je begrijpt zeker wel wat dit betekent, hè?' verbrak hij de stilte.

Ik knikte van ja, hoewel ik geen idee had wat hij van plan was.

'Gé, hou eens op,' hoorde ik na verloop van tijd mijn moeder vanuit de slaapkamer zeggen. 'Zo is 't welletjes. En wie weet, misschien valt het mee en is dat beeldje nog te redden. Daarbij, het is aardewerk, moet je maar denken. Antiek, maar aardewerk. Dus laat dat kind, zo is het welletjes.'

'Hier is het laatste woord nog niet over gezegd,' zei mijn vader, 'dat begrijp je. Keer op keer haal jij het bloed onder mijn nagels vandaan. Ik kom hier nog op terug. Het is dat je moeder... Jij solliciteert naar zo'n ongekend pak slaag, dat je... Ik zal de nodige maatregelen treffen, je merkt het vanzelf.'

'Gé, waar zijn die scherven gebleven,' kwam mijn moeder vanuit de slaapkamer tussenbeide. 'Vraag dát eens aan dat kind.'

Op verzoek van mijn vader haalde ik de schoenendoos tevoorschijn waarin de resten van het Chinese paardje lagen verzameld.

Maar de scherven bleven scherven en de gruzelementen vielen niet te lijmen, tot woede van mijn vader. Het paard herrees niet uit de as. Mijn moeder zou de doos met stoffelijke resten nog een aantal maanden bewaren; tot ze de doos alsnog wegdeed, met scherven en al, maar zonder mijn vader van tevoren van haar voornemen in kennis te stellen.

Mijn vader zou een andere liefhebberij vinden en legde zich toe op het verzamelen van porseleinen vogeltjes. Maar dat kwam pas toen ik allang niet meer voetbalde in de gang.

—

'Wat dacht je?' zei een tante van wie ik niet zo gauw op de naam kon komen, 'ik blijf gezellig op de gang en kom de kamer niet in? Hebben we jou in tijden niet gezien of gesproken, en dan blijf je nog liever buiten staan? Wat wil je drinken, dan schenk ik 't voor je in. Als we op die vader van je moeten wachten staan we hier over een eeuwigheid nog, dus zeg 't maar, wat zal 't zijn? Maar kom eerst eens fatsoenlijk de kamer binnen. Ben je er eindelijk, willen we je zien ook.'

Ik stapte na haar de drempel over. De herinneringen aan het kastje en het Tangpaard vervaagden en ik was terug in mijn ziekenhuiskamer.

Maar niet voor lang.

Familieleden kwamen belangstellend naar me toe; maar velen ook niet. Niet alle Doornse gasten waren van mijn aanwezigheid gecharmeerd en als ik hen dreigde te naderen, ontweken ze me en moesten dringend elders in de kamer zijn.

'Leuk dat je er bent,' voegde iemand me in het voorbijgaan toe. 'Ik spreek je zo.'

De plafonds in de voor- en achterkamer kwamen lager te hangen. Had ik er verstandig aan gedaan om op mijn moeders verjaardag te verschijnen? Ik vroeg me af hoe het Yolanda verging; die was ik al een poosje kwijt. Waar was ze, en zou ze het naar haar zin hebben? Dat betwijfelde ik opeens.

'Hans,' stelde een man zich voor. 'Nee, je kent me niet meer, dat begrijp ik, je was zo klein toen. Ik ben een oude vriend van je vader, ik was korpschef bij de politie, maar ben inmiddels gepensioneerd. En, vertel eens, hoe bevalt het leven in de goot? Ja, ik vraag 't je maar op de man af. Je ouders maken zich nogal zorgen over je, dat weet je toch?'

'Charmante vrouw heb je,' zei een oom op een toon waarin verbazing doorklonk. 'Wie had dat gedacht?'

'Hoe is 't met je?' vroeg ik een achternichtje dat enthousiast op me af was gekomen, maar dat ik pijnlijk genoeg niet herkende.

'Bart, praat me er niet van.'

'Als het zo moeilijk voor je ligt,' was ik haar ter wille, 'heb ik het je niet gevraagd.'

'Je hebt geen idee wat ik heb moeten doormaken de laatste tijd, en wat ik nog doormaak, dat wil je gewoon niet weten.'

Terwijl ze dit zei schoot haar naam me te binnen. Joyce, uit Almelo.

'En wat zou ik volgens jou niet willen weten?'

'Bart, je weet, we hebben twee kinderen, Robert en ik, een zoon en een dochter. Ja, ideaal, dat dacht ik ook. Maar niet heus. Er was niets aan de hand, het ging juist goed tussen ons... Ja god, de dingetjes die je allemaal weleens hebt als je lang bij elkaar bent. Maar niets wat écht een probleem was. Tot Robert op een middag uit zijn werk komt en doodleuk vertelt dat-ie een ander heeft, op wie hij verliefd is en met wie hij verder wil. Hij vertelde het me bijna langs zijn neus weg. En dat na al die jaren samen, terwijl mijn wereld daarmee instortte. Wat denk je? Hij stápte ook op, om bij haar te gaan wonen, met haar kind. Sindsdien... O, we hebben nog contact, hoor, over de kinderen, en over hoe dat verder moet, maar... Sindsdien ben ik... ik weet niet hoe ik 't zeggen moet... radeloos. Ik weet niet hoe ik de dagen doorkom. Ik werk nog hoor, maar... Radeloos, dat is hoe ik me voel. De wanhoop nabij. Radeloos.'

Zo ontdaan was ze dat ze haar verhaal in iets andere bewoordingen herhaalde.

'Ik ben er ondersteboven van, Bart. Ondersteboven. Hoe pak je de draad op? Wat moet ik met mijn leven, nu alles op losse schroeven is komen te staan? Ik weet me soms werkelijk geen raad, wil je dat geloven?'

Ik zei dat ik dat graag van haar aannam.

'Heftig, Joyce.'

'Zeer heftig,' beaamde Joyce. 'Ik ben er echt kapot van.'

'En wanneer,' vroeg ik, 'vertelde Robert dat hij een ander had, hoe lang is hij nu bij je weg?'

'Twee jaar en zestien dagen geleden,' zei Joyce. 'Op de kop af.'

Mijn zus hield me staande. 'Zo, dus je bent toch gekomen,' zei ze. 'De verre reis van Den Haag naar Doorn. Eerlijk gezegd, je had het ook niet kunnen maken om níet te komen.'

Ook wij hadden elkaar in jaren niet gezien of gesproken.

'Laat eens naar je kijken,' zei ze. 'Nou, je lijkt geen spat veranderd. Wat ouder geworden. Maar ja, dat worden we allemaal.'

Ik vertelde haar dat ik zo-even nog aan haar had gedacht.

'Meen je dat?' zei ze. 'Nou, doe dat maar liever niet. Voordat je het weet komt er ellende van.'

'Ik was net boven,' zei ik, 'bij Sebas in de slaapkamer, en zag de linnenkast weer, de linnenkast die pa en ma heel vroeger al hadden, in de Wilhelminastraat.'

'Ja, en wat wil je daarmee zeggen?'

'Herinner je je nog,' zei ik, 'hoe we in de aanloop naar sinterklaas die kast doorzochten, als pa en ma van huis waren, om uit te vinden wat we in onze schoen kregen, maar vooral welke grote cadeaus we op pakjesavond zouden krijgen? Hoe we met onze vingers door de plastic tassen woelden om te voelen wat erin zat?'

'Nou, wacht even,' zei mijn zus. 'Voor de goeie orde... ík zat niet te snuffelen onder in die kast, tussen ma's schoenen, om uit te zoeken wat ik voor sinterklaas kreeg, dat deed jij. Ik moest van jou in de gang op de uitkijk staan, voor het geval dat pa en ma onverwachts vroeg thuiskwamen. En nu,' zei ze, 'als je het niet erg vindt... Ik heb zoveel familieleden nog niet gesproken, en ik vind het zo leuk ze weer te zien...'

Ze draaide zich om, stapte over de drempel de huiskamer in en dompelde zich onder in het feestgewoel.

Mijn vader was met de wijn rondgegaan – af en toe verdween hij naar de keuken om een nieuwe fles open te trekken – en kwam nu mijn kant op.

'Wat zie ik? Heb je niets te drinken gekregen, jongen?'

'Ja hoor, pap, ik heb een glas jus d'orange op. Ik zette het net weg.'

'Nee, ik bedoel een glaasje wijn. Wat zal het zijn, wit, rosé of rood? Rood voor jou, neem ik aan, toch? Of heb je liever rosé met dat warme weer?'

'Dank je, pap,' zei ik, 'maar ik drink niet. Ik rij straks terug naar Den Haag, vandaar dat ik een beurt oversla.'

'Nou ja, zeg,' zei mijn vader tegen een oom die zich binnen gehoorsafstand van ons bevond. 'Hoor je dat, Wim?'

Wim lachte ons vriendelijk toe, maar deed alsof hij het niet goed had verstaan.

'Wat zeg je me daarvan?' drong mijn vader aan.

Wim glimlachte en bracht ter verontschuldiging zijn hand naar zijn oorschelp. Hij kon het ook niet helpen dat hij, een dagje ouder, dovig was. Ik prees me gelukkig dat ik geen druppel had gedronken: dit kon weleens uit de hand lopen.

'Hoe vínd je dat, Wim?' hield mijn vader aan. 'Meneer hier drinkt normaal gesproken dag in dag uit tegen de klippen op, maar uitgerekend vanavond, op de verjaardag van zijn moeder... drinkt meneer niet.'

Ik beluisterde een sarcasme in zijn stem waar ik geen heimwee naar had. We waren weer thuis.

'Wel hijsen tot-ie erbij neervalt, met die frisse vrienden van 'm, junkies, dan kan het niet op, "muzikanten", liederlijke lieden, maar op zijn moeders verjaardag... "O nee, ik drink niet, ik moet straks rijden". Wat vínd je daar nou van, Wim. Zeg jij er ook eens iets van.'

Maar daar begon Wim niet aan.

Mijn vader kwam dichter bij me staan, alsof ik een leeg glas in mijn handen hield en hij me wilde bijschenken. Hij rook niet naar drank; hij was zijn nuchtere zelf.

'Neem zelf een glaasje, pap,' zei ik. 'Misschien knap je ervan op.'

Die opmerking negeerde mijn vader: wat hij aan mij kwijt wilde was van groter belang.

'Misschien dat die zoon van mij van jou iets aanneemt, Wim. Ik denk 't niet, hoor, maar... Kom, zeg jij 't hem eens, Wim. Dan hoort-ie het eens van een ander, hoe een ander ertegenaan kijkt, tegen zijn gedrag.'

Merkwaardig genoeg klonk mijn vader alsof hij wel gedronken had.

Wim voelde 'm al aankomen en verontschuldigde zich. 'Gé, ik loop even naar Charlotte, als-je-'t-niet-erg-vindt. Die heb ik al zo lang niet gesproken, zo leuk dat zij er ook is. Ik spreek jullie later.'

En weg was Wim, ontsnapt. Nu ging het als vanouds tussen mijn vader en mij. Waarbij hij in het voordeel was: hij speelde net als vroeger een thuiswedstrijd.

'Doorzakken en tot diep in de middag in je nest blijven liggen, na het zoveelste drinkgelag, dat is geen probleem,' vervolgde mijn vader, 'daar zijn jullie een kei in, jij en je vrinden, en aan de drugs, dat moeten wij allemaal maar heel gewoon vinden, je moeder en ik. Het dag in dag uit op een zuipen zetten, dat is geen punt voor de heren, en schijt aan de wereld hebben... Maar hier, nu, vanmiddag, ter gelegenheid van je moeders verjaardag, het eerste feest sinds onze terugkeer, een simpel glaasje wijn drinken, dat gaat te ver, dat is te veel gevraagd, hoe durven we een dergelijke opoffering van je te vergen, hoe dúrven we. Nu, bij deze feestelijke gelegenheid, ter ere van je moeder, iedereen aanwezig... Ik ga zo een toost op je moeder uitbrengen... En uitgerekend nu houdt meneer het liever bij een glaasje appelsap.'

Je kon erop wachten tot de woordcombinatie 'stuk verdriet' zou vallen.

'Dan laat je Yolanda toch rijden, dat is toch geen halszaak?'

Ik zei dat Yolanda en ik daar iets over hadden afgesproken en dat ik geen aanleiding zag om op die gemaakte afspraak terug te komen.

'Wat nou "afgesproken"?'

Ik begon het warm te krijgen. Dat kwam niet door het weer of de op een hoge temperatuur gezette verwarming. Oude nachtmerries kwamen opnieuw tot leven, en de spoken die me vroeger 's nachts bezochten doemden opeens in volle glorie voor me op.

'Moet je jezelf nou zien staan,' zei mijn vader. 'Wie bepaalt er bij jullie thuis wat er gebeurt? Jij niet, kennelijk.'

Ik wees naar de lage tafel halverwege de gang waarop een schemerlamp brandde die dankzij de stoffen kap een zacht licht verspreidde.

'Dat Chinese paardje dat je vroeger had...' zei ik.

Ik zag hem twijfelen. Hij voelde iets op hem afkomen, maar wist niet goed wat.

'... dat Tangpaardje van je... Dat had het hier goed gedaan.'

'Gé?' riep een tante nietsvermoedend uit de voorkamer. 'Krijg ik nog een glaasje wijn van je, of-hoe-zit-dat? Ik sta al uren droog. Jij staat daar maar te kletsen en te leuteren, terwijl wij... Wij komen hier om van de dorst.'

Tot mijn verrassing was Noortje, mijn nichtje uit Haarlem, ook van de partij.

Het duurde lang voor we elkaar troffen, in beslag genomen als we werden door andere aanwezigen; en als we in elkaars nabijheid kwamen, moest Noortje dringend in de keuken zijn. Het had er alles van weg dat ze me ontweek.

'Schat, ik loop even naar boven,' zei Yolanda, 'om te kijken of Sebas nog slaapt.'

'Nee,' zei ik, 'laat maar, ik ga wel.'

Sebastiaan was klaarwakker en lag de hem onbekende slaapkamer in zich op te nemen, vooral het plafond. Zijn favoriete knuffel, een ananas, hield hij onder zijn arm geklemd. Ik haalde hem uit het kinderbedje en nam hem mee naar beneden, waar hij zich mocht verheugen in de warme belangstelling van de aanwezigen; zoveel belangstelling en zo warm dat hij er na verloop van tijd moe van werd. Ik nam hem in mijn armen en wiegde hem: met een beetje geluk viel hij spoedig weer in slaap.

Juist op dat moment kwam Noortje aangelopen. Ze zei me niet gedag en er kon geen lachje af. Toen ze vlak bij me was, keek ze van Sebas naar mij, en van mij naar Sebas.

'Net echt,' voegde ze me toe.

Vanwaar ik me bevond, tussen de twee kamers, met Sebas in mijn armen, kon ik de bomen in de laan zien, niet het plaveisel.

Het regende stijfjes.

Nee, het zou niet meer goed komen tussen Noortje en mij, drong het tot me door, en misschien was het ook goed zo. Lang voordat ik in Doorn mijn opwachting maakte, was ik al meerdere keren overleden en minder dan een schim van mezelf. Nadien was ik uit het graf opgestaan en herrezen, maar niet dankzij de bemoeienissen van mijn familie.

Noortje was Noor geworden.

Het was al donker toen we de Beaufortlaan uit reden, een donkerte die zich tot in de autocabine uitstrekte. Het zou de laatste keer zijn dat Sebastiaan bij zijn opa en oma over de vloer kwam. Onkundig van dit alles viel hij kort na vertrek in zijn maxicosi op de achterbank in slaap.

'En,' vroeg ik aan Yolanda zonder mijn ogen van de provinciale weg te nemen, 'hoe heb je het gehad, hoe vond je het?'

'Jij eerst,' hoorde ik Yolanda naast me zeggen. 'Hoe vond je het zelf? Daar ben ik heel benieuwd naar.'

39

EEN PAAR JAAR na het doornengevecht in het rozenperk was ik
zelf aan de beurt.

Op een middag kwam ik uit school, praatte wat na in de stalling, tot mijn klasgenoten op de fiets stapten en ik besloot om ook
eens op huis aan te gaan.

Ik liep de poort uit en sloeg rechts af, richting de Bezuidenhoutseweg. Het was rustig op straat: we hadden een lange nazit
achter de rug, maar niet zo lang dat de spits was aangebroken: het
spitsuurverkeer liet op zich wachten. Nog voor ik de Bezuidenhoutseweg bereikte, sloeg ik links af en liep voor de hoofdingang
van de kerk langs. Aan de overkant zag ik de snackbar van Van der
Loos, die pas in de late namiddag openging. Op zondag, als mijn

ouders een goede bui hadden of mijn moeder geen zin had om te koken, kreeg ik geld mee om bij de snackbar patat en kroketten te halen: voor ons een luxe. Nog zeldzamer was uit eten gaan bij de chinees: dan viel er thuis iets te vieren.

Maar het was donderdag: we aten straks spinazie- of andijviestamppot of, nog erger: Brussels lof. Wat dat betreft hoefde ik geen haast te maken om op tijd aan tafel te verschijnen.

Halverwege het verharde pad voor de kerk zag ik de Koningin Marialaan, en de brede strook groen die de twee rijbanen van elkaar scheidde. Het groen hield een paar meter voor de Bezuidenhoutseweg op, zodat auto's via een lus konden keren zonder de drukke verkeersader op te hoeven: dat scheelde in de doorstroming. Bij de keerlus voor de auto's, aan het einde van de groenstrook, was een stoep: een stuk stoep waar niemand ooit gebruik van maakte.

Vanmiddag lag dat anders.

Ik zag een jongen staan, die wachtte.

Het was onduidelijk op wie of wat hij wachtte; maar hij wachtte. Misschien kon hij elk moment met een auto worden opgehaald.

Op zich niets bijzonders en niet iets om lang bij stil te blijven staan. Wat mijn aandacht trok was dat hij mijn kant op keek; alsof het hem om mij te doen was en hij me opwachtte: alsof hij wist dat ik in aantocht was.

Hij was te veraf om zijn gezicht goed te kunnen onderscheiden, maar dichtbij genoeg om te weten dat ik hem niet kende en hem nooit eerder had gezien, ook niet bij mij in de straat.

Het voelde ongemakkelijk; zoals je nietsvermoedend een hond op straat kon passeren, totdat je de blik in de ogen van het beest opmerkte en je in stilte duimde dat-ie niet onverwachts naar je uitviel en beet.

Ik bereikte de Koningin Marialaan en wilde oversteken terwijl ik deed alsof ik de mij onbekende jongen, die een stuk ouder was dan ik, in het geheel niet had opgemerkt: in gedachte vertoefde ik elders. Ik kon een andere route naar huis nemen zodat ik de jongen vermeed; maar waarom zou ik?

Dat werd me snel duidelijk.

Er kwam geen verkeer aan en ik stak de straat over naar de stoep waar hij wachtte. Vlak bij hem gekomen keek ik hem aan en zag aan zijn blik dat het mis was. Het was hem om mij te doen. Niks auto die hem zo zou ophalen. Het was hem, om een mij volstrekt onduidelijke reden, louter en alleen om mij te doen. Hij moest mij hebben.

Ik deed of ik niks in de gaten had, geen-vuiltje-aan-de-lucht, wilde hem voorbijlopen en was hem ook bijna gepasseerd, toen ik vanuit mijn linkerooghoek een vuist op me af zag komen. Ik was te laat om de klap nog te kunnen ontwijken. Met mijn linkerarm ving ik de uithaal deels op, zodat zijn vuist niet op mijn slaap landde maar op de ribben onder mijn linkeroksel.

De klap kwam hard aan. De schop van achter die erop volgde en die ik niet zag aankomen, kwam nog harder door. Een vlammende pijn schoot door mijn linkerbeen en opnieuw incasseerde ik een vuistslag, eentje in mijn nek.

Het was menens. Wilde ik dit overleven, dan moest ik maken dat ik wegkwam en snel ook. Terwijl ik links en rechts door vuistslagen en schoppen werd geraakt – een trap in mijn onderrug kwam eveneens hard aan; de tranen sprongen in mijn ogen – zette ik het op een lopen. Zonder acht te slaan op het verkeer rende ik de Koningin Marialaan en het fietspad over en belandde op de stoep vlak bij het schoolplein van de Huishoudschool.

Die laatste werd mijn redding.

De jongen was me achternagerend, maar van de kant van het

schoolplein naderde een vrouw die eruitzag als een leerkracht, en zij greep in.

'Zeg, ben jij helemaal bedonderd?! Wil je daar ogenblikkelijk mee ophouden! Wat dénk jij wel niet, held-dat-je-bent, tegen een veel kleinere jongen dan jij. Probeer dat eens tegen een jongen van je eigen leeftijd... Maar dat durf je niet, hè? Je moest je schamen!'

Ze zette haar tas met boeken en schriften op de grond.

'Als ik jou nog één keer op zoiets betrap, schakel ik de politie in, onthou het goed! Ben jíj besodemieterd!'

Mijn belager droop af.

Ze vroeg me hoe het ermee ging en of ik iets gebroken of gekneusd had, en of ik een glaasje water tegen de schrik bliefde. Nadat ze de Koningin Marialaan had afgespied om er zeker van te zijn dat mijn aanvaller zich niet achter een auto schuilhield, liet ze me gaan. Kon ik na de zesde klas, vroeg ik me af, niet naar de Huishoudschool? Maar dat was ijdele hoop: die school was alleen voor meisjes.

Terwijl ik trekkebenend en met pijn over mijn hele lichaam naar huis liep, viel me iets in. Bij alles wat er zo-even was gebeurd, de stompen, de trappen, had de jongen die me opwachtte niet één keer iets gezegd: geen verwensing, uitroep of vloek, geen woord, niets. In stilte had hij me opgewacht, er zeker van zijnde dat ik zou opdagen, en in stilte had hij zijn aanval ingezet en uitgevoerd. Wat bezielde hem? Daar kon ik slechts naar gissen. Straalde ik iets uit wat hem niet aanstond en een diepe weerzin of walging bij hem opriep; een grondeloze afkeer die, wakker gemaakt, zich niet liet beteugelen?

Ik besloot niets over het voorval tegen mijn ouders te zeggen: ze zouden het niet begrijpen.

Een andere vraag kwam bij me op.

Hoe had hij zo zeker geweten dat ik eraan kwam? Van een vriend van hem die bij mij op school zat en die me willens en wetens wilde verraden? Bij mijn weten had ik geen vijanden op school, al wist je het nooit. Maar als iemand op school hem had ingeseind wat de vaste route was die ik naar huis liep, bestond er dan niet een gerede kans dat hij me morgenmiddag weer opwachtte?

Ik leek in een nieuwe nachtmerrie verzeild. Ach, dacht ik, deze kan er ook nog wel bij, en ik verlegde mijn aandacht naar wat me straks te doen stond, thuis. Hoe verborg ik de blauwe plekken en de eventuele bloeduitstortingen voor mijn ouders? Zagen zij die, dan volgden er ongetwijfeld lastige vragen over het hoe en wat, met het risico dat ze me niet geloofden en ervan uitgingen dat er iets heel anders had plaatsgevonden: iets veel ergers, dat ik voor ze achterhield.

Maar de thuiskomst viel reuze mee. Niemand toonde enige belangstelling voor hoe het me op school was vergaan en mijn zus kwam 's avonds niet de badkamer in terwijl ik me waste en tandenpoetste en lag in het onderste bed te lezen toen ik in pyjama de ladder opging naar mijn bed.

Even dreigde er gevaar toen mijn moeder de slaapkamer binnenkwam om ons welterusten te zeggen.

'Wat heb je daar, wat is dat voor een plek?'

'Wat bedoel je, mam?'

'In je nek...'

'O, dat is niks,' zei ik, 'dat is van de gymles vanmorgen, dat is niks.'

'Nou,' zei mijn moeder, 'anders kijk ik er morgenochtend even naar, voordat je naar school gaat.'

Maar de volgende ochtend was mijn moeder de verkleuring in mijn nek glad vergeten, waarmee het gevaar was afgewend.

's Middags, nadat de school uitging, treuzelde ik net zo lang bij de fietsenstalling totdat iedereen weg was en ik geen klasgenoot of bevriende medescholier meer zag. Een van hen kon de verrader zijn die er geen been in zag me van achteren aan te vallen: zo zijn onze manieren manieren, zo zijn onze manieren. Ik kon niemand vertrouwen, en niemand in vertrouwen nemen. Ik stond er alleen voor en zou het in mijn eentje moeten oplossen. Was het in wezen ooit anders geweest?

Ik klemde mijn tas onder mijn arm en liep naar de zijkant van de kerk, zonder de hoek om te slaan. Ik hurkte, ging op mijn knieën zitten, schoof mijn hoofd vlak boven het grasperk en tuurde om de hoek.

Wat ik al half en half vermoedde, werd bewaarheid. Hij stond er weer, op hetzelfde stuk stoep. De jongen die me gisteren had opgewacht rookte een sigaret en had geen haast. Hij was op de hoogte van mijn vaste route en wist dat ik op zeker moment ten tonele zou verschijnen.

De kans dat een leerkracht van de Huishoudschool me vanmiddag opnieuw te hulp zou schieten, achtte ik klein.

Vergeleken met gistermiddag had ik één voordeel: ik zag hem; hij zag mij niet, zodat ik de mogelijkheid had om er ongemerkt tussenuit te knijpen. Dat was niet moeilijk: ik koos simpelweg een andere route naar huis. Als ik niet langs de kerk maar door de Helenastraat liep, kwam ik een voetbalveldlengte van hem vandaan de Koningin Marialaan op en had ik zo'n voorsprong dat hij me niet snel zou inhalen. Lukte hem dat toch, dan waren we zo dicht bij de drukke Theresiastraat dat als hij me iets wilde aandoen er vast een voorbijganger zou zijn die me te hulp schoot, al was het maar omdat ik een stuk kleiner was dan mijn belager. Kortom, de Helenastraat, daar lagen de kansen.

Het pakte zelfs nog beter uit dan verwacht. Uit de Helenastraat komend bukte ik zo diep dat ik tijdens het lopen schuilging achter de rij langs de stoep geparkeerde auto's. Toen hij me in de gaten kreeg – vlak voor de Theresiastraat veerde ik uit mijn lastige houding op – was ik al zo ver van hem vandaan dat hij niet eens een poging waagde de achtervolging in te zetten: hij zag het hopeloze ervan bij voorbaat in.

Dit keer was ik hem te vlug af geweest, maar ik begreep dat ik daarmee de slag niet had gewonnen. Het herhaaldelijk mislukken om me te grazen te nemen kon zijn woede of haat jegens mij weleens hoger doen oplaaien. Nee, ik was er nog lang niet, en dat zou hij ook zo inschatten: de dag van morgen bood hem nieuwe kansen, en anders de dag van overmorgen, of een van de dagen daarna.

'Jee, wat is dat?' zei mijn zus aan tafel. 'Wat is er met je nek?'

'O, dat is van de gymles,' zei mijn moeder geruststellend. 'Dat stelt niks voor, dat gaat vanzelf weer over, met een paar daagjes, hooguit.'

De volgende middag herhaalde het patroon zich – ik ging op mijn buik op de grond liggen en spiedde om de hoek van de kerkmuur – met dien verstande dat de jongen die me opwachtte beduidend alerter leek en ook de Helenastraat in de gaten hield.

Ik kreeg het plotseling koud, maar voelde tegelijkertijd het zweet over mijn rug lopen.

De kans dat ik opnieuw via de zijstraat kon ontsnappen achtte ik gering. Weliswaar zou ik uit de Helenastraat vandaan komend nog even ver van hem vandaan zijn als gisteren, maar omdat hij scherp oplette, zou hij me eerder in de smiezen krijgen en kon hij me ruim voor de winkelstraat hebben ingehaald: over de gevolgen daarvan dacht ik liever niet na.

Ik had een schuurpapierdroge mond en maakte mijn tas

open. Wie weet zat er een pak schoolmelk in, met een rietje. Maar nee.

Hoe kwam ik ditmaal ongezien van school weg? Het voordeel dat ik had was dat ik vanaf mijn geboorte in deze buurt woonde en dit deel van het Bezuidenhout kende als mijn broekzak. Het stratenpatroon tussen school en thuis, elk zijstraatje, elke steeg, passage of doorgang en iedere vis-, groente- of bloemenstal waarachter ik me kon verbergen als-het-erop-aankwam. Zodoende kon ik uitknobbelen waar mijn kansen lagen. De eenvoudigste variant was om de Helenastraat in tegengestelde richting uit te lopen, van de Koningin Marialaan af; dat bracht me in de De Carpentierstraat. Als ik vervolgens rechts afsloeg en de doorgang tussen de achterkant van de winkels en de garages volgde, kwam ik bij de Theresiastraat uit en had mijn belager het nakijken. Met een beetje mazzel stond-ie een uur of langer voor niets te wachten.

Het plan werkte.

Bovendien kon ik een heel stel alternatieve routes bedenken, die ik in de dagen die volgden met kloppend hart ten uitvoer bracht.

In de loop van de tweede week, toen ik op mijn buik liggend om de kerkmuur gluurde – het begon een gewoonte te worden –, stond hij me niet op de mij bekende stoep op te wachten. Waar dan wel? Zo vlot opgeven zag ik hem niet doen, en diep gebukt liep ik voor de kerkingang langs, tot ik de andere zijkant van de kerkmuur bereikte en om de hoek tuurde.

Dit keer wachtte hij me op ter hoogte van de Helenastraat. Dan kon-ie lang wachten.

Ik liep terug, stak niet zichtbaar voor hem de Bezuidenhoutseweg over en volgde deze, me schuilhoudend achter de geparkeerde auto's en het drukke verkeer, tot ik bij de Emmastraat kwam. Vandaar was het een makkie om ongezien thuis te komen. Zo zou het vaker gaan. Hij verscheen, en ik koos een steeds wisselende omweg naar huis. Soms een grote omweg, maar dat deerde me niet. Zolang ik maar uit zijn handen bleef, anders was ik verloren.

Ik monterde iets op van mijn ontsnappingen. Dit kon ik best een tijdje volhouden zonder in zijn klauwen te vallen. God hielp me de brug over als-ie me op een kwade dag toch te pakken kreeg, maar ik kon me voorstellen dat de ontsnappingen mij vrolijker stemden dan hem.

Halverwege de tweede maand, toen ik om de kerkmuur spiedde, stond hij weliswaar op zijn vaste stek, maar hij maakte een nerveuze, opgejaagde indruk. Terwijl-ie wachtte rookte hij niet één sigaret, maar vele. Schichtig keek hij om zich heen, alsof híj een kwelduivel verwachtte die het op hem had gemunt. Er leek iets in hem geknapt. De volgende dag verscheen hij niet en de dag daarop ontbrak hij eveneens op het appèl. Had ik de slag gewonnen? Ik vermoedde van niet: zo snel zou hij niet opgeven.

Maar het heilige vuur was er bij hem vanaf.

Weliswaar zou hij nog geregeld opduiken, op zijn eigen stukje stoep of in de buurt van de Helenastraat, maar ik kon hem steeds ontlopen. Sluiproutes zat. Ik wist als een Houdini telkens te ontkomen.

Het lukte me niet te achterhalen welke scholier me had verraden. Wie had daar belang bij? En was er geen eenvoudigere manier te verzinnen om mijn ondergang te bespoedigen? Na een poosje liet ik het erbij zitten. Een van ons op school had judasbloed; het zij zo.

Toch hield ik iets blijvends aan de episode over. Waarom had die jongen me wekenlang opgewacht en wilde hij me per se wat aandoen? Dat bleef een raadsel. Maar het zou me zo weer kunnen overkomen, juist als ik er het minst op verdacht was. Om dat te verhinderen moest ik me wapenen.

Ik week af van de rest. Sommigen van 'de rest' pikten dat niet, die wensten je het liefst van de aardbodem af. Ik wiste mezelf als schoolbordkrijt uit. Zo kwamen we ergens.

Je diende op je qui-vive te zijn en te blijven, altijd. Dan liep je de minste kans te worden verrast. Eén tel verslappen kon je de kop kosten. Op straat liep ik dicht langs de gevels van de huizen, zo veel mogelijk met mijn rug naar de muur. Later, in cafés of restaurants, koos ik een tafel waaraan je uit het zicht bleef van degene die binnenkwam, maar zelf zicht hield op de in- en uitgang.

Die leefregels waren makkelijk vol te houden. Zodra je de voordeur achter je dichttrok, moest je onzichtbaar worden en je sporen zoveel als kon uitwissen. Ook al wist je je omringd door nog zoveel dierbaren, je reisde alleen en droeg je eigen koffer.

Wat en wie je was moest je diep in jezelf wegstoppen; zo diep en ver weg dat je er zelf niet bij kon. Daar was je binnenste groot genoeg voor. En na verloop van tijd wist je niet meer wat en wie je diep had weggestopt, in een afgelegen melkwegstelsel miljoenen lichtjaren hiervandaan.

Pas dan kon je niets gebeuren.

Bijna niets.

40

IK WORD GEWEKT door een schoonmaakster die de kamer komt doen.

Kon ik maar naar Scheveningen, denk ik, naar het strand. Maar dat geluk is me, anders dan een paar weken geleden, niet beschoren.

Twee weken geleden besloot ik naar het Scheveningse strand te wandelen. Zo ver van ons huis was dat niet, al overbrugde ik de afstand nu ik ouder was zomers met de fiets, of met de auto als ik naar de winterbadplaats wilde.

Ik had geen specifiek doel voor ogen.

Yolanda was op haar werk en kwam voorlopig niet thuis, had ze me rond het middaguur telefonisch laten weten; de kinderen zaten op school en hadden net-als-ik-vroeger een 'lange dag'.

Bril lag uitgeteld in de bench en kwam niet overeind toen ik met mijn jas aan in de keuken verscheen en vroeg of ze mee uit wilde. 'Ik ga naar Scheveningen,' zei ik, 'naar zee, de zee waar jij altijd zo dol op bent.' Ze gaf geen antwoord, maar volhardde in een hardnekkig stilzwijgen. Bril was bijna tien en was een oude hond: uitgaan was zo'n feest niet meer. Haar zwarte haren werden grijs. Bril verdiende het om zich na zijn dood zorgvuldig geprepareerd in de zitkamer bij het meubilair te mogen voegen, opgezet, en één met de meubels te worden; waar wij, de gezinsleden, hem liefdevol over zijn kop zouden blijven aaien alsof hij nog in leven was: een kop die met de jaren sleetser werd, als de kale plekken op de ellebogen van een jasje of colbert. Brils kop was zo breed dat je er in dat geval een kop-en-schotel of een glas op kon zetten. Mocht de opgezette versie van Bril uit elkaar vallen, dan maakten we van haar huid een kleed voor bij de open haard, ook al hadden we geen open haard.

Zodoende verliet ik in mijn eentje het huis. Wat beweging zou me goeddoen: dat deed ik volgens mijn gezin te weinig, bewegen.

Ter hoogte van de strafgevangenis werd ik aangesproken door een ouder echtpaar.

'U bent toch...?'

Ik knikte ten teken dat ik het was die ze voor zich hadden.

'Dan moet me toch wat van het hart,' zei Riet Vrolijk nadat we een poosje over ditjes en datjes hadden gepraat. 'Wij waren bevriend met je oma. Verjaardagen, klaverjasavonden... Zo leerden we je ouders kennen. Tja, wat zal ik ervan zeggen?'

Ze aarzelde, hoewel ze het gespreksonderwerp zelf had aangesneden.

'Breek me de bek niet open,' zei Jacob Vrolijk. 'Van je oma

318

begreep ik dat het niet erg boterde tussen jou en je ouders. Nou, het lag niet aan jou, neem dat maar van ons aan. Een afschuwelijke man, jouw vader. Ik zal niet in detail treden, maar...'

'Verschrikkelijke mensen,' zei Riet, 'je ouders.'

'Als er werd aangebeld,' zei Jacob, 'en we hoorden je oma Gé en Mia op de gang begroeten en uit hun jas helpen, stonden wij vast op en namen afscheid van de verjaarsvisite. Wegwezen. En wij waren niet de enigen die er zo over dachten. Ook je oma zou het liefst opstaan en het pand verlaten. Maar je oma was afhankelijk van je ouders, en dat wisten je ouders ook.'

Het was niet druk op het strand, daarvoor waaide het te hard.

Maar de wind deerde me niet.

'Verschrikkelijke mensen', had Riet Vrolijk gezegd. 'Dan hoor je het ook eens van een ander.'

Het begon te regenen. Ik stak mijn hand op naar de zee, groette, en liep dezelfde weg terug die ik gekomen was. 'Verschrikkelijke mensen,' hoorde ik het echtpaar Vrolijk eensgezind zeggen.

Ik keek naar het Shell-station aan de overkant van de weg, en naar het Oranjehotel, waar tijdens de oorlog opgepakte verzetsleden wachtten op hun executie op de Waalsdorpervlakte.

Voor me, dieper Den Haag in, wachtte het Bezuidenhout. Achter me lag Scheveningen, de zee. Van veel ketenen had ik me ontdaan, maar bevrijd was ik nog allerminst. Het werd tijd om de uitgang op te zoeken.

De regen zette door en spoelde het bospad schoon.

'Meneer Chabot?' hoor ik een stem boven me zeggen, en ik doe mijn ogen open.

'Hoe gaat 't met u?' vraagt een verpleegkundige die blijkens het naambordje op haar uniform Sonja heet.

'Gaat wel,' zeg ik.

'Ik wilde komen afruimen,' zegt ze, 'maar u heeft uw eten helemaal niet aangeraakt.'

Dat kan ik lastig ontkennen: van de etenswaren op de tray is geen dekseltje af gehaald en het bestek zit nog in het cellofaan. Het avondeten wachtte rustig af of het zou worden opgepeuzeld, de maaltijd had het nodige geduld met me.

'En drinkt u wel genoeg? U weet dat u veel moet drinken, hè? Dat is u verteld. Maar ik zie hier een volle drinkbeker en dat water stond er ook al toen ik het avondeten bracht, daar heeft u geen druppel van gedronken. Terwijl u weet... We willen u nog niet kwijt, hoor. Dus ik zou zeggen...' Ze pakt de beker water, wacht tot ik iets overeind kom en reikt hem me aan. 'U drinkt dit op waar ik bij sta, en dan krijgt u van mij een nieuwe beker, is dat afgesproken?'

Wie was ik om te beweren dat dat niet was afgesproken?

'En uw infuus is ook bijna leeg, zie ik. Daar gaan we wat aan doen. Heeft u een momentje, dan haal ik een collega en krijgt u een nieuwe zak. Goed, dan ben ik zo bij u terug. En niet vergeten water te drinken, hè?'

Sonja wil de kamer verlaten, maar bedenkt zich en blijft in de deuropening staan.

'We maken ons zorgen over u,' zegt ze. 'Dat weet u, hè?'

41

NA HET OVERLIJDEN van mijn opa verkasten mijn ouders van Doorn naar Den Haag en kochten een appartement in de Goetlijfstraat, op loopafstand van waar ik met mijn gezin woonde.

'Om dichter in de buurt van je oma in Scheveningen te zijn,' begreep ik van Pieter, een van mijn oudste vrienden en het enige familielid met wie ik nog contact onderhield.

Een verhuiskaart ontvingen we niet, wat me niet speet. We hadden al jaren en jaren geen contact meer met elkaar. Houen zo. Mijn jeugd was een dichtgeslagen boek, een boek dat ik niet alsnog wenste op te slaan. Dat ze in de buurt waren komen wonen, vlakbij, was al erg genoeg.

'Pap,' vroeg een van mijn zoons op een dag, 'ben je niet bang dat je ze tegenkomt, een van je ouders, nu ze zo dicht bij ons wo-nen?'

'Nee hoor,' had ik geantwoord, 'waar zou ik bang voor moe-ten zijn?'

Wat het enige juiste antwoord was. Tot ik een van hen op een dag tegen het lijf liep.

Op een zaterdagochtend, om een uur of elf, kwamen we elkaar stomtoevallig tegen, mijn moeder en ik, toen we beiden bood-schappen deden bij de Albert Heijn-vestiging bij ons om de hoek. Het was druk in de supermarkt: de weersvoorspelling voor het weekend was gunstig. Er werd een run op de kust verwacht: bier, frisdrank en barbecuespullen waren niet aan te slepen.

Ze stond bij de groente-en-fruitafdeling toen ik kwam aange-lopen.

'Zo, kijk eens aan,' zei ze. 'Wie hebben we daar?'

'Dag ma,' zei ik.

Ik greep mijn winkelwagen iets steviger beet, alsof ik bij het karretje voor houvast terechtkon.

'Is dat alles?' zei mijn moeder. 'Is dat na al die jaren alles wat je te zeggen hebt?'

'Ik geloof niet, ma, dat ik tot nu toe de kans heb gekregen om veel meer te zeggen.'

'Zou je niet eerst eens fatsoenlijk vragen hoe het met me gaat?'

Er sloop iets metaligs in haar stem en in haar blik.

'Als ik je dat vroeg,' zei ik, 'wat zou daarop dan je antwoord zijn?'

'Jij weet donders goed wat ik bedoel.'

Het jonge stel dat zich over de kratten met in de aanbieding zijnde avocado's boog en af en toe in een vrucht kneep om de rijpheid ervan vast te stellen, wierp ons een schielijke blik toe en liep door naar de vis-en-vleesafdeling, waar het gezelliger toeven was.

'Ma, ik geloof niet dat de toon die je bezigt...'

'De "toon" die ik aansla? Hoe dúrf je mij een verwijt te maken?!'

Een ouder echtpaar wilde een doosje appels kopen, Pink Lady, zes stuks, ook in de aanbieding, maar zag van de aanschaf af en liep gehaast door. Als ons 'gesprek' nog even zo doorging, mochten mijn moeder en ik ons straks in een toenemende populariteit verheugen en liep de winkel leeg.

'Ma, sorry hoor, maar...'

Ik dirigeerde mijn winkelwagen wat verder vooruit, tot halverwege de fruitafdeling.

'Weglopen,' voegde ze me toe, 'daar ben je altijd goed in geweest, in weglopen en vluchten.'

'Ma,' zei ik, 'alles goed en wel, maar hier heb ik éven geen zin in', en ik liep door naar het einde van de fruitafdeling, waar de bananen hoog lagen opgetast. Ik had een groot gezin, vier zoons, er diende het nodige te worden ingeslagen: de boodschappenlijst was lang. Wat moest ik vooral niet vergeten, mocht ik me gedwongen zien mijn boodschappenronde te bekorten?

'Ja, loop maar weg,' zei mijn moeder, 'loop maar van me weg. Als je de dingen die jij veroorzaakt maar niet onder ogen hoeft te zien, en de consequenties van je gedrag. Nee, weglopen, daar ben je een ster in.'

Verderop glinsterden de vitrines met zuivelproducten, die hoog op mijn lijstje prijkten.

'Ja, dat is mijn zoon,' vervolgde mijn moeder tegen omstanders, die zich gegeneerd afwendden en hun aandacht op de schappen richtten.

Mijn moeder verhief haar stem opdat het winkelende publiek niets kon ontgaan. 'Dat is de oudste. En híj zorgt ervoor dat ik mijn kleinkinderen niet te zien krijg. Hoe vínd je zoiets? Ja, hij staat overal in, in de bladen, en verschijnt te pas en te onpas op de televisie, maar dát weet niemand van hem. Zijn eigen vader en moeder zó behandelen... Hij zou zich moeten doodschamen.'

Ik had meer te doen dan in een twistgesprek met mijn moeder verzeild te raken. Tenslotte had ik haar niet voor niets twintig jaar niet gezien of gesproken. Thuis – Albert Heijn uit, de hoek om en dan een goeie tweehonderd meter lopen – wachtte mijn gezin: Yolanda en de kinderen.

Mijn moeder begon zachtjes te huilen. Enkele omstanders bekommerden zich om haar en wilden haar wegleiden, naar achter, voor een glaasje water. 'Kan iemand de bedrijfsleider waarschuwen?' hoorde ik zeggen. 'Het gaat niet goed met die mevrouw.'

Dat mocht zo zijn, dat het verre van florissant met mijn moeder was gesteld, maar dat weerhield haar er niet van nog een kleine tirade tegen me af te steken, bij wijze van toegift.

'Hij heeft geen idee hoeveel verdriet hij zijn vader en mij heeft aangedaan, al die jaren, en wat voor verdriet hij ons nog elke dag aandoet. Welnee zeg, stel je voor dat het hem ook maar íets kon schelen wat hij anderen aandoet. Als meneer maar...'

Ze brak.

'Wij mogen onze kleinkinderen niet zien van meneer hier. En o wee als je hem daarop aanspreekt. Weglopen, ja, daar is-ie altijd een kampioen in geweest. Ik, hun oma, mag van hem...'

Ze was in tranen nu.

'... mijn eigen kleinkinderen... Maar dát vertelt hij niet op de televisie.'

'Komt u maar, mevrouw,' hoorde ik een bedrijfsleidersstem achter me zeggen. 'Kan ik u een glaasje water aanbieden, of een kopje thee of koffie?'

'Ja, deze mevrouw,' zei een oudere dame, 'is nogal van streek, overstuur, en...'

Geholpen door omstanders liep mijn moeder nu zelf van me weg, zodat de afstand tussen ons, niet door mijn toedoen of ingrijpen, groter en groter werd.

Terwijl ze werd weggeleid hoorde ik haar huilen in volume toenemen.

—

Op een middag wandelde ik naar de apotheek. Toen ik bij de automatische schuifdeuren van het gezondheidscentrum kwam stapte een bejaarde vrouw naar buiten. Ze droeg een wijdvallende winterjas en had een muts op, ook al was het begin november en zo koud nog niet. Het was een brede ingang en ik was haar al bijna gepasseerd, toen ze iets zei.

Ik hoorde mijn naam vallen.

Dat overkwam me vaker op straat, dat een voorbijganger mijn naam noemde, daar was ik aan gewend geraakt. Dat deze oude dame me herkende hoefde niet tot oponthoud te leiden, en ik draaide me een kwartslag om: een korte groet waarmee ik haar in haar bestaan bevestigde, en ik kon door.

'Dag Bart,' klonk het vanonder de grijswollen muts die ze diep over haar oren en ver over haar wenkbrauwen had getrokken.

'Goeiemiddag,' zei ik neutraal; ik had meer te doen vandaag.

'Herken je me niet?' zei ze.

'Nee,' zei ik, 'ik vrees van niet. Kennen wij elkaar ergens van?'

Ze deed haar muts af en nu herkende ik haar wel.

Het was alsof ik een déjà vu beleefde: zes jaar eerder had ik iets soortgelijks meegemaakt. Ik was op Schiphol om mijn lief op te halen, die onze oudste zoon – die al bijna anderhalf jaar in

325

Australië woonde – had bezocht. Het kon even duren; het toestel was zojuist geland en het zou de nodige tijd vergen voordat de koffers uit het bagageruim kwamen en op de lopende band ronddraaiden. Na een poosje ontstond enig gedrang onder de afhalers. Feestballonnen vlogen de lucht in; kinderen werden op de schouders gehesen. De eerste passagiers druppelden de aankomsthal in, vergezeld van hun karretjes en rolkoffers. Een slordig geklede jongeman met een muts op kwam aangeslenterd en mengde zich anoniem onder de afhalers. Een hangjongere, meende ik, of een zakkenroller die van het gedrang onder de wachtenden gebruikmaakte om onopvallend zijn slag te kunnen slaan. Daar trapte ik niet in.

Toen zag ik mijn lief. Ze duwde een bagagekarretje met rugtassen en koffers voor zich uit.

Ze zag mij ook, want ze zwaaide.

Terwijl ik me door de drukte heen haar kant op werkte, passeerde ik de jongeman, die iets mompelde. Ik sloeg er geen acht op; ik wilde naar mijn lief, ik had Yolanda drie weken niet gezien.

'Hoi pap,' hoorde ik hem zeggen, een tekst die je zelden uit de mond van een zakkenroller verneemt. Ik draaide me om: ik was hem al voorbijgelopen.

Hij deed zijn hippe muts af.

Toen pas zag ik dat het mijn zoon was, de oudste; die ik niet had herkend.

'Dag mam,' zei ik.
'Dag Bart.'
'Hoe gaat 't met je, goed?' zei ik.
'Dat kan ik beter aan jou vragen. Ik hoor van alles over je, van allerlei mensen om me heen, over een hersentumor die je had en waaraan je behandeld bent, naar het schijnt.'

'Je hoort mij niet klagen, ma.'

'Ik moet zeggen, je ziet er goed uit, zeker voor iemand die het nodige achter de rug heeft. Dat zal je vader ook prettig vinden om te vernemen, dat het zo goed gaat met je... Met zijn zoon.'

Haar toon was aangenamer dan de vorige keer dat we elkaar troffen.

'Dat klopt, ma. Je bent aardig op de hoogte.'

'Ik had het anders liever van jouzelf gehoord.'

We deden een stap opzij: een oudere man kwam het gezondheidscentrum uit gewandeld die verlangend naar zijn rollator keek, die naast de ingang stond geparkeerd.

'En, hoe gaat het met jullie?'

'O, met mij gaat het wel, hoor. Maak je over mij geen zorgen. Maar je vader, hè, je vader...'

'Gaat 't niet goed met hem?'

'Daar weet jij niks van, hè? Nee, die is zwaar dementerend. Drama's. Hij woont nog thuis, maar vraag me niet hoe lang nog. Hij is thuis bijna niet te handhaven, geen doen. Maar ik probeer 'm zo lang mogelijk bij me te houden.'

'Het spijt me dat te horen.'

'O ja, jongen? Meen je dat nou? Zeg, nu we elkaar toch spreken... over je vader... Ik zou zeggen, zoek hem eens op, we wonen per slot van rekening zowat bij elkaar om de hoek, de afstand is de moeite niet. Kom een kopje koffie drinken. Daar zou je je vader een groot plezier mee doen, dat zou hij zo waarderen. Kom eens langs, al is 't maar een kwartiertje. Een kopje koffie. Dat is toch zo'n opgave niet, een kwartiertje?'

'Mam, ik zal kijken wat ik kan doen.'

'Hoe denk je dat het voor mij is om met een man als je vader te leven?'

Er viel een stilte. Ik had geen behoefte om op haar vraag in te

gaan, en na alle zwijgende jaren viel het niet mee een gespreksonderwerp te vinden waar we ons geen van beiden een buil aan
konden vallen.

'Star, je vader, zo star. Altijd al, en het werd en wordt almaar
erger.'

Ik herinnerde me wat tante Joke, zus van Laura en Gé, me
ooit had toevertrouwd. 'Je vader? Die kon vroeger geen kwaad
doen thuis. De uitverkorene. Als je vader 's ochtends de badkamer
in kwam, moesten Laura en ik wegwezen. Opzij, aan de kant, Gé
moest erbij. Stond ik mijn tanden te poetsen, mond vol schuim,
niks-mee-te-maken, wegwezen, Gé kwam eraan.'

'Als je het niet erg vindt... Ik moet door, mam.'

'Begrijp ik, jongen. Begrijp ik. Doe je dat dan, een keertje
langskomen, op de koffie?'

Ze zette haar muts op en streek een paar onwillige haren onder de wollen rand.

'Nou, we merken het vanzelf dan, hè,' zei ze. 'Het zal me
benieuwen. Dag Bart.'

Ze pakte haar boodschappentas, die ze zolang op de grond
had gezet, en vervolgde haar weg naar huis, waar Gé wachtte.

's Avonds overdacht ik haar dringend uitgesproken wens mijn vader op te zoeken. Deed ik mijn vader er een plezier mee? Kon ik
op haar koers varen? Daar gaf het verleden geen aanleiding toe.
Bovendien, wat leverde het op, zo'n koffievisite? En als ik erheen
ging en na een uurtje weer opstapte, wat dan? 'Leuk dat je langskwam, jongen. Zien we je binnenkort weer? Neem je je vrouw
dan mee, of een van de kleinkinderen?'

Nee, het leek me niet de te bewandelen weg. We leidden onze
eigen levens en zaten elkaar daardoor niet in de weg. Door niet op
de koffie te komen bleef ons allen een hoop bespaard; en ik bezocht mijn vader niet.

Ik probeer iets meer rechtop te zitten in mijn ziekenhuisbed om de thee op te drinken die geruime tijd geleden op een tray is neergezet en naast me koud staat te worden. Als ik niet oppas krijg ik straks van Hilde op mijn kop, of van Sonja.

Ik herinner me flarden van een van de laatste gesprekken met mijn moeder, toen zij op een ochtend onaangekondigd op de koffie kwam in de tijd dat we elkaar nog wel zagen, zij het sporadisch.

De zon scheen, de ramen stonden open, frisse lucht te kust en te keur. Sebastiaan lag te slapen in zijn bedje.

'Toen jij werd geboren,' vertelde mijn moeder, 'was het enige wat je deed hartverscheurend huilen, dagenlang, met hooguit een korte onderbreking. Ontroostbaar. Zelfs de verpleging in de Bethlehemkliniek viel het op. "Mevrouw Chabot, wat is er toch met uw kindje aan de hand? Hij mankeert niks, maar..."

Weet je,' zei mijn moeder bijna fluisterend, 'ik had je nooit op de wereld moeten zetten. Dat zei ik ook tegen je vader. "Gé, dat kind wíl helemaal niet. Wat hebben we gedaan? Dat kind heeft nooit geboren willen worden."'

'Mam,' zei ik, 'ik weet niet of ik dit weten wil.'

'Het voelde alsof ik je had ontvoerd,' vervolgde mijn moeder, 'weggerukt, van een andere planeet, uit een of ander zonnestelsel, ver weg. Je hoorde hier niet, je hoorde hier niet thuis. Je was niet in een veilige haven aangekomen, maar juist ontheemd geraakt. Huilen, huilen, huilen, dat is wat je deed, dag na dag na dag. Je hoorde hier niet, en je wilde weg, naar huis, elders. Dat is het enige wat je echt wilde: wegwezen, weg van mij, weg van ons, liefst zo ver mogelijk van hier en van alles en iedereen vandaan, en dat zo snel mogelijk. Jij wilde nooit geboren worden.'

Daarop had mijn moeder me aangekeken met een blik van: heb ik gelijk of niet?

'Jij...' vervolgde ze toen ik niet op haar onuitgesproken vraag inging, 'jij knipperde tegen het eerste licht en zette het op een krijsen. Dat weet ik nog alsof het eergisteren was. Jij kwam tevoorschijn, licht en... Meeuwengekrijs. Dat doen alle baby's, huilen, maar jij... Je hield maar niet op. Vaak heb ik me afgevraagd of er in het kinderziekenhuis geen verwisseling heeft plaatsgevonden. Dat ik de baby van een ander in de schoot geworpen kreeg. Daar heb ik ook navraag naar gedaan; maar nee.

Het ging maar door, dat gekrijs. Het ziekenhuispersoneel werd er ook gek van. "Nou, mevrouw Chabot," zei een verpleegster, "hij heeft er geen zin in, hè, dat zoontje van u, hij wil niet erg. Wat denkt u, zullen we 'm maar weer terugstoppen dan?"

Weet je wat het met jou is?'

Het had er veel van weg dat mijn moeder niet toevallig was langsgekomen, zoals ze had gezegd toen ik op haar herhaald aanbellen de deur opendeed, maar welbewust op bezoek kwam omdat ze iets per se kwijt wilde.

'Jij? Jij wilde niet. Jij bent geschapen voor de nacht. Ik heb nooit veel hoogte van je kunnen krijgen, over wat er in dat koppie van je omging. Nog steeds niet. Wat gaat er in dat koppie van jou om, vertel me dat eens.'

'Niks om wakker van te liggen, mam,' zei ik om de gestaag oplopende spanning te beteugelen.

'Ja, uitvluchtjes, daar ben je altijd een kei in geweest... Neem je zus, dat is een heel ander kind, een en al... Maar jij... jij...'

'Mam, ik weet niet of dit gesprek een wending neemt die...'

'... Uitvluchtjes... Wees blij dat we het eindelijk eens ergens over hebben. Waar was ik gebleven voordat je me onderbrak? O ja... Kijk, ik, ik ben een ochtendmens. Maar jij? Jij gedijt pas als de zon ondergaat, dan kom jij tot leven. Jij gedijt bij donkerte. Jij gaat liever naar een begrafenis dan naar een feest.'

Het kostte me een behoorlijke inspanning om haar de deur

uit te werken en zo te voorkomen dat mijn dag in rook opging.

Ze bedoelde het zo goed, mijn moeder. Ja. En vanaf dag één had ze altijd het beste met me voorgehad. Ja.

Moedertje lief.

—

De voorlaatste keer dat ik mijn vader zag, enkele jaren voor zijn dood, wandelde hij in de Floris Grijpstraat: een zijstraat bij mij in de buurt.

Ik was op de fiets, zodat ik een voorsprong had: ik kon een sprintje trekken en ervantussen.

Zagen we elkaar, of zagen we elkaar niet?

'Dag Bart.'

Ik hoorde hem, maar deed alsof ik het niet hoorde. De zon en de blauwe lucht speelden mooi weer.

'Dag...' – weifelend – '... Bart?'

Zijn stem waaide achter me aan. Zonder om te kijken fietste ik door en zonder het tempo te versnellen. Het op een lopen zetten en me inhalen zag ik hem niet doen, iets dergelijks was niet meer voor hem weggelegd.

'Bart?'

Dunner werd zijn stem al, en mijn naam verwaaide in de wind.

'Bart?'

De laatste keer dat ik mijn vader in levenden lijve zag, was in de Bronovolaan, op een steenworp afstand van het Bronovoziekenhuis.

We waren beiden te voet en liepen elkaar aan dezelfde kant van de straat tegemoet. Nog even doorlopen en we zouden elkaar rakelings passeren. Ik vermoedde dat hij van een bezoek aan zijn huisarts kwam, dokter Muller: toen ik hem spotte, sloot hij juist een tuinhek achter zich ter hoogte van Mullers huis.

Hem negeren en op een paar centimeter afstand straal voorbijlopen zonder een blijk van herkenning oordeelde ik te wreed, en ik stak over om aan de andere kant van de straat te gaan lopen, langs het parkeerterrein van het ziekenhuis. Wel hield ik hem in de gaten. Hij was mager – een stuk magerder dan de vorige keer dat ik hem had gezien –, een dunne gestalte, die met stramme passen zijn weg vervolgde. Toch voelde ik dat het vuur in zijn binnenste zomaar kon oplaaien.

Zat hij te wachten op een ontmoeting, hoe vluchtig van aard ook, en zou hij mijn voorbeeld volgen, zodat ik hem niet kon ontlopen?

Tot mijn opluchting deed hij dit niet en we vervolgden onze weg zonder een woord of gebaar dat erop duidde dat we ons bewust waren van elkaars bestaan. Daar, aan de overkant, passeerde de man die zich zijn leven lang mijn vader had genoemd.

In het gras dat het parkeerterrein omzoomde zaten wat kraaien te niksen. Kleine doodgravertjes, die wachtten op de dingen die ongetwijfeld komen gingen. Zij waren er klaar voor. Toen ik bij de kruising met de Van Alkemadelaan omkeek, was mijn vader verdwenen.

Hoog boven Den Haag vloog een passagierstoestel over. Dat zette geen koers naar Schiphol, maar naar een verre, onbekende bestemming.

Mijn vader en ik, we zouden elkaar niet meer zien. Wat betreurenswaardig was, en toch ook niet. We hadden genoeg samen beleefd.

42

IK WORD WAKKER als een verpleegkundige de kamer binnenkomt – 'Goedemorgen, meneer Chabot. Heeft u een beetje geslapen vannacht? Nee? Hè, wat vervelend nou' – die de temperatuur opneemt en meet hoeveel urine er in mijn blaas is achtergebleven.

Te veel naar haar indruk.

'Hoe voelt u zich, meneer Chabot?'

Slecht, wil ik zeggen, erg slecht; maar dat zeg ik niet. Er is al genoeg onrust om me heen, de dag moet nog beginnen en ik wil dat niet doen met bezorgde verpleegkundigen aan mijn bed. Liever word ik met rust gelaten, en dat voor langere tijd.

'Goedemorgen, meneer Chabot,' klinkt het blijmoedig. Boven mijn hoofd verschijnt een tweede wit uniform. 'En, wat wilt u voor uw ontbijt?'

Ik wil niks; geen boterham, geen yoghurt, geen pap of kwark, geen thee, niks; ik wil alleen met rust gelaten worden, zoals ik zo-even niet uitgesproken heb. Maar die vlieger gaat niet op.

'Nee, meneer Chabot, dat gaan we niet doen, "niks". Geen sprake van, en dat weet u best. Dus, wat gaat het worden, u mag het zeggen.'

Ik vang geluiden op uit de gang, van een patiënt die in een bed voorbij wordt gewield en het te oordelen naar de geslaakte kreten evenmin erg naar de zin lijkt te hebben. Is die aan een ontbijt ontsnapt? En is mijn wereld in die paar dagen dat ik hier verblijf zozeer verschrompeld dat mijn bestaan draait om het samenstellen van een maaltijd? Dan is het treurig met me gesteld. Hoe kom ik hier weg?

'Zo,' zegt Sonja-die-over-het-ontbijt-gaat, 'dan zet ik het hier voor u neer, zodat u er makkelijk bij kunt. Goed, kom ik strakjes terug, en dan reken ik erop dat u uw bordje leeg heeft, hoor.'

Sneller dan verwacht keert Sonja terug om de ontbijtboel weg te halen. Ik heb mijn thee opgedronken – daar gaat mijn blaas straks een hoop lol aan beleven –, iets waarover Sonja zich tevreden betuigt.

'Heel goed, meneer Chabot. Maar de boterham met jonge kaas, die ligt er nog, hè, onaangeroerd. En dat hadden we zo niet afgesproken, hè? Nee, die zou u opeten. Hier, dan kunt u ietsje rechtop zitten' – ze helpt me overeind en schuift twee kussens in mijn rug – 'en terwijl u uw boterhammetje opeet, zó moeilijk is dat toch niet?, neem ik het menu met u door. Wat wilt u vanmiddag met de lunch eten?'

Ik waardeer Sonja's optimisme. Afgaande op hoe ik me voel, vraag ik me af of ik de lunch zal halen.

Wil ik de lunch eigenlijk halen?

Sonja haalt een geplastificeerde menukaart tevoorschijn. 'Maar u mag het ook per computer opgeven, hoor.' Ik kan voor rodekool met appeltjes en krieltjes kiezen, maar ook voor ravioli met een kaassaus.

'Wat ik u kan aanraden,' zegt Sonja, 'is de Indische rijstschotel. Die is erg goed hier, die neem ik zelf ook vaak. Houdt u van Indisch eten? Nou, komt dat even goed uit.'

Gemakshalve neig ik ertoe haar suggestie te volgen om de boel niet nodeloos ingewikkeld te maken.

'Maar als u iets anders wilt,' zegt Sonja, 'dan mag dat ook, hoor. Tuurlijk. Maar de Indische schotel, ja, die kan ik echt aanbevelen.'

Ik besluit om voor de Indische rijstschotel te gaan. Sonja en ik moeten nog langer met elkaar mee en problemen zijn er al genoeg. Daarbij, misschien komt Yolanda tijdens de lunch kort langs, als haar werk het toelaat, of anders een van mijn zoons. Zo ja, dan kom ik soepeltjes van die rijstschotel af, liefhebbers genoeg.

'De Indische schotel graag,' zeg ik.

'Heel goed,' zegt Sonja. 'Goed gekozen.'

Ik pak mes en vork erbij en eet wat van mijn boterham in de hoop Sonja nog gunstiger te stemmen.

'Nou ja, zeg!' roept Sonja uit. 'Kijk eens even aan. Zowaar. Zie je wel, u kunt het best. Ik wist het! Dat boterhammetje is al bijna verdwenen.'

En weg is ze, Sonja, op haar rubberzolen, met het presenteerblad en de ontbijtspullen. Uitgeteld zak ik terug, ten prooi aan een vermoeidheid die me niet eerder is overkomen. Ik probeer me op te richten om nog een keer uit het raam te kijken en Den Haag te zien, mijn geboortegrond, maar die poging is kansloos.

Ik geef het op.

En neem afscheid van Yolanda en de kinderen, die ik allen heel goed in staat acht zichzelf te redden. Die komen er op eigen kracht, zonder mijn hulp. Mijn zoons hebben voldoende aan boord om een bestaan op te bouwen, daar hebben ze mij niet meer voor nodig. En Yolanda is, als het erop aankomt, een ijzeren hein; die staat haar mannetje, al verkeert ze zelf vaak in de waan van niet. Ja, die redt zich wel, die kan best zonder mij.

Mijn vrienden? Ik heb vele vriendschappen beleefd, sommige zeer intens; daar kan ik alleen maar dankbaar voor zijn. Geklaag geeft geen pas.

En mijn werk? Ik heb kostbare jaren en talent verspild aan tromgeroffel en bazuingeschal. Van de andere kant: als dit het was, dan was het dit. Ik kan de boel niet nog eens dunnetjes overdoen. En een nieuwe seizoenswisseling hoef ik niet per se meer mee te maken.

De nis lonkt, en de rust en de stilte onder het tuinafval.

Vanuit mijn bed zie ik de stationsklok naast de badkamerdeur. Het is tien over twee op de klok; maar wat zegt dat? Is het zo vroeg of zo laat? De wijzers kunnen zoveel beweren: als ik op Mercurius land en vertel dat het tien over twee is, haalt de planeet er mooi zijn schouders over op. Ze zien me aankomen.

Welke dag is het vandaag? Sinds wanneer lig ik in het ziekenhuis? Ik heb geen flauw idee. Wat doet het er ook toe of het dinsdag of donderdag is? Niets. En terwijl ik wazig waarneem dat de wijzers van de klok naar vijf voor twee terug sluipen, val ik uit de tijd.

Ik waaide weg en vond mezelf terug terwijl ik, een kind nog, 's middags langs het Malieveld liep.

De grasvlakte lag braak. Geen circus of kermis; geen reuzenrad dat met kop en schouders boven de stad uitstak, geen Pasar Malam, en geen demonstranten of boerentrekkers. Het Malieveld was wat het was: het Malieveld in Den Haag. En terwijl ik me richting het Centraal Station begaf drong het tot me door dat ik houterig liep, als een overledene. Sterker, ik was overleden. Weliswaar ging ik langs het Malieveld, alles wees daarop – auto's toeterden; een volle tram klingelde en nam de bocht naar het Tournooiveld –, en tegelijkertijd liep ik er niet. Ik was in Den Haag, en was er ook niet. Lang geleden was ik voor het eerst overleden, acht jaar oud, en toch stond ik met één been in het hier en nu.

Toen pas, ter hoogte van de Herengracht, viel me op dat ik kleren droeg die ik niet kon thuisbrengen. Waren die broek en dat shirt en het jack dat ik aanhad van mij? En waar kwamen die donkerbruine schoenen vandaan? Ze zaten nogal ruim, maar even verderop juist weer te krap.

Ik was overleden, en had mezelf vraag-me-niet-hoe ook weer tot leven gewekt.

Ik stak losjes in mijn vel. Als ik voorzichtig met een arm zwaaide of met een been wiebelde, kon je de botjes horen rammelen. Maar niet zo losjes dat het een voorbijganger opviel. Vederlicht liep ik: mijn botten wogen zo goed als niets en voorlopig hoefde ik niet aan de lijn.

Ik maakte me geen zorgen of ik al dan niet op tijd thuis zou zijn om bij het avondeten aan te schuiven: ik kon naar believen in- en uittreden.

Ik kwam bij het stationsplein, dat weer eens openlag – kwam dat plein ooit af? –, en hield mijn pas in om een blik te werpen in een van de bouwputten. Op de bodem waren bouwvakkers met een drilboor in de weer. De kuil was diep, maar bij lange na nog niet diep genoeg. Je kon altijd dieper willen en doorgraven, zand en aarde ruimend, tot het grondwater je tegemoet sijpelde en zich over je ontfermde.

Daar blijft het bij. Als het water opborrelt voel ik een hand op mijn schouder en schrik wakker.

Een verpleegkundige meldt zich aan mijn bed om na te gaan hoeveel urine er in mijn blaas is achtergebleven – 'Te veel, meneer Chabot. Bijna een halve liter, dat is echt veel te veel' – en om de temperatuur op te nemen.

De koorts loopt op tot boven veertig graden.

Ik denk aan Yolanda, aan wie ik dezer dagen vaak denk. Ligt ze thuis in bed en zou ze slapen? Dat hoop ik vurig. Soms zag ze dingen gebeuren nog voordat ze gebeurden, maar ik duim dat die gave haar vannacht met rust laat.

Mijn geest helpt me een handje op weg en bovendien de goeie kant op: ik glijd een scène in die zich thuis kon hebben afgespeeld.

'Jij en ik, hè,' zei Yolanda.

Het was zondagochtend, we lagen in bed, de gordijnen waren open en de zon viel lenteachtig binnen.

'Ik leef nu vijfendertig jaar met je samen,' vervolgde ze, 'waarvan bijna tweeëndertig jaar getrouwd, en nog kan ik je niet doorgronden. Nog weet ik niet wat er echt in je omgaat. Wat weet ik eigenlijk van je? Niet bijster veel, al dacht ik je lange tijd aardig te kennen. Ken ik je? Jij laat nooit het achterste van je tong zien. En ik heb niet de illusie dat het alsnog gaat gebeuren, bij leven en welzijn, dat jij...'

Ik draaide me op mijn zij, naar haar toe en stak mijn tong zo ver mogelijk uit.

'Nee,' zei ze hoofdschuddend, 'dat ga ik niet beleven.'

Dat had ik van de maan opgestoken. De maan gunde ons nooit ofte nimmer een glimp van zijn rug. Het bleef bij de voorkant en bij de voorkant alleen. Gaandeweg hadden we dat gemeen gekregen, de maan en ik. De maan liet zijn achterkant niet zien en ik niet het achterste van mijn tong. Die houding had ik mezelf aangeleerd; voor de maan was het een gewoontekwestie. Die kon maar één kant op en niet, zoals ik, alle kanten. Wie van ons tweeën was beter af?

'Jij kent me beter dan wie ook,' zei ik. 'By far.'

'Maar wat zegt dat?' zei Yolanda.

Later die middag kwamen we uit bed, ontbeten, en liet ik de hond uit. Het eerste gras kwam op, en de eerste varens.

Er waren geen wandelaars in het bos, en geen buurtbewoners die de hond uitlieten. Ik vroeg me af of ze me meden en pas buiten zouden komen als ze zeker wisten dat ik thuis was. Dan was de kust veilig.

Van buiten dringt gekrijs de kamer in. De meeuwen zijn nog laat op.

De nachtzuster komt binnen. Ze checkt mijn blaas, constateert geen verbetering en geeft me een bekertje water en medicijnen die me rustiger moeten maken. Ben ik zo onrustig dan? Als onrust het probleem is, kan ik pillen blijven slikken.

Kort na het doorslikken van de twee pillen dobber ik het ziekenhuisbed uit en beland in een vreemd hier en nu, dat me desondanks bekend voorkomt.

Soms, tijdens een november- of voorjaarsstorm, code geel, met tientallen vluchten van en naar Schiphol wegens zware windstoten geannuleerd, lag ik 's nachts in bed te luisteren naar het woeden van de wind en vermoedde dan dat mijn vader in de straat verscheen – een vreemdeling zeker die verdwaald was zeker –, in de buurt van het winkelcentrum, dichterbij dan me lief was; en dat hij, uit gewinkeld, nu mijn kant op kwam en elk moment te-keer kon gaan, een woedeaanval, ook al was zijn as veilig uitge-strooid over zee.

En als het onweerde boven Den Haag, rake klappen, wist ik mijn vader in de directe nabijheid, op ooghoogte, en verscheen een hand aan het raam: mijn vaders hand, die zich balde tot een vuist.

43

YOLANDA EN IK deden een dagje Haarlem. Ik was er een eeuwigheid niet geweest. Haarlem leek veranderd. Afgestoft en op-
gefrist, en een stuk levendiger dan ik me uit mijn jeugd herinnerde.

We dronken wat op de bovenste verdieping van warenhuis
Hudson's Bay. Ook vanaf het dakterras viel Haarlem niet tegen, wat
nog niet betekende dat ik morgen het verhuisbedrijf zou bellen.

We winkelden in de zaterdagse Grote Houtstraat, kwamen
bij de Grote Markt en gingen rechtsaf de Spekstraat in. Ik wilde
Yolanda de zaadhandel laten zien waar ik zoveel zomers geleden
had gelogeerd.

Op eenhoog, vlak onder het raam van de kamer die toentertijd voor mijn logeerkamer doorging, hing nog steeds het reclamebord van toen:

Zaadhandel

Kees van Doorn

Alles voor uw tuin

De winkel was open. Yolanda gaf er de voorkeur aan buiten te wachten tot ik klaar was met mijn sentimental journey. 'Maak je het niet te lang, schat, gaat het geen uren duren? Ik wilde graag nog een paar winkels in. Ik weet niet hoe laat ze hier sluiten, maar... Zoveel tijd hebben we niet.'

'Ben zo terug,' zei ik, en ik wilde de winkeldeur opendoen, tussen de twee etalages in, maar bleef voor de ingang staan.

Tijdens de logeerpartijen mocht ik vaak mijn oom in de winkel helpen, hoe onhandig ik ook was. Hoogtepunt was een naderende onweersbui, tegen sluitingstijd. Het werd plotseling donker buiten en in de zaak; het licht flitste en we hoorden de zware donder in de verte, maar het regende nog niet.

'Bart!' riep mijn oom. 'Haal als de wiedeweerga de rekken binnen! Voordat de boel nat wordt!'

Ik reed de rekken met ansichtkaarten, doosjes bloembollen en klompen de winkel in, maar deed de winkeldeur niet achter me dicht en bleef in de deuropening wachten. De eerste druppels vielen. Een stadsbus daverde de Spekstraat door, gevolgd door een haastige fietser en drie voortvluchtige paraplu's.

Het bliksemde boven de stad, en de regen kletterde op straat en op de stoeptegels, en de lucht werd schoolinktzwart.

'Bart! Wat doe je daar?!' riep mijn oom geschrokken terwijl het buiten plensde. 'Doe die deur dicht, ogenblikkelijk! Het is levensgevaarlijk wat je doet. Straks word je door de bliksem getroffen!'

Gehoorzaam deed ik de winkeldeur dicht en draaide deze op slot.

Maar het was niet gevaarlijk wat ik deed. Ik wist zeker dat het onweer me niets wilde aandoen. De elementen waren op mijn hand. Ik had de wolken aan een touwtje.

De winkelbel rinkelde. Ik was er in veertig jaar niet binnen geweest. Maar de bel rinkelde niet anders dan toen. Misschien was ik een stuk ouder geworden, maar de winkel niet.

Ron, de zoon van de vroegere eigenaar, kwam uit het kantoortje achter in de zaak tevoorschijn.

'Goeiemiddag. Waarmee kan ik u van dienst...'

Hij maakte zijn vraag niet af; hij herkende me.

Hij zei dat de zaken goed gingen, z'n gangetje, en dat hij hoopte me spoedig terug te zien. Hij vroeg niet hoe het met me ging. Op mijn vraag hoe het met hem ging, antwoordde hij: 'Hoorde je mij klagen?'

Ik herinnerde me dat Yolanda buiten wachtte.

Toen ik afscheid wilde nemen, zei Ron: 'Eén moment.'

Hij trok een lade in de kast achter hem open – een wandkast met emaillen bordjes met de namen van kruiden en zaden –, haalde er een zakje uit en schoof het over de toonbank mijn kant op.

Het was een zakje zaden van een plant die Levend Steentje heette.

Ik keek Ron aan, maar zijn blik verried niets. Had Ron me door en gaf hij me met opzet de zaden van uitgerekend dit plantje mee? Lastig uit te maken. Hij leek alweer teruggekeerd in zijn eigen wereld, waarin voor mij geen plaats was.

Levend Steentje: dat was wat er na al die jaren van me was geworden, een levend steentje.

Het leven dat voor me lag was een lange mars, die ten slotte

343

overging in een sluiproute, om te eindigen in een kruipruimte onder een steen. Daarna was het wachten tot de steen bewoog.

Op de Grote Markt sloeg een kerkklok zes keer. Wie in de Sint Bavo rustte, wist hoe laat het was.

Ik moest aan Noor denken.

'Als je het niet erg vindt,' zei Ron. 'Ik ga zo sluiten. Heb ik ook nog wat aan mijn weekend.'

'Bedankt,' zei ik. 'Tot ziens.'

Ik verliet de winkel in de wetenschap dat Ron en ik elkaar niet meer zouden zien.

'Waar bleef je?' zei Yolanda. 'Je bent eindeloos lang weggebleven, wat heb je gedaan al die tijd? Ik ben intussen in twee winkels geweest. Wat heb je daar?'

'Levend Steentje,' zei ik. 'Een zakje zaden.'

'Wat aardig,' zei Yolanda. 'Die ga ik direct na thuiskomst in Den Haag in de tuin planten. Wie weet doet het wat.'

Maar de zaden deden het niet. Niet één, zou later blijken. Ik bleef het enige levende steentje bij ons thuis.

Ik richt me iets op en tuur uit het ziekenhuisraam.

De huizen zijn hun grijze zelf. De hele stad oogt flets, evenals de zee die ik dwars door de huizen- en kantoorgevels heen zie liggen. Zelfs de Noordzee oogt grijzer dan grijs, en lijkt op zijn retour.

Ik herinner me hoe ik als kind na een logeerpartij in Haarlem enorm opzag tegen de terugkeer naar Den Haag. Dan droomde ik van de lange gordijnen thuis, zo lang dat je je erachter kon verstoppen, of in de wijdvallende plooien, en dagenlang onvindbaar bleef. Of ik droomde van de zitkamerfauteuils, met hun korte gordijntjes tussen de poten: poppengordijntjes die aan de onderkant van de zitting hingen en tot aan de vloerbedekking reikten;

en dat ik me voor ik-weet-niet-hoe-lang in de schimmige ruimte onder de zitting kon schuilhouden zonder naar eten en drinken te verlangen en in de hoop dat mijn moeder niet plotseling een gordijntje wegrukte; maar dat ik in het verborgene kon blijven, met het donker als dierbaarste kameraad.

44

OP EEN ZONDAGMIDDAG om een uur of halfdrie – ik zat naar de Grote Prijs van Italië te kijken – hoorde ik iemand de trap afkomen. Yolanda, of een van onze zoons?

Max Verstappen had zojuist de bolide van collega-coureur Sergio Pérez geraakt, na een onhandige inhaalmanoeuvre, en verdween de pits in met een lekke voorband. Wilde Max zijn vader Jos achterna, die ooit grossierde in uitvalbeurten? Dat viel niet te hopen.

'Telefoon voor je, boven,' zei Yolanda.

Ze doelde op de vaste telefoonaansluiting die ik allang had zullen opzeggen.

'Dat ding gaat nooit,' vervolgde ze, 'maar nu opeens... Ach, dacht ik, laat ik voor de verandering eens opnemen.'

'Lieverd, als je het niet heel erg vindt... Ik ben de Grand Prix aan het kijken, Monza.'

'Ik kom ook niet naar beneden om je zomaar te storen.'

'Nee, dat vermoedde ik al.'

Ze klonk ernstig, er was ongetwijfeld iets aan de hand wat mijn aandacht vergde, maar ik hield mijn blik strak op het televisiescherm gericht.

'Wil je weten wie er net belde?'

'Nee,' zei ik, 'daar ben ik op dit moment even helemaal niet benieuwd naar, als je er geen overwegende bezwaren tegen hebt.'

'Je zus,' zei Yolanda.

Die had ik niet zien aankomen.

'Mijn zus? Die heb ik in geen twintig jaar gesproken. Dat halfuurtje wachten kan er nog wel bij, toch?'

'Het gaat om je moeder. Daar belde ze over.'

Mijn blik ging van het televisiescherm naar Yolanda.

'Het gaat niet goed met je moeder, begreep ik van je zus. Ze ligt op sterven.'

Ik zette de televisie op stand-by. Daar ging de race.

'Dat verandert de zaak,' zei ik. 'Bedankt voor het waarschuwen.'

Terwijl ik de trap opliep overwoog ik wat ik zou zeggen. Wat zeg je tegen je zus die je twee decennia niet hebt gezien of gesproken? Wat zeg je in zo'n geval tegen elkaar; maak je elkaar een verwijt? Het laatste, mijn zus iets verwijten nu mijn moeder op sterven lag, die vooral haar moeder was – zij had altijd contact met onze ouders gehouden –, leek me de minst wenselijke gespreksopening en niet aan de orde.

Ik nam de hoorn op en zei: 'Ja?'

'Hallo Bart,' klonk het aan de andere kant van de lijn.

347

Ik dacht aan mijn moeder, maar kon me haar gezicht niet goed voor de geest halen, evenmin als dat van mijn zus.

'Dat is lang geleden,' zei ik na een korte stilte van beide kanten. 'Wat aardig dat je belt. Wat is er precies aan de hand? Het gaat niet zo goed met ma, begrijp ik van Yolanda?'

Daarop luisterde ik voor het eerst in jaren naar haar stem, die ik uit duizenden zou herkennen, en die me in sobere bewoordingen op de hoogte bracht van hoe het met ma was gesteld. Niet best, zoveel was duidelijk.

Terwijl ze haar relaas deed dwaalden mijn gedachten onwillekeurig af naar de Grand Prix en naar Max Verstappen. Maar niet heel lang. Daar was gelet op de gevolgen van zijn botsing met Pérez geen reden toe. Het podium of een goede uitslag kon Max gerust vergeten, als hij de finishvlag überhaupt haalde.

'Ben je daar nog?' zei mijn zus.

Met mijn moeder ging het zelfs zo slecht, begreep ik, dat de laatste dagen dat ma nog leefde waren aangebroken. Elk ogenblik kon het afgelopen zijn. Ze nam haar medicijnen niet meer in, at en dronk al dagen niet, zakte weg en raakte steeds meer van de wereld.

'Als je haar nog wilt zien,' zei mijn zus, 'in levenden lijve, of wat daarvoor moet doorgaan, dan zou ik als ik jou was niet te lang wachten met erheen te gaan.

Maar,' voegde ze eraan toe, 'dat is aan jou, natuurlijk. En niet aan mij.'

'Wat doet je vermoeden,' zei ik, 'dat ma me na al die jaren nog zou willen zien?'

'Ze heeft het voortdurend over je, tegen iedereen die het maar horen wil, te pas en te onpas. Ze is dement, zwaar dement zelfs, maar evengoed... Bij herhaling. Dat ze je zo graag wil zien. Soms beweert ze zelfs tegen de verpleging dat je eerder die dag daadwerkelijk bij haar bent langs geweest en aan haar bed hebt gezeten.

"O ja?" zeggen de verpleegsters dan voorzichtig. "Is dat zo, is uw zoon gekomen, na al die jaren, weet u dat heel zeker, mevrouw Chabot?"

"Ja," beweert ze dan, "nou en of. Reuzegezellig. We hebben uren zitten praten, mijn zoon en ik. Hij was heel aardig voor me."

Kortom,' zei mijn zus, 'je komst wordt op prijs gesteld. Maar ik kan me goed voorstellen dat jij er geen behoefte aan hebt om haar te zien, en daar zul je me niet over horen. Het is aan jou.'

Ze wilde het gesprek beëindigen en ophangen.

'Weet je,' zei ik.

'Ja?'

'Ik waardeer het zeer dat je me hebt gebeld.'

'O, dat is...'

'Ik zal zien wat ik kan doen.'

'Dat is helemaal aan jou, daar bemoei ik me niet mee. Dat laat ik aan jou over.'

We hingen op.

'En?' zei Yolanda, die aan de andere kant van de kamer geconcentreerd met haar werk bezig was.

'Heb je het gesprek gevolgd?'

'Voor zover het kon, ja.' Ze richtte zich op en liet haar bezigheden voor wat ze waren. 'En, wat ga je doen?'

'Ernaartoe, denk ik.'

'Wanneer?' vroeg Yolanda.

'Morgen?' opperde ik. 'Aan het eind van de middag?'

'Morgen?' zei Yolanda. 'Je moeder ligt op sterven, het kan elk moment gebeurd zijn, krijg je zojuist te horen, en jij bent van plan om pas morgen... Schat, hoe laat is het nu? Tegen halfvier. Trek je jas aan, dan doe ik dat ook. Het verzorgingshuis is vlakbij, we gaan op de fiets. Morgen...'

Ik dacht aan Monza en aan de race. De slotfase van de wedstrijd brak aan. Max was uitgeschakeld, maar hoe zou het Hamilton vergaan, en Vettel?

'We gaan er nu naartoe,' zei Yolanda. 'Niet straks. Nu.'

'Je hoeft niet mee, hoor,' zei ik. 'Als je liever niet gaat...'

'Ik ga met je mee. Al was het maar omdat je niet weet hoe je moeder op je plotselinge verschijnen reageert.'

'Je bedoelt dat ze zou kunnen gaan huilen,' zei ik, 'of schreeuwen en gillen als ik ineens de kamer binnenloop?'

'Ik sluit niets uit. Mocht je moeder onrustig worden of in paniek raken, dan kan ik haar misschien wat kalmeren en hulp inroepen.'

Dat zag ze mij niet een-twee-drie doen, begreep ik; waar ze mogelijk gelijk in had.

We trokken onze jassen aan en riepen naar de kinderen boven dat we even weg waren.

'Waarheen?' wilde een van hen weten.

'We zijn zó terug!' riep ik in het trapgat naar boven.

In zijn bench in de keuken snurkte Bril rustig verder.

Net als op Monza was het in de Goetlijfstraat zomers weer en zonde om binnen te zitten. We liepen de hal in.

Toen we ons bij de receptie meldden, mochten we gelijk doorlopen, alsof we werden verwacht.

Mijn moeders naam stond op een kartonnen bordje naast de deurpost. Ik klopte. Er volgde geen reactie. Ik klopte nogmaals, luider nu. Opnieuw bleef een reactie uit.

'Misschien slaapt ze,' opperde Yolanda, een inschatting die ik niet weersprak. Het was een zondagmiddag om slapend in bed door te brengen als je oud en der dagen zat was en je je niet voor autoracen interesseerde, of geen behoefte had aan fraai herfstweer.

Ik kon blijven kloppen tot ik een ons woog, maar dat zou ons niet binnen brengen en ik duwde resoluut de klink omlaag en opende de deur.

'Sterkte,' zei ik tegen degene die met me was.

Ik passeerde een keukenblok en een kleine badkamer, Yolanda vlak achter me, en kwam de woonruimte in.

Ze lag te slapen, van ons afgewend met haar gezicht naar een met beige behang beplakte muur.

Ik herkende haar aan haar vingers.

Ik kwam dichterbij, boog me over haar heen en zag haar slapende gezicht. Ze was sterk vermagerd en verouderd: er was niet veel van haar over. Haar huid was een vel geworden dat er zo'n beetje bij hing; alsof ze grotendeels uit haarzelf was vertrokken en verhuisd naar elders: de laatste dozen waren ingepakt en stonden in de gang, klaar om te worden opgehaald. Het wachten was op de verhuiswagen die was besteld en elk moment kon voorrijden: het aftellen was begonnen.

'Zo,' zei mijn moeder toen ze haar ogen opendeed, en me zag en me herkende, 'wie hebben we daar? Dat is een tijdje geleden.'

Ik glimlachte. 'Dag mam,' zei ik – Yolanda beduidde me te gaan zitten – en nam plaats op de stoel naast het bed.

'En jij?' zei mijn moeder tegen Yolanda, die een stoel had bijgetrokken en naast me kwam zitten.

'Ik ben Yolanda.'

'Ja,' zei mijn moeder, 'dat weet ik.'

'Hoe gaat het met u, mevrouw Chabot?'

'Jij werkte toch?' zei mijn moeder.

'Ja, dat klopt, mevrouw Chabot, ik werk.'

'O, ik wil ook werken,' zei mijn moeder. Ze wilde zich oprichten en probeerde iets overeind te komen in bed, wat niet lukte; daarvoor was ze te verzwakt, en ze zakte terug in de kussens. Het leek me niet raadzaam haar rechtop te helpen, wie weet wat voor schade je daarmee kon aanrichten.

'Ik wil ook werken,' herhaalde mijn moeder.

'O ja?' zei Yolanda. 'Dan doet u dat toch?'

'Ja,' zei mijn moeder. 'Bij jou. Ik kan maandag beginnen.'

'Goed,' zei Yolanda, 'dan komt u maandag bij me werken, dat is goed.'

'Mooi,' zei mijn moeder, 'dat is dan afgesproken. Maandag kom ik op kantoor.'

'Afgesproken.'

Plotseling keek ze Yolanda scherp aan en zei wantrouwend: 'Wie ben jij?'

'Ik ben Yolanda. Ik ben met uw zoon getrouwd. Ik ben Barts vrouw.'

Mijn moeder keek naar mij. 'Nee,' zei ze, 'dat kan niet' – ze knikte naar mij –, 'dit is Gé.'

'Mam,' zei ik, 'ik ben het, Bart. Papa is al een poosje weg, hè?'

'Ja, dat weet ik, dat hoef je mij niet te vertellen. Bart. Jij bent Bart, mijn zoon. Ach, dus je bent toch gekomen.'

Ze begon te huilen. Eerst zachtjes, alsof haar lichaam niet genoeg water voorradig had en zich geen verspilling kon veroorloven. Toen begon ze harder te huilen.

Op haar nachtkastje stond een pak Kleenex en ik trok een paar tissues tevoorschijn en bette haar gezicht. Kort daarop viel ze in slaap.

Toen ze een paar minuten later wakker schoot, staarde ze me verwonderd aan.

Ze begon aan een onsamenhangende zin, die ze ook nog eens binnensmonds en vrijwel onverstaanbaar uitsprak. Mijn blik

352

ging naar het glas water op haar nachtkastje, dat een kunstgebit herbergde.

'Mam,' zei ik, 'je moet eventjes je tanden indoen, je gebit. Ik kan je zo onmogelijk verstaan.'

Er verscheen een flauwe glimlach op haar gelaat, en even later viel ze voor de tweede keer in korte tijd in slaap.

Hoe stonden de zaken ervoor op Monza, en zou Max' teamgenoot zich naar een podiumplek hebben gereden? Die kans achtte ik klein, daarvoor was de Renault-motor dit seizoen te vaak te zwak en te onbetrouwbaar gebleken.

Drie kwartier later stonden we op – ik zette de stoelen terug bij de tafel – en liepen naar de deur, zonder dat ze haar ogen opendeed.

De tweede keer dat ik mijn moeder bezocht, een dag later, ging ik alleen.

'Loopt u maar door, hoor,' klonk het bij de receptiebalie. 'U kent de weg, hè?'

'Kijk, daar heb je 'm, dat is 'm,' zei een van de twee bejaarde dames die als een onbezoldigd ontvangstcomité in hun rolstoelen bij de hoofdingang stonden geparkeerd.

'Ja, dat is die Chabot, hè? Ja, nou komt-ie wel, hè. Op de valreep. Nu het bijna over is en het eigenlijk niet meer hoeft.'

'Het zal je kind maar zijn, hè. Kom je dan van een koude kermis thuis.'

Op weg naar de gang passeerde ik hen.

'Dag meneer Chabot,' zei de een.

'Prettige middag, meneer Chabot.'

Na een korte stilte klaterden hun stemmen achter mijn rug alweer op. Ik stond er bij hen niet goed op, zoveel was zeker.

Toen ik mijn moeders kamer binnenkwam was ze diep in

slaap. Ik trok een stoel bij het bed, maar wekte haar niet en gunde haar haar rust. Min of meer op mijn gemak keek ik de kamer rond. Er vielen me geen bijzonderheden op, op een doosje bonbons en een fles rode wijn na op de eettafel. Wie had het idee opgevat om een fles wijn voor mijn moeder mee te nemen? Wilde die soms van haar af?

Ik keek naar buiten – de herfst rukte op – en zag mijn auto staan, een Chrysler Voyager. Hij was zo oud en gebutst en mankeerde zoveel – geen wonder na dik driehonderdduizend kilometer, zelfs de ramen gingen moeizaam open – dat hij dringend aan vervanging toe was.

Eindelijk had ik eens wat tijd om zaken te overdenken waar ik in het dagelijks leven te zelden aan toe kwam, en ik voelde me daar ogenblikkelijk schuldig over. Zat ik aan het sterfbed van mijn moeder, die ik ruim twintig jaar niet had gesproken – de bel had geluid, de laatste ronde was ingegaan –, dwaalden mijn gedachten af naar bonbons, wijn en de al dan niet noodzakelijke aanschaf van een nieuwe auto. Waar zát ik met mijn gedachten en moest ik me niet schamen?

De deur ging open en een verpleegkundige kwam binnen. Het voelde alsof ik gered werd door de gong.

'Slaapt ze?'

'Zo trof ik haar aan toen ik zo-even binnenkwam.'

Ze liep naar het bed. 'Mevrouw Chabot, wakker worden!'

Aan die luid uitgesproken wens gaf mijn moeder geen gehoor.

'Mevrouw Chabot! Wakker worden!'

'Ach, laat maar zitten, hoor,' zei ik. 'Ze ligt er rustig bij, en dat is ook wat waard.'

'Je komt toch zeker niet voor niks? Bovendien, je doet je moeder er een enorm groot plezier mee.'

'Zou je denken?'

'Zeker weten,' zei ze. 'Je had haar vanmorgen eens moeten horen, en gisteravond, toen ik haar waste. In de wolken was ze. "Bart is geweest, en hij is heel lang gebleven. Mijn zoon is geweest, urenlang. Hij week niet van mijn zijde."'

'Wil je een bonbon?'

'Nee,' zei ze, 'ik ben aan het werk, en straks zit er nog drank in ook. We gaan je moeder eens even wakker maken, dát gaan we doen.'

Ze pakte mijn moeder bij de schouders en schudde haar zachtjes heen en weer.

Dat hielp. Er kwam enige beweging in de weinige massa die er van mijn moeder over was, en wat leven.

De verpleegkundige schudde haar opnieuw zachtjes door elkaar, zei op luide toon 'Mevrouw Chabot! Wakker worden!' in haar linkeroor; en nu werd ze wakker.

Toen ze me zag, begon ze te huilen; stilletjes, ingetogen, zonder dat haar broze schouders schokten. Mijn komst mocht haar hebben opgefleurd, maar toch staarde ze me vanuit haar binnenwereld aan alsof ze me nooit eerder had gezien en leek ze zich af te vragen wie die onbekende was die aan haar bed zat en wat hij kwam doen: vragen waar haar hersenpan het antwoord op schuldig bleef.

'Nou,' zei de verpleegkundige, 'ik ga een deurtje verder. Mocht ze opnieuw wegzakken, gewoon in haar oor toeteren en haar bij de schouders pakken en even schudden. Als er iets is, druk je op de rode knop.'

Mijn moeder zei iets onverstaanbaars.

'Mam, zoals ik gistermiddag ook al tegen je zei... Doe me een lol en doe je gebit in.' Ik knipoogde. 'Dat gebrabbel... Je bent echt niet te verstaan.'

Ze glimlachte. En opeens begreep ik waarom ze glimlachte; en ik glimlachte op mijn beurt met haar mee. We hadden elkaar twee decennia niet gezien of gesproken, maar het voelde als vanouds en ze vatte mijn gevoel voor humor; en ik was opnieuw, voor zolang het duurde, de vrucht van haar schoot. Al begrepen we elkaar niet en waren we blijvend uit elkaar gegroeid, een oceaanwijdte, toch begrepen we elkaar; en ik werd, zij het tijdelijk, opnieuw haar zoon.

Ik had nergens spijt van, al viel er veel te betreuren, te veel.

Ik kon haar van alles verwijten, maar ik verweet haar niets. Wat er tussen ons was misgegaan, was onbeduidend geworden en deed er niet langer toe nu de laatste dagen waren aangebroken. Het grote vergeten was begonnen, en het vergeven.

Zo'n soort verzoening had ik mijn vader ook gegund.

Ze sloot haar ogen, moe geworden, deed ze kort daarna weer open en staarde me verwonderd aan. Herkende ze me, of leek ik met mijn zwarte brilmontuur te veel op haar man?

'Heb je wat gegeten vandaag, mam?'

Ze keek me niet-begrijpend aan – in wat voor kamer was ze beland, waarom lag ze in bed? –, maar leek me toen alsnog te herkennen.

'Mam, je moet iets van je boerenkwark met aardbei opeten, echt.'

Ze toverde een flauwe glimlach op haar gelaat.

'Als je dat niet doet, mam, iets eten, dan kom ik niet meer, hoor. Begrijp je dat?'

Ze knikte ten teken dat ze me begreep en wilde met een beverige hand naar het nachtkastje reiken; maar die geringe afstand haalde haar hand niet. Er zat geen vlees meer op haar botten. Ik pakte het kommetje met aardbeienkwark, 'Mond open, mam,' en gaf haar een klein stukje aardbei.

Ze probeerde een paar keer iets te zeggen, of wilde me iets duidelijk maken, wat niet lukte. Ze was er te slecht aan toe om haar kunstgebit in te doen en het had geen zin dat ik haar hielp.

'Het is goed, ma,' zei ik. 'Het is goed zo.'

Ze knikte als een opgelucht kind.

Ik boog me naar haar toe. 'Ga maar slapen, mam,' zei ik. 'Oogjes dicht. Welterusten.'

Gehoorzaam sloot ze haar ogen, dankbaar zelfs; zoals ze gedurende mijn jeugdjaren mijn vader had gehoorzaamd, ook als ze wist dat zij het bij het rechte eind had, en niet hij.

Ik raakte haar hand aan, die ze niet onder het dekbed terugtrok.

Ik wachtte tot ze sliep, wat minder dan twee minuten vergde.

Ten slotte stond ik op, liep naar de deur, keek om en zag tot mijn geruststelling dat ze zo diep in slaap was dat zelfs haar naam toeteren haar niet zou wekken.

'Dag mam, slaap lekker.'

Geruisloos sloot ik de deur en even later stond ik buiten, in de frisse lucht.

Ik kreeg trek in een bonbon.

45

'HAD IK JE verteld,' zei mijn zus, 'dat je bezoekjes ma goed doen? Dat vertelde de verpleging gisteren. Ze leeft er echt van op, van je komst. Niet dat ze ervan herstelt, ze eet en drinkt nog steeds niet en medicijnen innemen ho maar, en dat bijna een week nu, maar...'

Kijk aan, dacht ik, ik kon de bijna-doden tot leven wekken, zij het op strikt tijdelijke basis. Maar toch.

Ik zei dat het me plezier deed dat ik nog iets voor haar kon betekenen.

'Waar ik je voor belde,' zei mijn zus. 'Ik ga morgen niet, de afgelopen weken ben ik dag in dag uit bij ma langs geweest, onder de rook van Dordrecht vandaan, dat hele eind, vaak files, geen opgave hoor, allesbehalve, mij hoor je niet klagen. Maar als jij morgen gaat, prima. Als je het niet erg vindt sla ik een dagje over. Laat het me weten, wil je, als er iets bijzonders is, goed?'

'Dat zal ik zeker doen,' zei ik.

'Afgesproken,' zei ze. 'We spreken elkaar.'

De verbinding werd verbroken en ik legde mijn mobiel op de keukentafel.

'Wilde je morgen naar je moeder?' zei Yolanda, die ook in de keuken was.

'Dat was min of meer de bedoeling.'

'Heel verstandig,' zei Yolanda. 'Dat zou ik zeker doen. Nu kan het nog.'

Van een hoger gelegen verdieping klonk de stem van een van onze zoons. Er werd iets van ons verwacht: wat was onduidelijk.

'Blijf jij maar hier,' zei Yolanda. 'Ik ga wel.'

Terwijl ze de trap naar boven op liep, zag ik mijn moeder voor me: hoe ze in haar kamer op bed lag, vast in slaap. Geen klop op de deur die haar kon wekken. Op het nachtkastje waakte het kunstgebit over haar.

Ik telde mijn knopen. We hadden allen de slag verloren, en het slagveld werd kaler en leger nu. Het werd tijd om de stoffelijke resten weg te slepen, en het wapentuig.

Ik slenterde de tuin in en nam plaats in de rotanstoel op de terrastegels voor de keuken. Bril, ook niet gek, kwam me achterna en ging halverwege de tuin bij de schutting liggen, uit de septemberzon.

'Pap?'

De keukendeur zwaaide open en een van mijn zoons stak zijn hoofd om de hoek.

'Wil je koffie?'

Zijn oog viel op het tuintafereel. 'Pap, die hond is dol op jou.'

Ja, in het dierenrijk mocht ik me in een zekere populariteit verheugen. Maar ik betwijfelde of mijn zoon hetzelfde zag als ik. Bril lag niet in de tuin om maar bij me te zijn of om me te beschermen. Nee, hij lag me in de gaten te houden. Waaks. Was het oppassen geblazen met mij? Of hield zich iets op in de tuin wat zich aan mijn waarneming onttrok?

Kort nadat Yolanda de volgende dag vervroegd van haar werk was thuisgekomen, tegen vijven, fietsten we naar het verzorgingshuis. Het was nog licht.

'Loopt u maar door, hoor,' klonk het vanachter de receptiebalie. De twee bejaarde dames in hun rolstoel waren niet van de partij. Ze zouden toch niet zijn overleden?

Toen mijn moeder me zag begon ze zachtjes te huilen.

'Hoe is 't, mam?' zei ik. 'Voldoende uitgerust om uit je bed te springen? Morgen is de eerste dag van de Avondvierdaagse, daar wilde je zo graag aan meedoen, toch? Daar heb ik je voor ingeschreven, dat weet je, hè? Tien kilometer door de duinen wandelen, met een medaille toe. Nou, dat moet voor iemand met jouw conditie een makkie zijn, mam.'

Het huilen nam af en door haar tranen heen brak iets van een glimlach door.

Ik trok een stoel bij en ging naast haar bed zitten, ter hoogte van haar hoofdkussen.

'Ja, ga jij maar bij je moeder zitten,' zei Yolanda, 'dan doe ik de bloemen.'

Het boeket was me bij binnenkomst niet opgevallen, maar ik zag wat Yolanda bedoelde. De bloemen in de vaas op de vensterbank waren aan het eind van hun Latijn. De vloerbedekking lag bezaaid met bloemblaadjes.

'Ze hoeven nog niet weg,' zei Yolanda, 'ze hebben alleen vers water nodig.' Ze tilde de vaas op en nam hem mee naar de keuken.

Ik keek mijn moeder aan, die op haar beurt mij aankeek. Kon ik nog iets voor haar doen of betekenen, hoe onbeduidend ook?

Het dekbed bewoog en een benige hand kwam met moeite tevoorschijn, rees iets boven het dekbed uit en zocht naar me, alsof de hand er een eigen leven op na hield en, ongeleid, niet goed wist waar ik me bevond. Ik herkende mijn moeders hand en het zichtbare deel van haar onderarm. Haar huid was een velletje, dun als sigarettenpapier, dat vrijblijvend om haar botjes zat. Ik stak mijn hand uit. Onze handen ontmoetten elkaar halverwege boven het dekbed. We kwamen dichter bij elkaar dan we sinds mijn geboorte waren geweest. Ze legde mijn hand op haar borst, bij haar hart, en liet me niet meer los. Ze was mijn moeder en mijn hand was van haar. Haar bezit. Een eigendomsrecht dat ik niet bestreed.

Op de achtergrond hoorde ik een lopende kraan, en Yolanda die met de vaas bezig was.

Zonder te hoeven huilen keek mijn moeder me aan. Terwijl we niets zeiden, geen woord, begrepen we elkaar uitstekend.

Yolanda zette de vaas in de vensterbank en trok een stoel bij.

Mijn moeders hand verstevigde haar greep.

Zo zaten we een tijdje. De stilte in de kamer voerde de boventoon.

Ik keek op toen een bescheiden klop op de deur klonk.

Tot mijn verbazing stapte mijn zus de kamer binnen. Ik herkende haar, maar was ik haar op straat tegengekomen, dan had ik haar waarschijnlijk zonder een blijk van herkenning en zonder iets te zeggen gepasseerd, zozeer was ze veranderd.

Ze was dus toch gekomen.

'Ja,' zei mijn zus, 'ik dacht: ik kom toch maar, het zijn tenslotte de laatste dagen, je weet maar nooit.'

Ze liep naar mijn moeder toe, die nu onze moeder was, boog zich over haar heen en kuste haar licht op het voorhoofd.

'Zo, moeder,' hoorde ik mijn zus zeggen. 'Hoe is het met u vandaag?'

Er volgde geen antwoord van de kant van het bed.

'Heeft u een beetje geslapen vannacht?'

Ze trok een stoel bij. Yolanda wilde opstaan om plaats te maken, maar dat wimpelde mijn zus af. 'Nee hoor, dat hoeft niet, ik ga hier wel zitten.'

Ze zette haar stoel bij het voeteneind en nam plaats. 'En, heeft u al wat gedronken vandaag, een beetje water, of iets gegeten?'

Mijn moeder schudde van niet.

'Leuk hè, dat Yolanda en Bart er zijn, vindt u niet?'

Mijn moeder knikte van ja. 'Fijn,' zei ze nauwelijks hoorbaar.

'Hoe vindt u dat, mevrouw Chabot,' zei Yolanda, 'dat uw twee kinderen herenigd zijn om uw bed?'

'Ja,' bracht mijn moeder met moeite uit, en ze glimlachte een glimlach die ik sinds mijn jongste jaren niet meer op haar gezicht had gezien.

Daarmee waren de woorden op: we deden er allen het zwijgen toe. Opnieuw nam de stilte bezit van de kamer. Af en toe deed mijn moeder haar ogen dicht en meende je dat ze in slaap viel of zelfs sliep, maar haar hand hield de mijne stevig omklemd.

'Nou,' verbrak mijn zus na een tijdje de stilte, 'ik geloof dat ik net zo goed niet had hoeven komen.'

'Zo moet je het niet zien,' zei ik. 'Ik ben gewoon the new kid in town. The new kid on the block, dat is alles. Voel je vooral niet te veel.'

Korte tijd later leek mijn moeder in slaap gevallen; maar ze deed haar ogen spoedig weer open, angstig.

'Het is goed, mam,' zei ik. 'Het is goed.'

'Ja?' fluisterde ze.

'Ja, mam.' Ik streek met mijn vrije hand over haar haren en voorhoofd.

'Je hebt het goed gedaan, mam.'

'Ja?'

'Je kunt naar papa toe.'

'Ja?'

'Ja, mam,' zei ik. 'Je mag naar papa toe.'

Stilte.

'Ga maar,' zei ik. 'Ga maar.'

'Ja.'

'Je hebt het goed gedaan, mam. Het is goed. Het is goed zo.'

Ze wilde iets zeggen, maar er ontsnapten alleen kleine luchtstootjes aan haar mond; meer niet. Vier ademstootjes, 'Huh-huh-huh-huh', die ik niet kon thuisbrengen omdat elke mogelijke betekenis me ontging.

'Wat zeg je, mam? Wilde je iets zeggen, mam?'

Opnieuw stootte ze vier ademwolkjes uit, nog minder krachtig nu.

'Wat wil je zeggen, mam?'

'Huh-huh...'

Ik knipoogde. 'Mam, je weet, je moet écht je gebit indoen, anders...'

'Huh...'

'Versta je niet wat ze zegt?' zei mijn zus.

'Nee, eerlijk gezegd niet, nee.'

'Ze zegt dat ze van je houdt. Huh-huh-huh-huh. "Ik-hou-van-jou".'

Ik keek mijn moeder aan en kneep in haar hand, maar niet te stevig, uit angst een vingerkootje of een ander broos botje te beschadigen.

'Ik ook van jou, mam,' zei ik. 'Ik hou ook van jou.'

Ze sloot haar ogen en slaakte een zucht. Opnieuw verwonderde ik me erover hoe leeggelepeld ze oogde, en hoe weinig er van haar over was.

De kamer werd een wachtkamer. Soms klonk geluid op de gang, voetstappen, een deur die dichtging: geluiden die uit een andere wereld kwamen; daar hoorde deze ruimte niet bij. De kamer stolde: de serene rust, het schaarse meubilair, de opgehangen jassen aan de kapstok, en de tijd in de kamer. Veertig, vijftig jaar onbegrip, leed en onmin lieten we in een ommezien achter ons. Dat we elkaar zo lang niet hadden gezien, deed er plotseling niet toe: daar hingen zware gordijnen voor, die afdekten wat diende afgedekt. Wat geweest was, lag op een veld ver hiervandaan, waar een enkel karkas nasmeulde. Onze kleine burgeroorlog was voorbij, haast zonder dat we er zelf erg in hadden, al was de vrede nog niet getekend en bezegeld.

De deur ging open en een verpleegkundige kwam binnen die controleerde hoe het met de patiënt ging.

'Ach, wat drijft ze weg, hè,' zei ze meer tegen mijn moeder dan tegen ons. 'Ze glijdt met de dag meer af. We hadden het er van de week met de collega's nog over... We dachten een week, tien dagen geleden al, die haalt de avond niet meer, of wie weet zelfs de middag niet eens. Maar ze is een taaie, hè, en dat hart weet niet van ophouden. Dat slaat maar door. Hamertje-tik.'

Toen, tegen ons: 'Wilt u misschien een kopje thee, of iets anders?'

'Nee,' zei mijn zus, 'ik ga zo maar eens op huis aan, ik moet nog naar Dordrecht. Ik kom morgen aan het eind van de dag terug.'

'Als gezegd, voel je niet te veel,' zei ik.

'Dat voel ik me ook niet,' zei mijn zus.

Terwijl de verpleegkundige op de gang thee voor Yolanda en mij haalde, namen we afscheid.

'Mocht er iets zijn...'

'Dan weten we je te vinden,' zei ik.

'Dag moeder,' zei mijn zus met haar jas aan. Ze boog zich over het bed en kuste haar op het voorhoofd. 'Slaapt u maar lekker. Tot morgen.'

'Nee hoor,' hoorden we de verpleegkundige op de gang zeggen, 'laat u de deur maar open.'

We luisterden naar de voetstappen van mijn zus, die snel wegstierven.

'Mijn dienst zit er bijna op,' kondigde de verpleegkundige aan nadat ze de thee voor ons op het nachtkastje had neergezet. 'Ik ga zo naar huis. Als ik u niet meer zie... Nog een prettige avond.'

De deur ging dicht, onzacht, en mijn moeder schrok en liet mijn hand los. Ze deed haar ogen open: een bang kind.

'Het is goed, mam,' zei ik. 'Het is niks, een deur die dichtsloeg, dat was alles. Het is goed.'

Haar hand zocht de mijne, vond 'm ook, omvatte hem, verstevigde de greep en wilde 'm nooit meer loslaten.

'Het is goed, mam. Het is goed.'

'Ja...'

'Je hebt het goed gedaan.'

'Ja...'

De greep op mijn hand verslapte.

'Ik hou van je. Ik hou van jou.'

'Ja...'

Ze kneep in mijn hand, lichtjes. Meer kracht had ze niet.

'Wil je naar papa toe, naar Gé?'

'Ja...'

'Ga maar, mam. Het is goed zo. Je hebt het goed gedaan. Ga maar naar papa toe. Ga maar naar Gé.'

'Ja...'

'Die wacht op je.'

'Ja...'

'Het is goed zo, mam. Het is goed.'

'Ja...'

'Ik hou van je, mam. Je hebt het goed gedaan. Ga maar naar Gé toe. Hij wacht op je. Het is goed zo, mam. Het is goed.'

Dit keer volgde er geen 'ja'.

Het was laat geworden en het verzorgingshuis voelde aan als een kantoor na kantoortijd. Verreweg de meeste bezoekers waren vertrokken. Het parkeerterrein, zag ik uit het raam, was op een enkele auto na leeg.

Buiten nam het licht af; niet zozeer vanwege de schemering, maar dankzij een naderende regenbui.

'Kom, laten we gaan,' stelde Yolanda voor. 'Je moeder slaapt, ze is rustig. En dadelijk bellen de kinderen om te vragen waar we blijven.'

Bij de deur gekomen, met mijn hand op de deurklink, keek ik om, alsof ik voorvoelde dat het de laatste keer zou zijn dat ik haar in levenden lijve zag.

Ze sliep.

Pas nu viel me op dat de doos bonbons en de fles rode wijn van de eetkamertafel waren verdwenen.

46

'JA?' ZEI IK.

We waren laat thuisgekomen en waren druk bezig in de keuken om een maaltijd voor de jongens klaar te stomen toen mijn mobiel ging.

'Met mij,' zei mijn zus.

'Zo spreek je elkaar nooit,' zei ik, 'en zo spreken we elkaar om de dag.'

'Ja, het is me wat,' zei mijn zus. 'Ter zake. Waar ik je voor bel...'

'Voordat je verdergaat,' onderbrak ik haar.

'Ja?'

'Totdat jij me zondag belde, wist ik niet beter dan dat ma...'

'O, ik begrijp 't,' zei mijn zus, 'je vraagt je af hoe het zo gekomen is. Zal ik je vertellen. Het begon met de dood van pa, vorig jaar. Het werd minder en minder, en minder. Kort daarna kwam ze ten val en daarmee begon het gedonder. Ze werd vergeetachtig, en dat in steeds sterkere mate. Vorige maand was het opnieuw raak. Ze ging naar de Scheveningse markt, donderdags, je weet wel, in de Stevinstraat. Mooi weer, zonnetje, ze gaat op een terras zitten en bestelt koffie, die vervolgens niet snel genoeg kwam naar haar zin. Je kent ma, het duurde haar allemaal te lang. Ze is opgestapt, liep over de markt, struikelde tussen twee kramen, kwam ten val en sloeg met haar achterhoofd op de disselboom van een van die kramen, met een gruwelijke wond tot gevolg. Per ambulance is ze opgehaald en naar het Westeindeziekenhuis overgebracht. Zat ze vier dagen met een enorme tulband om haar hoofd, net een droogkap, en in haar bebloede donderdagse kleren. Vraag me niet waarom. Dagenlang, onder het bloed, in dat vrolijke zomerjurkje van d'r. Begrijp jij het, begrijp ik het. Na een hersenscan bleek ze in een vergevorderde staat van dementie. Ze kon niet terug naar huis, uitgesloten, en mocht per direct geen auto meer rijden. Vooral het laatste hakte erin, daarmee was ze haar vrijheid kwijt, en haar onafhankelijkheid. En dat voor ma. Lang verhaal kort: ze trok die donderdagochtend de voordeur achter zich dicht en heeft die nooit meer opengedaan. Ze is nooit meer thuis geweest. We wisten haar te plaatsen in Oostduin, tegenover haar huis, waar pa en je oma ook hun laatste jaren sleten. Eenmaal in Oostduin liet ze al snel alles los. Ze wilde niet meer; opeens was het op. Ze wilde weg uit dit leven. Gé was ze kwijt, met jou waren alle banden verbroken en daardoor kreeg ze haar vier kleinzoons niet te zien... ga zo maar door. Alleen, haar hart bleef kloppen, dat wilde van geen stoppen weten. Al met al heeft het na haar val in Scheveningen geen twee maanden meer geduurd.'

Het mocht dan een lang verhaal kort zijn, het bleef een lang verhaal en mijn zus gunde zichzelf een adempauze.

'Maar goed,' vervolgde ze, 'om terug te komen op waar ik je voor belde... Ma. Je hebt vanmiddag met eigen ogen kunnen constateren hoe ze eraan toe is. De onrust. Wat zou helpen zijn morfinepleisters. Punt is, dan loop je het risico dat ze erin blijft. Krijgt ze morfinepleisters, dan moeten we daaraan voorafgaand afscheid van haar nemen. Vandaar dat ik je bel. Wat vind je?'

'Ik weet 't niet,' aarzelde ik.

Ik zag de late glimlach op mijn moeders gezicht voor me.

'Wat weet je niet?'

'Op de een of andere manier spreekt het idee me niet erg aan. Jou wel? Nogmaals, niet dat ik recht van spreken heb, jij hebt de vrije hand... Maar toch.'

Korte tijd later hingen we op zonder tot een gezamenlijk besluit te zijn gekomen.

De volgende ochtend reed ik naar Drenthe, checkte in in een hotel en ontmoette 's middags de cameraploeg waarmee ik twee dagen op reportage zou gaan.

Na afloop van de tweede draaidag was ik moe. Het leek me niet verantwoord om na het avondeten met de crew nog vanuit Assen naar Den Haag terug te rijden. Ik had twee nachten slecht geslapen.

Hoe zou het met mijn gezin gaan, en met mijn moeder? Ik had gehoopt hen tussendoor te bellen, maar daar was het behoudens twee korte telefoontjes in alle drukte niet van gekomen.

'Jij rijdt niet terug vanavond,' zei de producente, 'onder geen voorwaarde. Je moet straks voor de aardigheid eens in de spiegel kijken hoe je eruitziet. Afgemat. Je krijgt van mij een extra hotelovernachting. Ik ga nu bellen.'

Na het eten dronken we nog wat, daarna scheidden de wegen en ik vertrok naar mijn hotel. Op de kamer gekomen belde ik Yolanda. 'Nee, geen bijzonderheden. Met je moeder gaat het redelijk, naar omstandigheden, en de kinderen... Hoe is 't bij jou?'

Kort daarna hingen we op, ik nam een douche en stapte bekaf in bed. Ik zette de tv aan, zette 'm weer uit en luisterde geruime tijd naar het kleinsteedse rumoer buiten. De uren gingen traag. Ik dacht aan mijn moeder, maar wist niet wat ik nog voor haar kon doen. Af en toe leek het of onze verzoening in werkelijkheid niet had plaatsgevonden, al wist ik beter.

De wekker ging in het holst van de nacht af, naar mijn gevoel – al was het buiten licht, zag ik door de dunne gordijnen – en ik zette hem uit. Toen ik wakker werd was het ontbijt voorbij, maar daar maakte de hotelier geen punt van: ik kon alsnog ontbijten. Daarna checkte ik uit en verliet de stad: niets wat me nog aan Assen bond.

Ondanks de paar uur slaap voelde ik me spoedig slaperig worden achter het stuur en ik verliet de snelweg – een korte pauze was welkom – en stopte bij een benzinestation. Ik checkte mijn mobiel. Tussen de berichten zat een sms'je van mijn zus.

'Belde je, maar kreeg je niet te pakken. Daarom maar zo. Mama is vanmiddag vredig ingeslapen. Tegen zes uur wordt ze afgelegd. Als je haar nog wilt zien, wacht dan niet te lang.'

Het werd tijd om mijn zus te bellen, voor het eerst in twintig jaar.

'Dat is waar ook,' zei ze, 'je zat in Drenthe ja, dat was me in alle drukte ontschoten.'

'Hoe staan de zaken ervoor?'

'De kist,' zei ze, 'wordt vanavond nog naar het rouwcentrum overgebracht. Met het deksel dicht. Ik kom er net vandaan en ben nu in hun huis aan de overkant, wat dingen uitzoeken, en ga zo terug. Bereid je vast voor, je wordt er niet vrolijk van als je haar ziet. Daarom heb ik besloten de kist dicht te doen en niet te heropenen, dat is voor iedereen beter. Vandaar dat ik sms'te: "Wacht niet te lang". Kom je straks langs, met Yolanda? Goed, zie ik jullie daar. Ze ligt gewoon in haar eigen kamer. Tot zo.'

Daarop belde ik Yolanda.

'Waar sta je langs de weg?'

'Goeie vraag,' zei ik. 'Heb ik in de gauwigheid niet op gelet. Achter een benzinestation, eentje van Texaco.'

Ik trof mijn zus aan in mijn moeders kamer. En zag mijn moeder.

'Ze ligt er vredig bij,' jokte ik.

'O ja?' zei mijn zus. 'Vind je?'

Ze lag er verre van vredig bij. Ze zag er geteisterd uit; alsof ze door demonen was gekweld, die haar pas na haar laatste ademtocht met rust lieten, áls ze haar rust gunden.

Tot mijn opluchting ging de deur open en stapte Yolanda naar binnen.

'Je hoeft niet te zeggen,' zei ik, 'dat ze er vredig bij ligt, want dat doet ze niet. Dat vindt mijn zus ook.'

'Nee,' zei Yolanda, 'jullie moeder ziet er niet uit alsof ze het erg naar haar zin heeft gehad het afgelopen etmaal.'

'Goed,' besloot mijn zus, 'de mensen van de uitvaartonderneming komen zo, ik had ze eigenlijk al verwacht. Ze zullen toch niet verdwaald zijn? Dan wordt ze afgelegd, door de heren van de laatste verzorging, en gewassen en gekleed. De kleren voor in de kist heb ik al uitgezocht; en dan gaat ze de kist in. Met het deksel erop. Daar hoef ik verder niet bij te zijn, ik hou 't voor gezien hier. Zoals ze er bij ligt, daar doe je toch niemand een plezier mee? De nabestaanden niet, de familie niet en haar vrienden en vriendinnen niet, dus dat moeten we elkaar besparen. Van hieruit gaat ze vanavond nog naar het mortuarium, Eyckelenburg, waar ze woensdag wordt gecremeerd. Mee eens?'

Ik zei dat ik me er goed in kon vinden, wat ook zo was, en herhaalde dat deze beslissingen aan haar waren en niet zozeer aan mij.

'Bart, als je het niet erg vindt loop ik naar de overkant. Er moet nog van alles geregeld, de crematie, het hoe en wat, de kaarten... Lopen jullie mee? Er valt genoeg te bespreken, aan gespreksstof geen gebrek.'

Het moment van afscheid nemen naderde.

'Of willen jullie meemaken,' vroeg mijn zus, 'hoe ma wordt afgelegd?'

'Nee,' zei ik, 'niet per se. Ik kan wel zonder.'

'Zullen we dan maar?'

We keken een laatste keer naar mijn moeder, die weliswaar op bed lag, maar uit de kamer was verdwenen en de planeet achter zich had gelaten.

Terwijl Yolanda en mijn zus naar de deur liepen, aarzelde ik. Mijn zus deed de deur open en liet Yolanda voorgaan, de stille grijze gang op.

Ik pakte mijn jas, die over de stoel bij de eetkamertafel hing, en wilde deze aantrekken. Buiten was het koud, binnen was het kouder.

Ze mocht dan aan de kamer zijn ontstegen, toch durfde ik er een lief bedrag om te verwedden dat mijn moeder ons gesprek van zo-even had gevolgd.

Ik wilde de kamer verlaten, maar keek nog één keer om. Toegegeven, de vrouw die op bed lag leek sterk op mijn moeder, een dubbelganger; maar mijn moeder was het niet. Vergiste ik me en was mijn moeder helemaal niet ver weg, maar juist vlakbij en om me heen?

Ik deed alsof ik de deur van het vertrek achter me dichttrok, maar liet deze op een kier openstaan zodat degene die zich in het vertrek bevond de kamer naar believen kon verlaten.

'Waar blijf je?' hoorde ik Yolanda op de gang zeggen. 'Kom je, schat?'

47

WE STAKEN DE straat over, kwamen bij het portiek waar mijn ouders hadden gewoond en gingen de twee trappen op naar de voordeur van hun appartement. Mijn zus stak de sleutel in het slot.
'Na jullie,' zei ze.

De kleine hal gaapte me aan met een meubelstuk en een kapstok en een vaas die ik van vroeger kende, en hetzelfde gold voor
de gang en de kamers van het huis.

'Welkom,' zei mijn zus. 'Zijn jullie hier nog nooit geweest, in
al die zeventien jaar dat ze hier woonden niet? Je meent het.'

Ik was terug te midden van de decorstukken waar ik een eeuwigheid geleden van tussen vandaan was gekropen. Alleen konden de antieke stoelen, tafels en bijzettafeltjes, de twee Engelse

clubfauteuils, de schemerlampen en de talloze snuisterijen die ze in de loop van hun huwelijk hadden verzameld me nu geen kwaad meer berokkenen.

'Ga zitten,' zei mijn zus. Ze wees met een uitnodigend gebaar naar de eetkamertafel die, met een glanzend tafelblad, onbewogen toekeek. 'Neem een stoel en maak het jezelf gemakkelijk.'

Yolanda en ik namen onwennig plaats.

Mijn zus trok een besteklade onder de tafel open en hield een mes op, eentje met een zwart handvat. 'Herken je deze nog?' Met dat bestek hadden we onze hele jeugd gegeten. En met dat mes in mijn hand had ik, op een grauwe doordeweekse namiddag, tussen de jassen onder de kapstok gewacht.

Ze legde het mes terug en schoof de la dicht.

Toen ik opkeek, keek ik recht in de schilderijen die ik uit mijn jeugd kende.

De schilderijen leken net zo verbaasd als ik dat we elkaar na zoveel jaren terugzagen, maar ze kwamen niet van de muur.

'Goed, nu we toch bij elkaar zijn, kunnen we misschien een paar zaken bespreken, waarom niet.'

'Zoals daar zijn?' zei ik.

'Willen jullie met jullie namen op de kaart, en al dan niet met jullie kinderen? Op jullie oudste na, Sebastiaan, hebben pa en ma geen van de andere kleinzoons ooit gezien, toch?'

'Daar noem je wat,' zei ik. 'Toen pa overleed...'

'... speelde dit niet,' zei mijn zus, 'maar nu...'

'Het hangt ervan af,' zei ik. 'Zijn wij welkom op de... Wat wordt het, zei je, een crematie of een begrafenis?'

'Een crematie. Dat wilde je vader zo, en je moeder ook. Daar waren we vlot uit, op dat punt geen onduidelijkheden.'

'Blijft de vraag,' zei ik, 'zijn we welkom?'

'Lijkt me wel,' zei mijn zus. 'Goed, niet iedereen zal even

enthousiast worden van het nieuws dat jij komt, Bart, maar...'

'Liggen de zaken zo?' vroeg ik.

'Wat denk je zelf? Ik kan er een paar noemen voor wie jouw komst genoeg reden zou kunnen zijn om bij de crematie weg te blijven.'

'O ja?'

'Wat had je dan gedacht? In hun ogen heb je er niets aan gedaan, aan je ouders, al die jaren niet, en ineens duik je op, duveltje uit een doosje, ter gelegenheid van je moeders overlijden. Tja, dat vergt enige uitleg voor sommigen. En een enkeling zal met die uitleg geen genoegen willen nemen, dat kan ik je op voorhand vertellen. Kijk, je kunt ruzie met je ouders hebben, hoogoplopende ruzie zelfs, zozeer dat je besluit elkaar niet meer te zien. Maar jij bent een paar stappen verder gegaan in de ogen van de familie. Jij hebt de vuile was buiten gehangen, goed zichtbaar voor Jan en alleman. En dat niet één keer... Was het daar maar bij gebleven. Maar nee, in bijna elk interview de voorbije jaren komt het aan de orde, de slechte band met je ouders. Dat vergeven sommigen binnen de familie je niet. Voor hen ben je een paria die ze nooit ofte nimmer nog in hun midden zullen dulden, daar moet je je rekenschap van geven. Wat denk je dat die vraaggesprekken met jou voor pa en ma hebben betekend? Vooral voor pa. Die kwamen als een mokerslag binnen, krantenartikel na krantenartikel. Ze hebben daar zo onder geleden. Ma ook, maar pa... En wie kon er naar Den Haag rijden en pa en ma opvangen of soms urenlange telefoongesprekken voeren als jij weer eens...? Daarbij komt nog dat je ouders zich niet konden verdedigen, zij hadden geen toegang tot de media.

Maar goed, laten we het gezellig houden. Ik bel ze van tevoren, de probleemgevallen. Ik praat ze bij en leg ze de nieuw ontstane situatie uit, en dan merken we het vanzelf, hè, wie er volgende week komt opdagen en wie niet.'

Mijn behoefte om me tegen de aantijgingen te verweren, of iets tot mijn verdediging aan te voeren, was gering. Om niet te zeggen: nihil. Wat had dat voor zin? Wie het niet wilde begrijpen, zou het nooit begrijpen.

'En die nieuw ontstane situatie is?' zei ik.

'Dat jij en je moeder... jullie hebben je verzoend. De verzoening. Ik heb dat met eigen ogen kunnen constateren. Je komst deed ma zichtbaar goed. Ze straalde. Ze straalde echt, een hemelse blik. Iedereen in het verzorgingshuis heeft het erover. Maar dat neemt niet weg dat... Nee, je zult door menigeen niet warm worden begroet of met open armen ontvangen, reken daar vast op en stel je erop in. Daar kun je je iets bij voorstellen, toch?

Goed, dus jullie komen, jullie namen komen op de kaart en jullie verschijnen op de crematie en de afscheidsbijeenkomst. Hoe willen jullie op de kaart worden vermeld?'

Anderhalf uur later was doorgesproken wat er doorgesproken diende te worden: de zitting liep ten einde.

'Blij te merken,' zei mijn zus terwijl ze de papieren bijeenveegde, 'dat je het ermee eens bent, met mijn keuzes.'

'O,' zei ik, 'it's all up to you. En al zou ik het er niet mee eens zijn geweest, dan had ik nog geen recht van spreken, na de Grote Stilte van mijn kant.'

'Zo denk ik er ook over. Was je het met me oneens geweest, had ik het toch gedaan zoals het mij goeddunkt. Niettemin, blij dat je je in mijn beslissingen kunt vinden.'

Ze stond op van tafel en pakte haar jas, die ze op de stoel naast haar had gelegd.

Ik keek een laatste keer naar de meubels, de Friese staartklok en het antieke vogelhuis met de porseleinen vogeltjes die mijn vader jarenlang had verzameld. De kans dat er op een dag eentje in gefluit zou losbarsten, achtte ik gering; maar ik sloot niets uit.

'Wil je iets hebben,' vroeg mijn zus, 'van pa en ma's huisraad?'

'Dank je voor het aanbod,' zei ik. 'Maar ik moet er niet aan denken.'

De spoken uit het verleden bleven je achtervolgen. Waarom zou ik die spoken uit vrije wil via een voorwerp, of voorwerpen, alsnog zelf in huis halen en voor mijn geestesoog oproepen? Waarom zou ik?

'Dan gaat het met een opkoper mee die ik vond. Voor een zacht prijsje. De antiekprijzen zijn ingestort. Niemand wil het hebben, zelfs die opkoper had zo zijn twijfels. Antiek is tegenwoordig maar een habbekrats waard.'

Ik keek naar de door mijn ouders liefdevol verzamelde boedel waar geen mens op zat te wachten.

'Goed,' besloot mijn zus, 'tot slot, is er nog iets, had je nog een andere vraag, of vragen?'

Ze schoof haar stoel aan – we volgden haar voorbeeld – en pakte de voordeursleutel uit haar jaszak.

Ik keek uit het raam aan de voorkant en zag het verzorgingshuis tussen de bomen schemeren. Hun voorland, Oostduin, dat zeventien jaar het uitzicht was geweest: een kijkje op het gebouw waar ze – net als mijn oma uit Scheveningen – hun laatste dagen sleten en zouden eindigen.

'Laten we gaan,' zei mijn zus en liep de gang in.

Ik huiverde en kreeg opeens sterk de indruk dat mijn moeder zich in een van de achterkamers ophield. Ik had de deur van haar kamer aan de overkant niet voor niets op een kier gelaten.

Mijn moeder had de hint begrepen en kwam me achterna.

'Jij rijdt nu terug naar Dordrecht?' vroeg Yolanda toen we buiten stonden.

'Dat was ik wel van plan, ja.'

'Heb je dan al gegeten?' zei Yolanda.

Nee, dat was erbij ingeschoten, zei mijn zus. Het was misschien niet eens zo'n slecht idee om eerst iets te eten alvorens de terugreis te aanvaarden. Wisten wij iets in de buurt, een rustige eetgelegenheid: aan drukte en feestgedruis had ze geen behoefte.

'We kunnen,' stelde Yolanda voor, 'naar 't Paviljoentje gaan, een eetcafé op een sportcomplex, tussen de tennisbanen en de voetbalvelden in.'

Kort na elkaar kwamen we aan en namen plaats in een zijzaaltje waar het rustig was.

Ik vroeg mijn zus naar de laatste dagen van mijn vader.

'Pa?' zei mijn zus. 'Grappig dat je naar hem vraagt. Het was niet bij me opgekomen dat je daar belangstelling voor zou kunnen hebben. Maar ziedaar, het kan verkeren. Pa eindigde zwaar dement in de gesloten afdeling van Oostduin. Terwijl-ie daar eigenlijk iets te goed voor was. Zaten ze daar, de patiënten, elkaar aan de haren te trekken. Ze lieten het eten en drinken uit hun mond lopen, lieten alles lopen, ook tussen hun benen; en daar zat pa dan rechtop de hele dag tussen, in zijn rolstoel, met een colbertje aan en een stropdas om. Een heer. Hij heeft tot het laatst zijn waardigheid behouden.'

Ze liet een stilte vallen die ik niet wenste op te heffen.

'Weet je,' zei mijn zus, 'wat zijn grootste angst was?'

Ik zei dat ik dat niet wist, dat ik daar hooguit naar kon gissen.

'Soms zag hij, meestal 's nachts, maar ook af en toe op klaarlichte dag, mensen uit de vloer omhoogkomen. Eerst de hoofden, tussen de planken opschietend, en vervolgens de ledematen. Schouders, een romp, armen, de handen, om zich heen tastende vingers... Kun jij je de tantes Bonarius nog herinneren, die op de Wagenweg in Haarlem woonden? Tante Annie en Ali, in het statige herenhuis tegenover de Haarlemmerhout. Ja, klopt, daar

379

gingen pa en ma eens in de zoveel maanden heen...'

'Eens per half jaar,' zei ik.

'... als de NSU het deed en het volhield, en dan moesten jij en ik mee, of we wilden of niet, een middag lang opzitten en pootjes geven. Je weet, in de oorlog zat pa bij de tantes ondergedoken. Was er onraad, dan kroop hij de schuilruimte in onder het twee-persoonsbed in een van de slaapkamers, en trok het luik boven hem dicht dat met een stuk tapijt of vloerkleed was afgedekt. Ik vermoed dat het daarmee te maken heeft, pa's angst. Zijn geest speelde hem parten. Daar had hij het vaak over, het schrikbeeld dat hij mensen uit de grond omhoog zag komen.'

Het kwam me bekend voor, wat mijn zus vertelde.

Van jongs af aan was ik door zulke visioenen bezocht. Dat steen gewillig verschoof, een graf openging; een kerkhofboom die behulpzaam een stapje opzij zette en plaatsmaakte, en een overle-dene die opstond omdat hij of zij ten tweeden male tot het leven werd geroepen. Misschien hadden mijn vader en ik meer gemeen – op een niet uit te leggen kronkelige manier – dan ik tot nu toe had vermoed, of dan me lief was.

De ober kwam de bestelling opnemen.

'Het gekke is,' vervolgde mijn zus, 'je weet dat pa de laat-ste jaren van zijn leven een bochel had? Nee, hoe zou je dat ook moeten weten?' verbeterde mijn zus zichzelf. 'Dat had je alleen geweten als je hem had gezien. Kromgegroeid. Een gebochelde. Op het laatst was het zo erg dat hij, als hij naast ma in de auto zat, niet meer over het dashboardkastje heen naar buiten kon kijken.

"Kan ik naar rechts?" riep moeder dan.

Hij had geen idee, het was voor hem een onmogelijke opgave om vast te stellen of dat kon of niet.

Na zijn overlijden, toen we hem in zijn kist wilden leggen, lukte dat bijna niet. Vanwege die bochel. Die was zo groot dat toen pa op de bodem lag, hij met zijn schouders en hoofd uit de kist naar voren kwam, omhoog. Alsof hij helemaal niet dood was, maar nog in leven, en hij per se de kist uit wilde, koste wat kost. We hebben hem er echt in moeten duwen en hem eronder houden, hoofd en schouders, zodat we het deksel konden dichtdoen en de kist sluiten. Het was nog een hele klus; alsof je uit alle macht een overvolle vakantiekoffer moet dicht krijgen. Het kwam akelig dicht in de buurt van iemand levend begraven. Wees blij, Bart, dat je daar geen getuige van hoefde te zijn. Dat is je bespaard gebleven.

Pa was zelf de belichaming van zijn grootste angst geworden, zijn eigen schrikbeeld, dat met hoofd en schouderpartij tussen de houten planken overeind kwam en oprees.'

'Goed, dat was 'm,' zei mijn zus, 'dan ga ik eens op huis aan. Je weet dus wat je te wachten staat. Boze blikken. Niet dat ik het je zozeer kwalijk neem, hoor. Ik begrijp 't wel, ergens. Dat zeg ik ook altijd tegen Lea als jij ter sprake komt. "Hij heeft misschien de schijn tegen, mijn broer, maar je hebt geen idee wat hij in het gezin allemaal over zich heen heeft gekregen, geen idee. Dat was werkelijk... Laten we het daar maar niet over hebben. Liever niet."'

Ze stond op, pakte haar tas en trok haar jas aan.

'O, tussen haakjes,' zei mijn zus, 'voor ik het vergeet... Je bent onterfd.'

Ze glimlachte vriendelijk. 'Niet door pa,' voegde ze eraan toe. 'Door je moeder.'

De ober meldde zich om te vragen of we een toetje bliefden.

48

DE DAG VAN de crematie brak aan, een woensdag. We werden
's middags in Rijswijk verwacht, in hetzelfde crematorium waar
ook mijn vader was geëindigd.

Toen we arriveerden, was alleen mijn zus al ter plaatse; de
genodigden moesten nog komen.

'Sorry,' zei ik tegen Yolanda en de kinderen, 'ik moet me
even verontschuldigen, ik ben zo terug.'

Terwijl ik op het toilet was, hoorde ik de gasten binnendrup-
pelen.

De eerste de beste genodigde die ik zag en met enige moeite herkende was René, mijn oude schoolvriend die indertijd met
mijn nicht Noor was getrouwd. Hij was in gesprek met twee gas-

ten die ik geen van beiden kende. Ik liep op hen toe, stak mijn hand uit en zei: 'René, ik had je bijna niet herkend.'

Die opmerking viel niet in goede aarde.

René aarzelde, zou hij mijn uitgestoken hand wel of niet aannemen, en zei: 'O, jij dacht lollig te beginnen? Mooi is dat.'

'Is Noor er ook?'

'Ik zou zeggen,' opperde René, 'kijk zelf even rond, als je het niet erg vindt.'

Daarop groette hij zijn gesprekspartners en liep naar de tafel waar je koffie en thee kon halen.

Ik begon me meer en meer op mijn gemak te voelen en wist weer waarom ik met mijn familie had gebroken. Oude wonden scheurden open. Met die familie van mij was het goed toeven. Dat moesten we vaker doen, een familiereünie.

Ik volgde Renés advies en speurde de ontvangstruimte af, maar tussen alle belangstellenden ontdekte ik Noor niet.

'Gisteravond heb ik ze gebeld,' zei mijn zus, 'enkele van de ergste opponenten.'

'En?' zei ik.

'Een aantal van hen kon ik overtuigen, maar niet iedereen. Een paar genodigden bleven zich hardnekkig verzetten tegen je aanwezigheid, onverzoenlijk. Ze nemen je je houding hoogst kwalijk en zijn fel tegen je komst.'

'Ik geloof,' zei ik, 'dat ik een van hen zojuist tegen het lijf liep.'

Achter in de ruimte gingen de deuren open. De uitvaartbegeleidster nodigde de aanwezigen uit om de aula te betreden en plaats te nemen.

'Zou kunnen,' zei mijn zus. 'Maar laten we naar binnen gaan.'

'Ja, laten we dat doen,' zei ik. 'Gezellig. Het feest kan beginnen.'

Mijn zus keek me aan alsof ze me na al die jaren nog altijd niet kon plaatsen.

De kist was van blank hout, met op het deksel een krans en, ter hoogte van haar hoofd, een staand portret van mijn moeder: een houtskoolschets, die een voorstudie was van het schilderij dat mijn vader ooit van haar had laten maken. De schilder had haar onnatuurlijk grote handen gegeven. Die grote handen had ze op de houtskooltekening ook: handen die zo bij je konden, in een oogwenk. Het was maar goed dat hij nooit een portret van mijn vader had gemaakt.

Tegenover ons, aan de andere kant van de kist, kwamen René en Noor te zitten: ze was er dus toch. We keken elkaar aan, Noor en ik, en ik wist dat het goed fout zat tussen ons. In eerste instantie schrok ik ervan; maar de haat die uit haar ogen vonkte duidde erop dat er nog voldoende leven in haar zat, iets waarop ik niet meer had durven hopen. Tegelijkertijd besefte ik dat we elkaar na vanmiddag nooit meer zouden zien. Niet alleen van mijn moeder nam ik voorgoed afscheid vandaag.

Toen iedereen zijn plaats had ingenomen, heette de uitvaartbegeleidster ons allen welkom en gaf mijn zus het woord. Op haar beurt heette ze ons allen welkom en legde uit dat 'allen' deze middag ook 'allen' betekende: ook de aanwezige op wiens komst door sommige belangstellenden niet was gerekend. Ze memoreerde dat het tussen mijn moeder en mij gedurende de voorbije dagen tot een verzoening was gekomen, reden om mijn gezin en mij hier vanmiddag alsnog uit te nodigen. Aan sommige gezichten kon ik aflezen dat mijn zus zoveel kon beweren, maar dat ze het hartgrondig oneens waren met de gang van zaken.

Na mijn zus namen nog enkele sprekers het woord; daarna was het gedaan. Er klonk muziek, we stonden allen op, liepen naar de kist, schuifelden eromheen en verlieten de aula om in de ontvangstruimte aan de koffie en thee te gaan, of aan de wijn. Ik zag zo gauw mijn kinderen niet, die afscheid hadden genomen van hun oma die nooit hun oma was geweest: een oma die ze, op Sebas na, nooit hadden ontmoet. Lang kon ik niet bij hen stilstaan; ik werd door deze en gene aangesproken, stuk voor stuk onbekenden voor me.

'Eerlijk is eerlijk,' zei een oudere vrouw die een leren broek droeg en die zich als 'je moeders bovenbuurvrouw' aan me voorstelde, 'je valt me reuze mee. Na alle verhalen die ik over je had gehoord... Maar ik kan niet anders zeggen dan dat...'

'Het doet me plezier dat te horen,' zei ik, en voegde eraan toe dat ik haar enkele belangstellenden kon aanwijzen die de roddels van harte zouden bevestigen.

'Ach, laat ze praten,' zei de bovenbuurvrouw. 'Mensen zijn mensen, hè?'

Na een poos luwde de belangstelling, niet tot mijn verdriet, en ik wilde naar de aula lopen waar mijn moeders kist zich bevond.

Die was inmiddels verplaatst.

'Nee, het spijt me,' zei de mevrouw van het crematorium. Ze ging me voor, de aula in. 'Ziet u?' zei ze. 'Uw moeder is weggehaald.'

Ik staarde naar de lege houten baar. 'Het houtskoolportret is weg,' zei ik. 'Waar is dat gebleven?'

'Die tekening? Die is direct na afloop van de samenkomst met de kist mee de oven ingegaan, op verzoek van uw zus.'

'Sorry,' zei ik, 'één ogenblik graag', en ik liep naar mijn zus.

'Klopt,' bevestigde deze, 'die is inderdaad mee de oven in. Dat leek me passend, en zo zijn wij er in één klap vanaf. Hoezo? Had je het willen hebben dan, en bewaren, dat monsterlijke ding? Nee toch?'

'Heb ik nog één vraag,' zei ik tegen de dame die het crematorium bestierde. 'U zei dat kist en portret na de bijeenkomst de oven ingingen.'

'Dat hebt u goed gehoord, meneer Chabot.'

'Wat ik me afvroeg, een gekke vraag misschien... Waar bevindt de oven zich?'

'Meneer Chabot,' zei ze op vriendelijke toon, 'ziet u die tafel daar?'

Ze wees naar een tafel bij de doorgang tussen de ontvangstruimte en een tweede aula.

'Bedoelt u die tafel,' zei ik, 'waar de schaal bitterballen op staat?'

'U zegt het, meneer Chabot. Schuin daaronder bevindt zich de oven.'

'En daar wordt nu de kist verbrand?'

'Terwijl wij hier staan te praten, meneer Chabot. Als u straks het gebouw verlaat en het parkeerterrein afrijdt om naar huis te gaan, is uw moeder al verbrand, zo vlot gaat dat. We laten er hier geen gras over groeien.' Ze glimlachte. 'Dat doen ze elders, op begraafplaatsen.'

Ze gaf me een hand. 'Prettige dag nog, meneer Chabot.'

Zo onopvallend mogelijk liep ik naar de tafel met de bitterballen en nam er eentje van de schaal. Terwijl ik 'm opat voelde ik de hitte vanonder de houten vloer door mijn schoenzolen trekken en in me opstijgen, alsof mijn moeder me wilde laten voelen dat ze wel degelijk aanwezig was en dat ze op elk gewenst moment bij me kon. Ik verkeerde in goed gezelschap.

'Nou,' zei mijn zus, 'dat was 'm dan, hè.'

We stonden voor de uitgang van Eyckelenburg. De belangstellenden waren weg, op huis aan. Het parkeerterrein lag er verlaten bij, wat ik passend vond voor een crematorium: voor even klopten de feiten.

Ze pakte haar autosleutels. De struiken fluisterden me iets toe, maar ik kon hen niet goed verstaan en begreep niet wat ze bedoelden.

'We spreken elkaar, hè,' zei ik.

Er waaide een koel briesje dat me aan de Scheveningse kust herinnerde.

'Zou het?' zei mijn zus. 'Eerlijk gezegd, dat weet ik nog zo net niet. We zullen zien, laten we het daarop houden.'

Mijn blik volgde haar terwijl ze met Lea naar haar auto liep, een Mini. Wat voorbij was, was voorbij en diende zich niet nog eens aan.

Ik keek opzij, naar Yolanda en de kinderen.

Ik stond er alleen voor, maar ik was verre van alleen.

49

TERWIJL IK NAAR het ziekenhuisplafond staar, tel ik de tegels in het systeemplafond. Het zijn er nogal wat.

Had ik mijn vader willens en wetens...? Natuurlijk niet. Al had ik de schijn volgens sommigen tegen, ik had zijn einde niet bewust bespoedigd of hem moedwillig die kant op geholpen. Hooguit had ik hem bij tijd en wijle indirect en onbedoeld een zetje gegeven, een duwtje in de rug. De krant viel niet ver van de kapstok op de deurmat. Ik hield me in het dagelijks leven allang niet meer met hem bezig. Ik was aan hem voorbij.

Nee, ik had hem niet richting de uitgang geholpen; daar had hijzelf de hand in gehad. Niet ik.

Ik ging vrijuit.

Vanaf dag één had hij geen enkel vertrouwen in me tentoongespreid, nul komma nul. En daarmee werd hij later keer op keer om de oren geslagen, net zo lang tot er bitter weinig van hem restte. Niet door mijn toedoen. Zijn eigen falen als vader gaapte hem aan: een afgrond die zich voor zijn voeten opende en vanwaaruit geen echo opklonk, hoe vaak en hoe hard hij mijn naam ook riep. Niet ik, hijzelf had de loop tegen zijn slaap gezet.

Ik staar uit het ziekenhuisraam. Maar het uitzicht biedt geen troost of soelaas.

Met verve had mijn vader getracht me te verwoesten. Hij had me verwekt, en daaraan het recht ontleend me het geschonken leven ook weer te ontnemen. En bijna was het hem gelukt, me in de nis onder het tuinafval te krijgen. Ik had menig kerkhof bezocht waar ik mezelf begraven had zien liggen. Maar hij had mijn vermogen om mezelf tot leven te wekken danig onderschat.

Wat me gered had, was mijn geloof in Sinterklaas. En in toverballen.

Ik schrik wakker en moet dringend naar de wc. In de steek die aan het bed hangt plassen, gaat niet: die is vol. Een van de verpleegkundigen met een druk op de rode knop optrommelen om de fles te legen gaat me te ver: die hebben ongetwijfeld iets anders te doen op dit nachtelijk uur.

Niettemin, ik moet dringend naar de wc.

Zou het me lukken om op eigen kracht uit bed te komen en het eind naar de badkamer te overbruggen? Ik heb er een hard hoofd in – tot nu toe durfde ik niet eens een poging daartoe te wagen – maar er zit weinig anders op. Als ik niet snel genoeg op de wc beland, gebeuren er ongelukken. Ik richt me op, sleep mijn benen over de rand van het bed, zet mijn voeten op de grond, ervoor wakend dat ik het infuus niet lostrek, en begin aan de lange mars naar de badkamer. De tijd dringt, en niet alleen de tijd.

Na een eeuwigheid schuifel ik van de wc terug naar mijn kamer. In het voorbijgaan passeer ik de ziekenhuisspiegel, en schrik. In enkele dagen tijd ben ik jaren ouder geworden.

Ik begin beangstigend veel op mijn vader te lijken.

50

'EN,' VROEG MIJN oudste zoon, die enkele dagen na de crematie naar New York, waar hij woonde, was teruggevlogen, 'wat vond je ervan, pap?'

Het was een heldere vraag, die zich toch niet zo een-twee-drie liet beantwoorden; althans niet door mij, en niet via de telefoon.

'Tja, wat zal ik je ervan zeggen, jong?'

'Ben je niet blij, pap, dat je moeder dankzij jullie verzoening als moeder heeft kunnen sterven?'

Mijn zoon kon soms dingen zeggen waar ikzelf niet zo snel opgekomen zou zijn.

'Pap, ik hoorde van je zus dat ze je moeder nog nooit zo gelukzalig had gezien als toen jij langskwam.'

'Wat kunnen mensen overdrijven, hè?'

'Dat is nog niet alles, pap. Weet je wat een van oma's verpleegkundigen zei, die bij de crematie in Rijswijk aanwezig was?'

'Al sla je me dood, jong, ik zou 't niet weten.'

'Dat oma zo vredig had geglimlacht, haar laatste dagen, zoals alleen een baby kan glimlachen.'

'Dat is mooi om te horen, Sebas, dat doet me deugd. Maar mag ik vragen, waar belde je me eigenlijk voor?'

'Ik hou van je, pap.'

'Geeft niks, jong,' zei ik. 'Dat gaat vanzelf weer over.'

'Wat is er na zijn overlijden met de as van pa gebeurd?' vroeg ik mijn zus.

De crematie was al enige tijd achter de rug. Tot mijn verbazing belde ze me, al was daar naar haar zeggen geen specifieke aanleiding voor.

'Die is uitgestrooid over zee,' zei mijn zus. 'De Noordzee. Daar valt niets van terug te vinden, geen stofje.'

Het begon fris te worden in de tuin en ik haalde de zon wat naar me toe.

'En met de as van ma gebeurt hetzelfde, die wordt ook uitgestrooid op zee?'

'Sterker,' zei mijn zus, 'die as is al uitgestrooid, eergisteren.'

Ik floot zachtjes tussen mijn tanden, zo zachtjes dat het de buurvrouw die wasgoed te drogen ophing niet opviel.

'Waarom vraag je dat?' zei mijn zus. 'Wat een interesse opeens in je ouders, zeg. Had die bij leven en welzijn aan de dag gelegd, dan had je ze een hoop verdriet bespaard, pa en ma, een hele hoop verdriet.'

Was je een stuk verdriet, dan bleef je een stuk verdriet. Daar tilde je jezelf, wat je ook deed of naliet, bijna niet overheen.

Nadat we hadden opgehangen bleef ik als een pensionado in de tuin zitten. De uren kropen loom voort. De overbuurvrouw, die hier kortgeleden was komen wonen, was al lang en breed naar binnen. Haar wasgoed hield me gezelschap.

Ik stond op het punt haar voorbeeld te volgen en naar binnen te gaan – de hond moest uitgelaten – toen de lucht zich plotseling vulde met een hoog gekrijs. Verderop in de wijk was iets gaande, buiten mijn gezichtsveld, dat de meeuwen grote schrik aanjoeg.

'Jullie eten je bord leeg,' hoorde ik mezelf 's avonds tegen de jongste twee zeggen toen we aan tafel zaten.

'En kom me niet aan boord met "Ik lust geen andijviestamppot..." Wie zijn bord niet leegeet, krijgt geen toetje. Wat zullen we nou beleven?'

'Weet je wat het met jou is?' zei Yolanda toen we 's avonds laat in bed lagen. 'Je hebt het zelf niet eens door...'

Ik staarde naar het plafond, dat dichterbij kwam.

'... maar zoals jij je vanavond aan tafel gedroeg... Je lijkt je vader wel.'

Twee dagen later stond ik in Scheveningen aan zee ter hoogte van het Zwarte Pad. De strandpaviljoens en beachclubs waren afgebroken – einde seizoen – en in containers afgevoerd, de winteropslag in.

Het werd vloed. Al een paar keer had ik vijf, zes stappen terug moeten doen om mijn schoenen te sparen.

Ik herinnerde me wat mijn zus had gezegd. 'Die as? De Noordzee. Hoezo, had je een andere zee in gedachten, de Atlantische of Stille Oceaan? Vanaf een voormalige visserskotter, ver uit de kust, buiten de territoriale wateren. Wat doet het er nog toe?

Daar vind je niet dát van terug, van pa en ma, geen flintertje. Alle sporen zijn uitgewist. Einde verhaal. Voorgoed.'

Ik begreep wat mijn zus bedoelde, zo moeilijk was dat niet. Maar had ze ook gelijk?

De zee en ik keken elkaar recht in de ogen. En ik zag dat het niet goed was. De kaarten lagen op tafel. Alle sporen uitgewist? Dat had je gedroomd. Bijna uitdagend staarde de zee me aan, als om me de boodschap in te wrijven. Ik wist meer dan me lief was. De zee was doordrenkt met mijn vader en moeder, vergeven van hen; die hele Noordzee, tot de laatste druppel aan toe. De zee ademde mijn vader en moeder en golfde af en aan op het ritme van hun hartenklop.

'Scheelt er iets aan?' vroeg Yolanda.

'Nee, niets. Hoezo?'

'Je bent zo stil, je zegt zo weinig. Zit je iets dwars?'

'Nee, hoor,' zei ik. 'Wat zou me dwars moeten zitten?'

Ze keek me onderzoekend aan: ze kende me heel wat langer dan vandaag en de kans dat ik hiermee wegkwam was gering.

'Je kan me nog meer vertellen,' zei ze. 'Er is iets, waar of niet?'

'Nee, niets,' zei ik, 'hand op mijn hart. Er is niets, er zit me niets dwars. Als je het niet erg vindt... Ik moet dringend naar de wc. Hoge nood.'

Ze haalde haar schouders op. 'Dan niet.'

Ik haastte me de trap op naar eenhoog, waar ik deed wat ik moest doen, en doortrok: een boodschap die zijn weg via de riole- ringsbuizen naar Scheveningen zou vinden, om ver uit de kust in de Noordzee te belanden. Terwijl het water onder me wegspoel- de, schoot me een verhaal te binnen van een jongen op de lagere school. Johan Huf kwam uit een gezin van twaalf kinderen. Ze woonden achter het Centraal Station, klein behuisd, en de jongste, een baby nog, sliep wegens ruimtegebrek in de leeggemaakte onderste lade van het bureau van Johans vader. Geen bijzonderheid: op school zaten meer kinderen uit grote, rooms-katholieke gezinnen die thuis met ruimtetekort kampten. Op een ochtend kwam een van Johans zussen gillend de huiskamer in, waar de rest van het gezin in opperste verwondering om de eettafel zat geschaard. Wat was er in Mieke gevaren, toch niet de duivel zelf? Het duurde enige tijd voordat Johans vader zijn dochter tot bedaren wist te brengen en ze voldoende was gekalmeerd om haar verhaal te kunnen doen.

Mieke was van tafel gelopen om naar de wc te gaan – dat mocht van Johans vader; ze had haar bord leeggegeten en haar boterhammen voor school gesmeerd – en nam plaats op de bril, tot ze wat onder haar hoorde. Toen ze tussen haar benen door in de wc-pot keek, zag ze tot haar afgrijzen een rat in het stilstaande water bewegen, die zijn best deed uit het water in de pot omhoog te klimmen.

Daarop was Johans vader naar de wc gelopen en had de rat doodgeslagen.

Aanvankelijk hechtte ik er weinig geloof aan: een zoveelste broodjeaapverhaal dat het goed deed op het schoolplein. Totdat bij twee gezinnen in de Wilhelminastraat zich iets soortgelijks voordeed.

Terwijl mijn moeder griezelde – 'Hier, moet je kijken, Gé', ze liet haar onderarm zien, 'kippenvel!' – zei mijn vader dat zoiets kon; dat een rat via de riolering omhoog kon kruipen, zelfs tot in het toilet van een woonhuis op eenhoog.

'Gé, schei asjeblieft uit,' had mijn moeder uitgeroepen. 'Hou er asjeblieft over op. We zitten aan het ontbijt. Doe me een lol, zeg.'

'Dat wil ik best doen,' had mijn vader geantwoord, 'maar daarmee krijg je zo'n rat niet weg.'

Wat me plotseling inviel, zoveel jaren na de Wilhelmina-straat, was dat als een rat zich via de riolering naar boven kon werken, dat het water zelf misschien ook uit de riolering kon op-stijgen; en dat wat zich in het opborrelende water bevond kon meeliften, een woonhuis in, ons huis – o zo kleine, met het blote oog niet waarneembare asrestjes –, en dat mijn ouders zich zo een weg konden banen tot in het hart van ons huis. Als zoiets mo-gelijk was, waarom zouden zij het dan niet proberen, mijn ouders kennende, of wat er van mijn ouders restte?

Het spoelwater kolkte in de wc-pot en liep met een gorge-lend geluid weg. In plaats van in paniek te raken, kwam er een zekere rust over me.

Ik wachtte tot de waterhouder van de wc zich had gevuld, en trok door en wachtte, en trok opnieuw door en wachtte, en trok nog eens door, wikkelde een flink stuk wc-papier van de rol, veegde de wc-bril schoon, wierp het papier weg en trok door, rolde een nog langer stuk wc-papier af en boende de randen van de pot zo schoon mogelijk, alles spic en span, tot de wc-randen glommen alsof de pot met spoelbak eergisteren was geïnstalleerd, en trok opnieuw door. Ik pakte de wc-reiniger, die naar citrus en jasmijn geurde, en sprayde de buiten- en binnenkant van de wc-pot, en veegde deze schoon. Nog niet honderd procent tevreden met mijn schoonmaakwerkzaamheden, pakte ik een nieuwe rol wc-papier en boende de buitenkant van de pot blinkend schoon, en de ruimte achter de wc, tussen de pot en de muur, waar je niet vaak kwam, rolde weer een stuk wc-papier af, sprayde en veegde de vloer schoon, het zekere voor het onzekere nemend, gooide het papier in de wc en trok door, spoelde alles weg, alles, tot ik er bijna zeker van was dat niets, maar dan ook niets…

Ik hoorde gestommel op de trap.

... mijn ouders moesten van goeie huize komen als ze nu nog wisten binnen te dringen. Ik haalde alles uit de kast om te voorkomen dat mijn ouders de omgekeerde weg zouden bewandelen, omhoog, tot in ons huis. Dat nooit meer.

Het gestommel kwam dichterbij. Iemand liep de trap op.

... zag ik daar nog een druppeltje dat bij het herhaaldelijk doortrekken niet met het water was afgevoerd, het stortgat in, maar op miraculeuze wijze was opgespat, hoog op, tot over de rand van de wc, en opzij van de pot op het zeil was beland en zich daar lag voor te doen als de onschuld zelve, let niet op mij, ik-ben-er-niet?

De voetstappen naderden de overloop.

... ze hadden me klein gekregen, ooit, me vernietigd en met de grond gelijkgemaakt, en dat niet één keer... Maar dat zou ze niet opnieuw lukken, me onder het tuinafval voor dood achterlatend... Er viel niets op me aan te merken, althans niets wat niet op wie-dan-ook aan te merken viel; en de wind waaide voor iedereen, zonder aanzien des persoons, en de zon scheen niet opeens op halve kracht omdat uitgerekend ik onaangekondigd op straat verscheen, en een zebrapad rolde zichzelf niet op tot een stapeltje witte chocoladerepen omdat ik opeens zo nodig wilde oversteken.

Ik gooide een laatste restje papier in de wc, een handvol velletjes, en trok voor alle zekerheid, je-kon-niet-weten, nogmaals door.

'Bart?' Yolanda trok de toiletdeur open. 'Wat ben jij aan het doen?' Ze zag de lege closetrol in mijn hand. 'Is de wc verstopt?'

'Zoiets,' zei ik. 'Zoiets.'

We keken elkaar aan, begrijpend en niet-begrijpend.

'Maar het komt goed,' zei ik. 'Vraag me niet hoe, maar... Het komt goed.'

Op een avond ging Yolanda met een van onze zoons, Maurits, door een tas met foto's uit het ouderlijk huis die ik van mijn zus had meegekregen.

'Ik hoef ze niet,' had mijn zus gezegd. 'Wat moet ik ermee? Maar jij staat er een paar keer op, jong en piepjong, dus misschien dat jij er wat mee kunt. Zoek zelf uit of er iets van je gading bij zit. Wat je niet wil bewaren, kun je weggooien.'

'Hier, moet je kijken,' zei Yolanda. Ze hield een foto voor Maurits omhoog. 'Zie je die man, rechts? Dat is je opa, Mau. Of was je opa, beter gezegd.'

'Jezus, pap!' zei Maurits verbaasd. 'Wat lijk jij sprekend op je vader!'

'Rustig aan, Mau,' zei ik.

'Echt, pap,' zei Maurits, die me kennelijk niet had gehoord. 'Goh, wat lijk jíj op je vader, zeg.' Hij keek van de foto naar mij, en terug. 'Wat een treffende gelijkenis.'

'Mau,' zei ik, 'niet om het een of ander, maar... Ik vind je een tikkeltje te enthousiast, als-je-het-even-weten-wil.'

51

TERWIJL IK LIG bij te komen van een lange mars naar de badkamer, schiet me het afscheid van mijn vier zoons te binnen, van de zomer. De jongens waren overgekomen om twee vakantieweken bij ons in Zweden door te brengen, maar vlogen vandaag gevieren van Kopenhagen terug naar Amsterdam.

Yolanda had ze ontroerd uitgezwaaid: zij was in het vakantiehuis gebleven vanwege hond Bril, die ziek was en verzorging behoefde. Ik zou de jongens op de trein zetten, zo'n veertien kilometer verderop.

Het was een groot station, dat van Sösdala, voor zo'n bedeesd dorp. Toch had het wat: de kale perrons, het voormalige stationsgebouw waarin een kapperszaak was gevestigd, en waar om de twintig minuten een trein met hoge snelheid langsraasde – treinen stopten hier bijna nooit: wie zou er willen in- of uitstappen? – die aan je trok en het op jou leek te hebben gemunt.

Bij de Minimarket tegenover het station, een van de laatst overgebleven winkels in Sösdala, bedelde een alcoholist. Zonder veel resultaat, daarvoor was het aantal passanten te gering. Zweden was een heilstaat, zeker; maar niet voor iedereen.

Storm raadpleegde zijn mobiel: over elf minuten kwam de trein naar Kopenhagen. Bij de ticketautomaat kocht Splinter vast de kaartjes. In de verte liep Maurits. Die was op onderzoek uit, geen idee naar wat.

Sebastiaan herhaalde wat hij bij aankomst had gezegd, toen Yolanda en ik hem van de trein haalden. Hij had naar een zolderraam gewezen van een huis vlak bij het spoor. 'Als je daar toch woonde, met uitzicht op het station en de treinen...'

Het was waarschijnlijk de laatste keer dat we met z'n allen vakantie hadden gevierd. Ze werden ouder, de jongens, ook de jongste, en aan op vakantie gaan met je ouders kwam onherroepelijk een keer een eind.

Vanuit de verte naderden drie lichten.

'Jongens, daar komt-ie,' waarschuwde Storm zijn drie broers.

Het afscheid naderde, 'Liefs aan mama, pap! Niet vergeten, hè?!' en we omhelsden elkaar.

Vlak voordat de trein het station binnenreed wees Sebastiaan net als bij aankomst naar het zolderraam van hetzelfde huis aan het spoor.

'Pap,' zei Sebastiaan, 'ik zou best weer eens willen opgroeien.'

De coupédeuren schoven open en de jongens stapten in en zochten een zitplaats op.

Ze zwaaiden naar me toen ze me zagen zwaaien.

De deuren schoven dicht; langzaam kwam de trein in beweging. Daar gingen ze, de vier, hun toekomst tegemoet. Ik zwaaide hen lang na, zelfs nadat ze evenals de trein uit het zicht waren verdwenen. Het drong tot me door dat ik ook mezelf uitzwaaide: mijn taak als vader zat er bijna op.

—

'Meneer Chabot?'

De uroloog komt de kamer in, de zoveelste die sinds mijn opname aan mijn bed is verschenen: ik ben de tel kwijt.

'Goedemiddag dokter,' zeg ik, uit mijn sluimering ontwakend.

Ze steekt haar hand uit. 'Van Hoogdalen.'

Hoeveel urologen zijn er de afgelopen dagen aan mijn bed voorbijgetrokken? Toch zeker een stuk of vijf. 'Wie is je uroloog?' had een bevriende neuroloog me gisteren gevraagd. 'Goeie vraag,' had ik geantwoord. 'Als je het weet, mag je het zeggen.'

'Meneer Chabot,' klinkt haar stem boven haar engelwitte doktersjas uit, 'we hebben het resultaat van uw urinekweek binnen.'

Zat er echt geen spatje bloed op haar jas?

'Kijk aan,' zeg ik, 'is me dat even goed nieuws.'

'Dat valt nog te bezien, meneer Chabot.'

Ik krijg sterk de indruk dat deze arts me weliswaar bij naam noemt, maar dat ik niet degene ben tegen wie ze het heeft. Ik bevind me heel ergens anders, in een ondoorgrondelijke wereld die zich aan de waarneming van anderen onttrekt. Wat de vraag opwerpt of en hoe ik op aarde kan terugkeren.

'Het ziet er niet goed uit. We kunnen er lang en breed over praten, maar... U heeft onverminderd hoge koorts, uw blaas is één groot moeras, een kweekvijver voor bacteriën... Uw blaas moet leeg, het is niet anders. Vanmiddag lukte het niet, daar weet u alles van en daarom laat ik u vanavond en vannacht met rust zodat u een beetje kunt bijkomen, maar morgen... Morgen gaan we al onze aandacht richten op uw blaas, en het leegmaken ervan, koste wat kost. Als het niet via de plasbuis lukt, doen we het buitenom en prikken we uw blaas aan via de buik. Nadeel ervan is dat we dan het risico lopen de darmen aan te prikken en in dat geval wordt u meteen geopereerd, dat kunnen we niet hebben.'

'Dan zijn de rapen gaar.'

'U zegt het, meneer Chabot.'

Ze kijkt naar buiten, waar het begint te schemeren, en naar de klok aan de muur.

'Tot nu toe,' vervolgt ze, 'slaan de antibiotica niet aan. Daarom krijgt u van mij iets anders, een breed-spectrumantibioticum, dat alles aanpakt. Helaas ook de goeie bacteriën. Daar gaan we zo mee beginnen.'

Buiten donkert het snel; heeft de avond soms haast?

'Denkt u vooral niet,' vervolgt dokter Van Hoogdalen, 'aan een katheter of het plaatsen ervan en wat er vanmiddag is voorgevallen. Probeert u nu zo veel mogelijk te rusten. Dat heeft u hard nodig, rust.

Goed, is alles voldoende duidelijk zo, of heeft u nog vragen? Nee? Dan zien wij elkaar morgen en wens ik u een prettige nachtrust.'

Maar dit keer bof ik. Yolanda adviseert me met klem om veel te drinken, daardoor te plassen en zo mijn blaas leger te krijgen: goede raad die ik ter harte neem. Bovendien slaat het nieuwe antibioticum aan; en drie dagen later, op zondagmiddag, mag ik het ziekenhuis verlaten. Daar ben ik vanaf, denk ik. Dat kan ik achter me laten.

'Kijk niet zo bezorgd, lief,' zeg ik tegen Yolanda, die me komt ophalen en niet erg overtuigd lijkt van mijn onverwachte herstel. 'Ik veer altijd terug.'

Een week nadat ik ben ontslagen ruikt mijn urine sterk naar ammoniak.

'Je moet het ziekenhuis bellen,' zegt Yolanda. 'Volgens mij heb je een urinewegontsteking.'

'Dacht het niet,' zeg ik. 'Naar het ziekenhuis terug? Mij niet gezien. Ik los het zelf wel op.'

'Heb je koorts?' vraagt ze. 'Wacht,' zegt ze als ze geen antwoord krijgt, 'dan pak ik de thermometer. Je weet wat er is gezegd. Als je boven de 38,5 hebt ga je linea recta naar de Spoedeisende Hulp, en word je opgenomen.'

'Geen sprake van,' zeg ik. 'Onder geen voorwaarde.'

Ze neemt de temperatuur op. Die is nog hoger dan gedacht, en ze verzamelt mijn spullen en wil mijn koffer pakken. Door lang en indringend op haar in te praten weet ik respijt te krijgen tot de volgende ochtend.

'Moet je goed luisteren, schat,' zegt ze 's ochtends. 'De koorts is ietsje gezakt, maar nog steeds veel te hoog. Drink, en blijf drinken, en plassen: dat helpt. Ik ga nu naar mijn werk, maar als ik vanmiddag thuiskom en geen verbetering constateer, dan rij ik je naar het ziekenhuis. Kun je tegenstribbelen wat je wil, maar dan helpt er geen moedertjelief aan, dan ga je naar het ziekenhuis.'

Ze komt op de rand van het bed zitten en strijkt met haar hand over mijn voorhoofd.

'Weet je wat het met jou is?' zegt ze. 'Jij beseft de ernst van de situatie niet. Je laat alles van je afglijden alsof het er niet toe doet.'

Kort daarop hoor ik in het benedenhuis een deur dichtslaan: ze is naar haar werk. Ze is arts en weet waar ze het over heeft.

Haar oordeel valt niet straffeloos te negeren, anders hang ik.

Ik drink de godgeslagen dag water en thee, plas alles weer uit, en als ze in de namiddag van haar werk thuiskomt is de koorts opnieuw wat gezakt.

Vier dagen later ben ik koortsvrij. Wel ruikt mijn urine naar ammoniak, maar ik zie geen dringende reden daar bij wie dan ook melding van te maken. Waarom zou ik?

In de weken die volgen vraagt Yolanda geregeld hoe het met de waterwegen is gesteld.

'Kan niet beter,' zeg ik steevast. 'Wat er ook gebeurt, ik zet geen voet meer in het ziekenhuis. Welk ziekenhuis dan ook.'

'Met jou valt niet te praten,' zegt mijn lief. 'Jij kan niet praten.'

Een maand later belt mijn huisarts. 'Ik lees allerlei alarmerende verslagen van het ziekenhuis over wat er is gebeurd de laatste tijd... Eind volgende week vlieg ik voor een maand naar Australië, vakantie, vandaar dat ik van je wil weten hoe de vlag erbij hangt.'

Ik vertel haar dat ze zich geen zorgen hoeft te maken, en dat de ammoniaklucht me trouw gezelschap houdt.

'Sorry,' zegt ze beslist, 'maar dat is niet goed. Ammoniaklucht? Ik wil dat je morgen je ochtendurine bij het lab inlevert, zodat het kan worden getest.'

Drie dagen later belt ze opnieuw.

'Uit de test blijkt dat je een zeer resistente bacterie bij je draagt, in de urinewegen. Uiteraard gaan we je daarvoor behandelen, maar...'

'Maar?' zeg ik.

'In geval van een ziekenhuisopname ga je in quarantaine. De bacterie die je hebt komt bij tien procent van de bevolking voor en we willen niet, dat zul je begrijpen, dat deze bacterie zich in het ziekenhuis verspreidt.'

'Daar kan ik me iets bij voorstellen,' zeg ik. 'Dat zou ik zelf ook niet willen, als ziekenhuis.'

Het blijft een paar tellen stil aan de andere kant van de lijn: mijn huisarts denkt na over wat ze met mijn antwoord aan moet.

'Maak je geen zorgen...' zegt ze, '... het gaat niet gebeuren. Ik schrijf je een paardenmiddel voor. Maar mocht je toch... dan word je in quarantaine opgenomen.'

In quarantaine.

Ik moet aan de fietsenschuur denken, in de Wilhelmina-straat; en aan de nis en het tuinafval. Was ik daar een halve eeuw ouder voor geworden?

'Dat wordt een gezellige boel, in mijn eentje.'

Wat mijn huisarts daarop zegt, dringt niet meer tot me door. Van het ene op het andere moment ben ik vertrokken, uithuizig, met medeneming van toiletartikelen en schoon ondergoed voor de komende dagen, maar zonder Yolanda en de kinderen gedag te zeggen en zonder Bril een aai over de bol te geven. Ik ben terug in het ziekenhuis, in mijn kamer op de afdeling Acute Opname, en zie de mij bekende klok aan de muur tegenover mijn bed, de voortsluipende wijzers, zonder enig besef hoe laat het is.

'Het betekent,' zegt dokter Van Hoogdalen, die plastic hand-schoenen draagt, 'dat is besloten dat we tot nader order geen in-wendig onderzoek bij u doen.'

'In quarantaine,' mompel ik.

'Dat heeft u goed begrepen,' zegt ze. 'De verpleegkundigen komen u zo halen, ze kunnen elk moment verschijnen.'

De wijzers van de stationsklok draaien tegen de klok in, in hoog tempo, naar een tijd waarin Bril nog niet geboren is; en dan nog verder terug in de tijd.

Langzaam dringt het tot me door dat ik op weg ben naar het mij zo vertrouwde fietsenhok.

405

'Eerwaarde vader, dit zijn mijn zonden.'

Ver van me vandaan en toch dichtbij, op de Noordzee, ten zuidoosten van de Doggersbank, steekt een hand boven het water uit: een hand waar een arm aan vastzit. De zee is ondieper dan je zou wensen. Ik krijg een vermoeden aan wie die hand en arm toebehoren. 'Barmhartige God, ik heb spijt over mijn zonden...'

De hand en de arm van mijn moeder verschijnen boven water. Maar het water laat ze ongemoeid. De zee is stroperig en minder vloeibaar dan normaal. De golven, hoe hoog ook, zijn mijn moeder gunstig gezind en deinen om haar heen zonder haar kopje-onder te doen gaan.

Vergis ik me of zie ik verderop mijn vaders hand, die zich verplaatst en zich naar het vasteland toe werkt, richting de Scheveningse kust? Niet gehinderd door het windmolenpark en de vrachtschepen die enkele kilometers uit de kust voor anker liggen, maar juist geholpen door een samenzwerende zee. Ik hoop vurig zijn hoofd en schouders niet boven de golven te hoeven zien verschijnen.

'... omdat ik Uw straffen heb verdiend.'

Al heb ik de Noordzee niets misdaan, toch keert het water zich tegen me. De golven helpen mijn vaders hand en arm mijn kant op, en stuwen mijn vader naar het strand, waar hij spoedig zal aanspoelen.

Een ijzige wind steekt op. Ik keer terug naar waar ik vandaan kom, ben er zelfs haast al... Barmhartige God, ik heb spijt over mijn zonden, omdat ik Uw straffen heb verdiend...

De wind wakkert aan. Zand stuift over de volle breedte van het strand en maakt me ziende blind. Ik krijg het koud; een kou die in mijn botten kruipt. En nog kouder wordt het en nog venijniger waait de wind, zoals het alleen aan een winterse kust waaien kan. Het wordt schemerig nu, en de lichten op de vrachtschepen voor de kust gaan aan.

Terwijl de wind nauwelijks afneemt, valt het zand toch plotseling terug naar de grond en blijft liggen; alsof het gehoorzaamt aan een verzoek van hogerhand.

Mijn vaders hand heeft de kust bereikt en kruipt het strand op: vijf om zich heen tastende vingers die straks, eenmaal aan land, de weg weten. Er sleept een arm achteraan. Zijn arm. Wat er aan die arm vastzit laat zich raden. Nog altijd laat mijn moeder zich niet zien. Boven alles verkiest zij het water als vaste woon- of verblijfplaats, hoezeer ze misschien ook naar een weerzien met me verlangt.

Meeuwen vliegen laag boven het water, op jacht naar vis, zoals het gaat aan de kust.

De wind sluipt tussen mijn botten en organen rond om de kou verder op te voeren; alsof er iets moet worden ingevroren, maag, lever, nieren, voordat een lange winterslaap begint. Ver weg hoor ik mijn moeder schreeuwen. Ze roept mijn naam.

Op de Scheveningse boulevard en op de Pier springt de sier- en feestverlichting aan. De maan gaat geen stap opzij.

Ik hoor voetstappen naderen op de gang. Ze komen me halen, in hun witte uniformen, op hun rubberzolen, en dit keer zal verzet me niet baten. Ik wil in mezelf verdwijnen. Het fietsenhok wacht en de nis ertegenover, en het tuinafval. Ik wil verdwijnen.

De deur van de kamer gaat open en drie verpleegkundigen komen binnen. Mocht ik nog willen wegkomen, dan is het nu te laat en heb ik geen schijn van kans. En terwijl mijn bed wordt weggereden, een ziekenhuisgang in, loop ik door het bos met Bril, die last heeft van een heup en ondanks de pijnstillers bijna niet vooruitkomt.

Ik moet op huis aan – we zijn al geruime tijd op pad –, anders worden ze thuis straks ongerust. De kraaien die we passeren blijven zitten waar ze zitten en vliegen niet op.

Van zee waait een briesje aan. De vlaggen bij het winkelcentrum wapperen alle dezelfde kant op.

Ik kom mijn straat in, de hond achter me aan: een mistroostig sjokken. De zee zal ze niet meer zien. Brils dagen zijn geteld; het uur nadert dat we Bril moeten laten inslapen. Daarna zal ik de hond voortaan uitlaten zonder hond.

In de huizenrij waar ik woon gaan de lichten aan. Voor een raam verschijnt iemand die ik in het halfdonker niet herken. Hij ziet me, steekt zijn hand op en trekt de gordijnen dicht.

Mijn mobiel ging. Yolanda wilde weten waar ik bleef.